Brauner/Hamblock/Schwindt/Spörl

IT'S ALL PART OF THE JOB – Sprachführer –

IT'S ALL PART OF THE JOB

ENGLISCH FÜR DIE POLIZEI
– EIN SPRACHFÜHRER –

Von

Norbert Brauner
Diplom-Übersetzer, Studiendirektor a. D.

Dr. Dieter Hamblock
Studienprofessor a. D.

Friedrich Schwindt
Kriminaldirektor

Udo Harry Spörl
Polizeihauptkommissar

VERLAG DEUTSCHE POLIZEILITERATUR GMBH
Buchvertrieb

Bibliographische Information der Deutschen Bibliothek
Die Deutsche Bibliothek verzeichnet diese Publikation in der Deutschen Nationalbibliographie; detaillierte bibliographische Daten sind im Internet über **http:/dnb.ddb.de** abrufbar

2. völlig überarbeitete und aktualisierte Auflage 2006

Satz: VDP GMBH Buchvertrieb, Hilden
Druck und Bindung: Druckerei Wölfer, Haan
Printed in Germany
ISBN 13: 978-3-8011-0539-6
ISBN 10: 3-8011-0539-3

Vorwort

„IT'S ALL PART OF THE JOB – Englisch für die Polizei – Ein Sprachführer" ist die ideale Ergänzung zu dem Lehrbuch und dem Wörterbuch, die unter gleichem Titel im Verlag Deutsche Polizeiliteratur GmbH erschienen sind.

Dieser Sprachführer enthält typische Situationen aus der polizeilichen Praxis in deutscher und englischer Sprache. Er soll dazu beitragen, dass Polizeibeamte solche und ähnliche Situationen in sprachlicher Hinsicht selbstständig und ohne Hilfe bewältigen können.

In diesem Sprachführer werden grundsätzlich alle Situationen in beiden Sprachen wiedergegeben, also auch solche, die in der Praxis in deutscher Sprache stattfinden würden, z.B. bei Thema 1 das Gespräch zwischen dem Bewerber für den Polizeidienst und dem Einstellungsberater oder bei Thema 5 das Gespräch zwischen der Politesse und dem Hausmeister. Auch bei allen anderen Themen wurden die Gesprächsteile weggelassen, in denen es zunächst darum geht, ob man sich auf Deutsch oder Englisch verständigen kann.

Allen denjenigen, die bei Zustandekommen dieses Sprachführers mitgeholfen haben, sei recht herzlich gedankt. Hier sind in erster Linie unsere Ehefrauen Gisela Brauner, Heather Hamblock, Gabriele Schwindt und Ingrid Spörl zu nennen, ohne deren Verständnis dieser Sprachführer nicht möglich gewesen wäre. Diplom-Übersetzerin Gisela Brauner und Heather Hamblock, B.A., gebührt zusätzlicher Dank für ihre sachkundige Mitarbeit.

Weiterhin danken wir:

Klaus Adams, Wasserschutzpolizei Ludwigshafen am Rhein
Steffen Becki, Wasserschutzpolizei Ludwigshafen am Rhein
Thomas Berbig, Bundespolizei Düsseldorf
Stephen Crockard, Vizepräsident der International Police Association Großbritannien
Dr. Stefan Ehses, Richter, Wittlich
Werner Gowitzke, Kriminalhauptkommissar, Polizeipräsidium Duisburg, Europol Official der Financial and Property Crime Unit
Barbara Hamblock, B.A., Witten
Thomas Heister, Kriminalhauptkommissar, Wesel
Manfred Hendeß, Polizeihauptkommissar, Bundespolizeiamt Kleve
Johannes Holl, Polizeihauptkommissar, Polizeipräsidium Köln
Peter Michl, Wasserschutzpolizei Ludwigshafen am Rhein
Norman Müller, Wasserschutzpolizei Ludwigshafen am Rhein
Lutz Rodig, Kriminaloberrat, Staatsministerium des Innern, Freistaat Sachsen, Dresden
Frank Selle, Zollinspektor, Düsseldorf
Jill Thomas, Europol Official, former Merseyside Constabulary
Rachel Thompson-Brauner, B.F.A., Göttingen
Günter Zisch, Polizeihauptkommissar, Diakon und Polizeiseelsorger, Wittlich

Hinweise

Die Verfasser gehen davon aus, dass die Benutzer von „IT'S ALL PART OF THE JOB – Englisch für die Polizei – Ein Sprachführer" über Vorkenntnisse in der englischen Sprache verfügen. Daher wurden Hinweise zur Aussprache nicht mit aufgenommen.

Vorwort

Dieser Sprachführer orientiert sich an britischem Englisch. Amerikanische Versionen werden beim ersten Vorkommen in Klammern und mit dem davorstehenden Hinweis (US:) gekennzeichnet.

Bei mehreren möglichen Übersetzungen eines deutschen Begriffs werden die englischen Ausdrücke abwechselnd gebraucht; kommt ein solcher Begriff nur einmal vor, steht der zweite englische Begriff in Klammern.

Inhaltsverzeichnis

Inhaltsverzeichnis

Thema 1

Polizei – Ausbildung und Organisation

1. Die Ausbildung bei der Polizei in Rheinland-Pfalz

Seit dem 01. Januar 2001 sind die Polizeipräsidien in Rheinland-Pfalz Einstellungsbehörde.

Interessierte am Polizeiberuf können sich bei einem der fünf Polizeipräsidien bewerben, wobei im Falle einer Einstellung ein späterer Wechsel zu einem anderen Präsidium im Land grundsätzlich ausgeschlossen ist.

Der Sachbereich 31 „Aus- und Fortbildung, Sport, Schieß- und Einsatztraining, Einstellung" des Führungsstabes des jeweiligen Präsidiums ist für die Koordination von der Bewerbung bis zur Einstellung zuständig.

Zwischen Bewerbung und Einstellung liegt das Auswahlverfahren, bei dem auch die Landespolizeischule mitwirkt.

Bei den Polizeipräsidien sind Beratungsstellen eingerichtet; dort ist auch der Personalauswahldienst, welcher sich aus Polizeibeamten der jeweiligen Behörde zusammensetzt.

Personen: POK Hans Berwartstein (HB) von der PI Bad Bergzabern, Frederik Schott (FS) aus Mutterstadt

Police – training and organization

1. Police training in Rhineland-Palatinate

Since 1st January 2001 the regional police headquarters have been in charge of recruitment in Rhineland-Palatinate.

Anyone interested in becoming a police officer can apply at one of the five police headquarters; should he/she be recruited, a later transfer to another police headquarters within the state is not possible.

Department 31 "Initial and Further Training, Sports, Firearms and Operational Training, Recruitment" of each headquarters' executive division is responsible for coordination from application to being accepted in the police force.

After application and before entry, there is a selection procedure in which the state's police training centre is also involved.

Within the police headquarters, there are counselling offices and recruitment departments, which consist of police officers from the respective agencies.

Characters: POK Hans Berwartstein (HB) of the Bad Bergzabern subdivision, Frederik Schott (FS) from Mutterstadt

Der 19-jährige Gymnasiast Frederik steht kurz vor dem Abitur.

Frederik is 19, attends grammar school (US: high school) and will do his final examination in the near future.

Er möchte nach seiner Schulzeit Polizeibeamter werden.

After leaving school, he wants to become a police officer.

Deshalb informiert er sich bei dem Einstellungsberater POK Berwartstein und sucht ihn eines Nachmittags in seiner Dienststelle auf.

Therefore he seeks information from counselling officer POK Berwartstein and calls on him in his office one afternoon.

FS: Guten Tag, Herr Berwartstein. Vielen Dank, dass Sie einen Beratungstermin für mich einrichten konnten.

Good afternoon, Mr Berwartstein. Thanks a lot for arranging a counselling appointment for me.

HB: Guten Tag, Herr Schott. Ich freue mich, dass Sie sich für den Polizeiberuf interessieren. Darf ich Sie mit Ihrem Vornamen ansprechen?

Good afternoon, Mr Schott. I'm glad you're interested in a job in the police. May I call you by your first name?

FS: Ja, selbstverständlich. Ich schreibe bald meine Abiturklausuren. Welche Noten brauche ich eigentlich für eine Bewerbung?

Yes, of course. I'm soon going to do my final written exams at grammar school. What grades do I need in order to apply?

HB: Wir verlangen einen Notendurchschnitt von mindestens 3,2, und im Fach Deutsch müssen Sie mindestens die Note „ausreichend" vorweisen, also fünf Punkte haben.

We expect an average of at least 3.2. In German, you must at least have a "pass" mark, or, in other words, five points.

FS: Mit dem Abiturzeugnis kann ich mich dann bewerben?

And then I can apply with this graduation certificate?

HB: Ja.

Yes, you can.

FS: Was geschieht anschließend?

What happens then?

HB: Wenn Sie den geforderten Notendurchschnitt haben, werden Sie zum Auswahlverfahren eingeladen. Vor der Einladung zum Eignungstest werden Sie von Ärzten der Polizei untersucht.

If you have the necessary grade point average, you'll be invited to take part in the selection procedure. Before you are invited to the aptitude test, you'll have to undergo a medical examination by police doctors.

Damit wollen wir prüfen, ob Sie den gesundheitlichen Anforderungen des Polizeidienstes genügen. Außerdem wird auch festgestellt, ob Sie sporttauglich sind und bei den Sportübungen im Eignungstest keinen gesundheitlichen Risiken ausgesetzt sind. Das Ganze dauert einen Tag.

Aufgrund der besonderen Anforderungen für den Polizeidienst müssen Sie jederzeit mit einem Drogenscreening rechnen. Dafür müssen Sie uns Ihr Einverständnis erklären.

Außerdem wird Wert auf ein gepflegtes äußeres Erscheinungsbild gelegt.

FS: Wenn ich die medizinische Untersuchung geschafft habe, darf ich dann zum Eignungstest?

HB: Ja. Er dauert zwei Tage. Dabei wird festgestellt, ob Sie zum Studium und zur späteren Berufsausübung geeignet sind.

Die Orte für den Eignungstest sind die Bereitschaftspolizei Wittlich-Wengerohr oder Enkenbach-Alsenborn. Sie können dort auch kostenlos übernachten.

Der Eignungtest gliedert sich in fünf „Disziplinen“.

1. Dokumentationsvermögen.

Ihr Sprachverständnis und Ihre Rechtschreibkenntnisse werden anhand vorgegebener Texte überprüft. Anschließend müssen Sie eine Situation beschreiben; dabei

There we want to find out if you meet the physical requirements for the police service. Apart from that, we'll also determine if you are fit for certain sports required in the police service and that there won't be any health risks during the sports exercises in the aptitude test. This takes one day.

Because of the special requirements for the job of police officer you might have to undergo a drug screening procedure at any time. You'll have to give us a declaration of consent to this.

Neat appearance is also important.

Am I allowed to take part in the aptitude test if I've passed the medical examination?

Yes. It takes two days. We'll establish if you are qualified for the course of studies and later for your professional duties.

The aptitude tests take place at the standby divisions in Wittlich-Wengerohr or Enkenbach-Alsenborn. You can also stay overnight there free of charge.

The aptitude test consists of five “disciplines”.

1. Documentation skills.

Your linguistic perception and orthography will be tested by means of texts. Afterwards you must describe a situation. We use this to test your ability to perceive and process infor-

bewerten wir Ihre Fähigkeit, Informationen wahrzunehmen und zu verarbeiten, sowie Ihr Ausdrucksvermögen.	mation, and we also evaluate your powers of expression.
2. Körperlicher (motorischer) Leistungstest.	2. Physical fitness test.
Dieser Test hat besondere Bedeutung, da hier Eindrücke über Ihre Leistungsbereitschaft und -fähigkeit hinsichtlich der körperlichen Anforderungen des Polizeiberufs erlangt werden.	This test is very important as here we get information about your readiness to exert yourself and your physical fitness for the job of police officer.
Sie müssen unter anderem einen Hindernisparcours so schnell wie möglich überwinden und im Freien in zwölf Minuten eine möglichst weite Strecke laufen. Das ist der Cooper-Lauf-Test.	Among other things, you'll have to pass a course with different obstacles as fast as possible, and you'll have to run, outdoors, as far as you can in twelve minutes. This is called the Cooper Running Test.
FS: Muss man alle Tests bestehen?	Do I have to pass every single test?
HB: Ja. Es gibt zu jedem Test eine Mindestanforderung, die Sie erbringen müssen. Gelingt Ihnen das nicht, können Sie an den weiteren Prüfungen nicht mehr teilnehmen. Das wäre dann das Ende Ihres Einstellungsverfahrens.	Yes. There are minimum requirements for each test. If you don't meet them, you cannot take part in the following examinations. This would be the end of the selection procedure for you.
3. Leistungstest.	3. Performance test.
In diesem computergestützten Testteil wollen wir Ihre persönliche Intelligenzstruktur, das Denk- und Merkfähigkeitsvermögen und die Konzentrations- und Belastungsfähigkeit feststellen.	In this computer-based test we want to find out about your personal intelligence structure, your ability to think and memorize, your powers of concentration and your ability to cope with pressure.
4. Gruppendiskussion.	4. Group discussion.
In der Gruppendiskussion erhalten Sie die Gelegenheit, Ihre kommunikativen Fähigkeiten herauszustellen. 30 Minuten lang	During the group discussion you'll have the chance to present your communicative competence. For 30 minutes, you'll discuss various topi-

diskutieren Sie mit einigen Mitbewerbern aktuelle Themen der verschiedensten Bereiche. Unsere Beobachter erhalten dabei einen ersten Eindruck über Ihre Befähigung zur Kommunikations- und Teamfähigkeit und über Ihr Verhandlungsgeschick.

cal subjects covering various fields with other applicants. Our observers will get a first impression of your communicative competence, as well as your ability to work within a team, and to negotiate.

5. Vorstellungsgespräch.

5. Interview.

Der zweite Tag schließt mit einem Vorstellungsgespräch ab. Etwa 30 Minuten lang können Sie dem Prüfungsgremium ein kurzes, aber klares Bild Ihrer Persönlichkeit zeichnen. Wir erörtern mit Ihnen Ihre Interessen, die Ergebnisse der übrigen Tests und gehen auf allgemeine Themen und Wissensbereiche ein.

The second day will finish with an interview. For about 30 minutes, you can give the board of examiners a concise but clear impression of your personality. We'll discuss your interests, the results of the other tests and general subjects and topics.

Falls Sie dann noch Fragen über den Polizeiberuf haben, können Sie sie stellen. Damit ist der Eignungstest abgeschlossen.

And should you still have any questions about a police officer's job, you can ask them then. This interview will conclude the selection process.

FS: Das alles erscheint mir nicht so leicht, und ich werde mich gründlich vorbereiten müssen. Wie sieht die polizeiliche Ausbildung aus und wo findet sie statt?

All that doesn't seem to be so easy, and I'll do my best to prepare for it. What's the police training like, and where does it take place?

HB: Zunächst einmal: Die Fachhochschule für öffentliche Verwaltung, Fachbereich Polizei, befindet sich in Hahn-Flughafen. Dort sind auch die Wohnunterkünfte, Sportstätten, Hörsäle, die Bibliothek und die Mensa.

First of all: the college of public administration, police branch, is at Hahn Airport. The residential facilities, sports facilities, classrooms, library and dining hall are also there.

Das Fachhochschulstudium dauert drei Jahre und umfasst vier fachtheoretische und fünf berufspraktische Studienabschnitte, die einander abwechseln.

The course of studies at the college takes three years and consists of four alternating theoretical and five practical sections.

Nach erfolgreichem Abschluss erwerben Sie den akademischen Grad „Diplom-Verwaltungswirt (FH)“ und werden zum Polizeikommissar z.A. ernannt.

Während des Studiums sind Sie Polizeikommissaranwärter (PKA) und erhalten Anwärterbezüge; zur Zeit sind dies für einen Ledigen ca. 820 Euro pro Monat.

FS: Wie gliedern sich die einzelnen Abschnitte?

HB: Die fünf berufspraktischen Abschnitte gliedern sich in:

a) das 15-wöchige Grundlagentraining, in dem erste Grundlagen polizeilichen Verhaltens vermittelt werden,

b) das 6-wöchige Praktikum 1 an einer Dienststelle, in dem Sie erste Einblicke in polizeipraktische Abläufe bekommen,

c) das 16-wöchige Praktikum 2, in dem Sie im Schichtdienst tätig sind,

d) das 12-wöchige Praktikum 3, das bei der Kriminalpolizei stattfindet, und

e) das ebenfalls 12-wöchige Praktikum 4, das entweder ein Verwendungspraktikum ist oder in dem Sie eine Projektstudie erarbeiten.

FS: Und wie sieht es mit der Fachtheorie aus?

HB: Hier gibt es vier Abschnitte:

Das Grundstudium 1 dauert 24 Wochen, das Grundstudium 2

After graduation, you'll be awarded the academic degree of "Diplom-Verwaltungswirt (FH)" and will be promoted to police inspector on probation.

During the course of studies, you'll be a police trainee and get a trainee's salary; at present, it's about 820 euros per month for a single person.

What do the individual sections of the training course consist of?

The five practical sections consist of:

a) the 15-week basic training course, during which, among other things, basic police behaviour is taught,

b) the six-week practical training course 1 at a police station, where you get first insights into operational policing,

c) the 16-week practical training course 2, which means you will do shift work,

d) the 12-week practical training course 3, which will take place in the CID section, and

e) the 12-week practical training course 4, which will either be in the operational service or during which you will have to do a study project.

And what about theory?

There are four sections:

Basic course 1 lasts 24 weeks, and basic course 2 lasts 22 weeks, at

	dauert 22 Wochen und schließt mit der Zwischenprüfung ab.	the end of which there is the intermediate examination.
	Das Hauptstudium und das Abschlussstudium dauern je 12 Wochen, wobei letzteres mit der schriftlichen Prüfung endet. Die mündliche Prüfung ist nach dem Praktikum 4.	The main course and the final course last 12 weeks each, and at the end of the latter there is the written examination. The oral examination is after the practical training course 4.
FS:	Und was kommt da alles auf mich zu?	And what do I have to learn?
HB:	Es gibt vier Studiengebiete:	There are four fields of study:
	Im Studiengebiet Einsatz- und Kriminalwissenschaften werden Sie unterrichtet in Einsatzlehre, Kriminalistik und Kriminaltechnik, Kriminologie und Informations- und Kommunikationstechnik.	In the field of operational and criminal sciences, you'll be taught operational tactics, criminalistics and criminal technology, criminology and information and communications technology.
	Im Studiengebiet Rechtswissenschaften hören Sie alles zum Staats- und Verfassungsrecht, Allgemeinen Verwaltungsrecht, Polizeirecht, Strafrecht, Eingriffsrecht, Strafprozessrecht, Ordnungswidrigkeitenrecht, Verkehrsrecht und öffentlichen Dienstrecht.	In the field of law, you'll be taught state and constitutional law, administration law, police law, criminal law, police powers, criminal procedure law, public order offences law, traffic law and public service law.
	Zum Studiengebiet Soziale Verhaltenswissenschaften gehören Psychologie, Soziologie, Ethik, Pädagogik und die Lehre von Führung und Zusammenarbeit.	In the field of social behavourial sciences, we have psychology, sociology, ethics, pedagogics, and theory of police management and cooperation.
	Dann gibt es noch Einsatztraining, Sport und Sprachunterricht; bei letzterem können Sie zwischen Englisch und Französisch wählen.	There is also operational training, sports and foreign languages; here you can choose between English and French.
FS:	Was mache ich nach meiner Ausbildung?	What will I have to do after my training?
HB:	Nach dem Studium ist grundsätzlich eine Verwendungszeit von zwei Jahren bei der Bereitschaftspolizei vorgesehen.	After the course of studies, every recruit will spend two years with a standby squad.

Sie werden nach dem Rotationsprinzip eingesetzt, d.h. Phasen von einsatzbezogener Fortbildung, Einsätzen der Bereitschaftspolizei bei z.B. Castor-Transporten oder Großveranstaltungen, allgemeiner Ausbildung besonders auf rechtlichem Gebiet und Unterstützung des Polizeieinzeldienstes wechseln einander ab.

You'll be deployed according to a rotation principle, which means that phases of practical operational training, operational duties within the standby unit, for example Castor transports and major events, general training especially in the field of law and support of operational duty units will alternate.

FS: Wann trage ich Uniform und meine Pistole?

When will I get my uniform and my service weapon?

HB: Zunächst einmal ist es für Sie ein ganz besonderes Erlebnis, wenn Sie in den Landesdienst eingestellt werden. Zum Abschluss der Ernennungsfeierlichkeit am Tag der Einstellung wird die Nationalhymne gespielt.

First of all, it will be a special experience for you when you become a member of the state service. The introduction ceremony on the day of your appointment ends with the national anthem.

In den folgenden Tagen werden Sie eingekleidet und bekommen Ihre Polizeiuniform. Die Vereidigungsfeier ist ein weiterer Höhepunkt.

During the following days, you'll get your equipment and your police uniform. The swearing-in ceremony will be another highlight.

Eine Dienstwaffe bekommen Sie anfänglich nur zu Ausbildungszwecken, aber ab dem Praktikum 2 tragen Sie sie während des Dienstes und sind dafür voll verantwortlich.

At the beginning, you'll get your service weapon only for training purposes, but after practical training course 2 you'll have it permanently, and you'll be fully responsible for it.

FS: Das kann man sich alles nicht auf einmal merken.

I'll never remember all that.

HB: Sämtliche Informationen finden Sie auf unserer Internetseite www.polizei.rlp.de. Dort finden Sie einen Link zu „Wir suchen Sie" und „Ihre Einstellung interessiert uns" und dort können Sie auch das Bewerbungsformular herunterladen.

You can get all the information on our homepage www.polizei.rlp.de. There you'll find a link "We are looking for you" and "We are interested in recruiting you", where you can also download the application form.

Wenn Sie sich im Internet die einzelnen Dienststellen anschauen, erfahren Sie alles über unseren Aufbau und unsere Organisation und noch vieles mehr über die Polizei in Rheinland-Pfalz.

FS: Ich möchte mich gerne schon vorher bei einer Dienststelle näher informieren. Geht das?

HB: Sie können bei uns ein „Schnupperpraktikum" machen und sich einmal in einer Polizeidienststelle umsehen. Die Kollegen dort werden Ihnen alles erklären.

FS: So, jetzt weiß ich vieles mehr als vorher. Ich überlege mir das noch einmal ganz genau, aber ich glaube, dass ich mich auf jeden Fall bewerben werde.

HB: Alles Gute und viel Glück!

Anmerkung:

In Rheinland-Pfalz können auch Personen ohne Abitur eingestellt werden, die über eine abgeschlossene Berufsausbildung mit einem Notendurchschnitt von mindestens 2,5 und eine mindestens zweijährige praktische Tätigkeit in diesem Beruf verfügen.

If you look at all the police agencies on our homepage, you'll learn everything about our structure and our organization, and many other details about the police force in Rhineland-Palatinate.

Before I apply, I'd like to get some more information at a police station. Is that possible?

You can do an internship and get some information at a police station. The colleagues there will explain everything to you.

Well, now I know much more than before. I'm going to think about it again, although I'm sure that I want to become a police officer. Thanks a lot for talking to me.

I wish you all the best …

Note:

In Rhineland-Palatinate, persons without A-levels can also be recruited if they have completed their apprenticeship with average grades of at least 2.5 and if they have worked in that job for at least two years.

2. *Organisation der Polizei in Sachsen*

2. *Police Organization in Saxony*

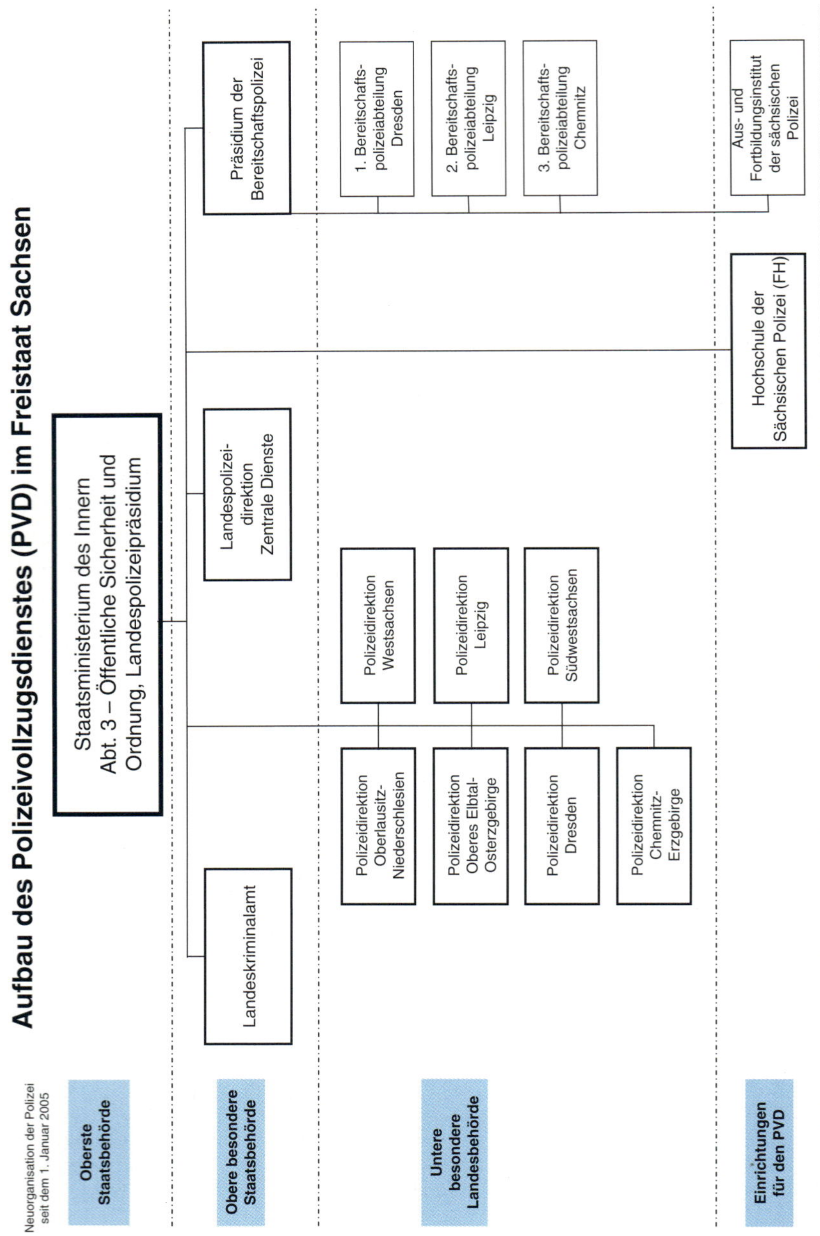

Aufbau des Polizeivollzugdienstes (PVD) im Freistaat Sachsen	**Police organization in the Free State of Saxony**
Staatsministerium des Innern	State Ministry of the Interior
Abteilung	Department
Öffentliche Sicherheit und Ordnung	Public Security and Order
Landespolizeipräsidium	State Police Headquarters
Landeskriminalamt	State Criminal Office
Landespolizeidirektion	State Police Directorate
Zentrale Dienste	Central Services
Polizeidirektion	Police Directorate
Präsidium der Bereitschaftspolizei	Standby Police Headquarters
Bereitschaftspolizeiabteilung	Standby Division
Hochschule der Sächsischen Polizei (FH)	Saxon Police College
Aus- und Fortbildungsinstitut der sächsischen Polizei	Saxon Police Academy for Basic and Further Training
Oberste Staatsbehörde	Supreme State Authority
Obere besondere Staatsbehörde	Superior State Authority
Untere besondere Staatsbehörde	Lower State Authority
Einrichtungen für den PVD	Police Institutions

Thema 2

Auskunft über Fahrstrecken

Personen: KOR Horst Franke (HF), Detective Chief Inspector Alan Drummond (AD)

KOR Franke vom Polizeipräsidium Köln und Detective Chief Inspector Drummond von New Scotland Yard haben an einem einwöchigen internationalen Seminar am National Police Staff College in Bramshill, nicht weit von London, teilgenommen.*

Alan Drummond plant mit drei Kollegen die Teilnahme an einem Seminar beim IPA-Bildungszentrum in Schloß Gimborn einige Wochen später, und erkundigt sich bei Horst Franke, wie er mit seinem Pkw am besten dorthin kommt.

AD: Horst, vom 23. bis 27. März nehme ich am zweisprachigen Seminar über Menschenschmuggel in die EU in Schloß Gimborn teil. Ich habe schon viel davon gehört, bin aber noch nie dort gewesen. Wo liegt Gimborn genau? Ich kann es auf keiner meiner Karten finden.

HF: Gimborn liegt in Nordrhein-Westfalen, etwa 40 km östlich von Köln. Die nächste Stadt ist Gummersbach.

Information about routes

Characters: KOR Horst Franke (HF), Detective Chief Inspector Alan Drummond (AD)

KOR Franke of Cologne Police Headquarters and Detective Chief Inspector Drummond of New Scotland Yard have taken part in a one-week international seminar in the National Police Staff College at Bramshill near London.

Alan Drummond intends to attend a seminar at the IPA Conference Centre at Schloss Gimborn together with three colleagues a few weeks later; he asks Horst Franke about how best to get there.

Horst, I'm going to take part in a bilingual seminar about smuggling human beings into the European Union at Schloss Gimborn from 23rd to 27th March. Where exactly is Gimborn? I can't find it on any of my maps.

Gimborn is situated in North Rhine-Westphalia, about 40 km east of Cologne. The nearest town is Gummersbach.

* entspricht etwa der Deutschen Hochschule der Polizei (früher Polizei-Führungsakademie) in Hiltrup

AD: Östlich von Köln, das ist gut, da kann ich ja auf der Hinfahrt noch ohne großen Umweg meinen guten Freund Jan Oetelaar in Eindhoven besuchen.

East of Cologne, that's fine, because then I can pay a visit to my good friend Jan Oetelaar in Eindhoven on the way there without having to make a long detour.

Nun sag mir bitte, wie ich am besten fahre! Hier habe ich einen Straßenatlas von Europa.

Now please tell me the best way to get there. Here I have a road atlas of Europe.

HF: Kein Problem. Egal ob Du die Fähre ab Dover oder den Tunnel ab Folkestone nimmst, Du kommst nach Calais in Frankreich. Denk dran, dass Du ab dort rechts fahren musst.

No problem. It doesn't matter if you take the ferry from Dover or the Tunnel from Folkestone, you'll arrive at Calais in France. Remember, you have to drive on the right from there.

In Calais fährst Du auf die französische Autobahn Nr. A 16 (E 40) in Richtung Dünkirchen und Brügge in Belgien.

In Calais, you take French motorway A 16 (E 40) to Dunkirk (Dunkerque) and Bruges (Brugge) in Belgium.

In Belgien ist das die A 18 (weiterhin E 40), die südlich von Ostende in die A 10 in Richtung Gent einmündet (weiterhin E 40). Südlich von Gent musst Du dann in die A 14 (E 17) nach Antwerpen einbiegen.

In Belgium, this is motorway A 18 (still E 40), which joins the A 10 (still E 40) to Gent south of Ostend. South of Gent, you have to turn onto the A 14 (E 17) to Antwerp.

AD: Das dürfte bis dahin kein Problem sein.

So far, so good.

HF: Nun, es soll schon mal einen Londoner gegeben haben, der nach Mailand wollte und auf der Fähre von Puttgarden nach Rödby in Dänemark feststellte, dass er sich wohl leicht verfahren hatte.

Well, there is the story of the Londoner who is said to have wanted to go to Milan and found out on the ferry from Puttgarden to Rödby in Denmark that he had apparently taken the wrong route.

Muss wohl ein hohes Tier von Scotland Yard gewesen sein, der so sehr an seine letzten ungelösten Fälle gedacht hat, dass er sich so verfahren hat.

Must have been a top brass officer from Scotland Yard who was concentrating on his last unsolved cases so much that he lost his way.

AD: Du hast schon bessere Witze gemacht.

I've heard better jokes from you.

HF: Ab Antwerpen gabelt sich die Autobahn wieder, und Du nimmst die A 21 (E 34) nach Eindhoven. Hinter der holländischen Grenze ist es dann die A 67 (weiterhin E 34).

After Antwerp, the motorway forks again, and you take the A 27 (E 34) to Eindhoven. Once you've crossed into Holland, it's the A 67 (still E 34).

Den Weg zu Deinem Freund dort kann ich Dir allerdings nicht beschreiben.

But I can't tell you the way to your friend's place.

AD: Nun, ich werde ihn schon finden, und wenn ich die Polizei zu Hilfe rufe.

I'm sure I'll find it, even if I have to call the police for help.

HF: Von Eindhoven geht es weiter auf der A 67 nach Venlo und von dort nach Deutschland auf der A 40 Richtung Duisburg.

From Eindhoven, you continue on the A 67 to Venlo, and from there into Germany on the A 40 to Duisburg.

AD: Ab da sieht es ziemlich kompliziert aus.

From there, it looks quite complicated.

HF: Ganz so schlimm ist es nicht. Am Kreuz Moers biegst Du auf die A 57 (E 39) Richtung Neuss/Düsseldorf ein.

Well, it's not that bad. At the Moers intersection, you turn onto the A 57 (E39) to Neuss/Düsseldorf.

Bleib auf dieser Autobahn, bis Du nach Köln kommst, das sind etwa 80 km. Du kommst dann auf das Autobahnkreuz Köln-Nord, wo Du auf die A1, Richtung Norden, also in Richtung Düsseldorf/Dortmund fährst.

Stay on this motorway until you get to Cologne, that's about 80 km. You'll get to the Köln-Nord (Cologne North) intersection where you turn onto the A 1 northbound, i.e. to Düsseldorf and Dortmund.

Dann bist Du auf dem Kölner Ring, und dort gibt es, wie auf der M 25 rund um London, fast immer Staus.

Then you are on the "Kölner Ring", the motorway orbital around Cologne, which, like the M 25 around London, is nearly always congested.

AD: Dann fahre ich ja wieder zurück!

But that means I'm going back again!

HF: Ja, aber das geht schneller, weil in der Gegenrichtung ständig Stau herrscht. Außerdem bleibst Du nur ein kurzes Stück auf der A1.

Yes, but it's faster that way because there are always traffic jams in the other direction. Apart from that, you'll only be staying on the A 1 for a short distance.

Direkt hinter dem Leverkusener Fußballstadion, das ist so eine moderne Schüssel unmittelbar rechts an der Autobahn, biegst Du auf die A 3 in Richtung Frankfurt ein.	Right after the Leverkusen soccer stadium, which is one of these modern arenas right next to the motorway on your right, you join the A 3 to Frankfurt.
AD: Aber Gimborn ist in der Nähe von Köln, nicht Frankfurt?	But Gimborn is close to Cologne, not Frankfurt, isn't it?
HF: Ja, natürlich, deshalb bleibst Du auch nicht lange auf der A 1, nur etwa 10 km. Kurz vor dem Autobahnkreuz Köln-Ost siehst Du links eine Autobahnpolizeiwache mit einem Hubschrauberlandeplatz.	Yes, of course, which is why you won't stay long on the A 1, only about 10 kms. Shortly before the Köln-Ost (Cologne East) intersection, you'll see a motorway police station with a helicopter landing pad on the left.
Dann fährst Du unter einer Brücke schon in der rechten Fahrspur ab auf die A 4 in Richtung Olpe. Jetzt noch 30 km geradeaus und Du kommst an die Ausfahrt Engelskirchen.	There, after driving under a bridge, you take the right lane to the A 4 to Olpe. From there, about 30 kms straight on until you reach the Engelskirchen exit.
Aus der Ausfahrt raus, an der Einmündung unten nach links, die nächsten 5 km geradeaus den Berg hinunter, über eine Brücke und wieder hoch, noch einmal einen Berg hinunter und bei Neuremscheid links abbiegen, dann kommst Du durch das Leppetal an Kaiserau vorbei.	Then you leave the motorway, and at the end of the slip road, you turn left; drive straight on for the next 5 kilometres, down the hill, across a bridge, then uphill and then downhill again. Outside Neuremscheid, you turn left and through the Leppe valley, passing Kaiserau.
Nach 3,5 km siehst Du links einen etwas versteckten Wegweiser nach Gimborn, und wenn Du dann noch einen Kilometer fährst, bist Du angekommen und hast Du Dir ein großes Bier verdient.	After about 3.5 kilometres, you'll see a somewhat concealed sign for Gimborn on the left, and if you drive on for another kilometre you're there, and you deserve a large beer after all that!
AD: Mir ist auch ohne Bier schon ganz schwindelig von Deiner Beschreibung.	Even without a beer, I'm quite dizzy from your description.

HF: Würdest Du nicht immer mit alten Autos durch die Gegend fahren und Dir endlich mal ein neues Auto mit einem Navigationssystem kaufen, dann könntest Du Deine Route vom Monitor ablesen. Außerdem würde Dir eine zarte Frauenstimme immer rechtzeitig sagen, wo Du abzubiegen hast.	If you didn't insist on driving ancient cars and if you treated yourself to a new car with a navigation system, you'd be able to read your route on a monitor. What's more, a nice feminine voice would always tell you in good time where to turn off.
AD: Weißt Du wirklich ganz genau, wie teuer das Leben hier in London ist? Ich kann mir keinen Neuwagen leisten.	Do you really know how expensive life is in London? I can't afford a new car.
Und jetzt haben wir auch noch die Innenstadtmaut. Jedesmal wenn ich ins Zentrum fahre, z.B. eine meiner Töchter zu einem Bahnhof bringe oder dort abhole, muss ich fünf Pfund berappen.	And now we've got the congestion charge, too. Every time I drive into Central London, for instance to take one of my daughters to a station or to pick her up there, I have to fork out five pounds.
HF: Ja, Eure Politiker wissen anscheinend noch besser als unsere, wie man dem Autofahrer das Geld aus der Tasche zieht.	Hm, your politicians seem to know even better than ours how to fleece the motorist.

Weitere Ausdrücke

Ampel	(set of) traffic lights
Autobahn	motorway, (US: freeway, interstate, turnpike)
Bahnübergang	level crossing, (US: railroad crossing)
Beschleunigungsstreifen	acceleration lane
Bundesstraße	A road, (US: US road)
Einbahnstraße	one-way street
Einmündung	junction
Feldweg	lane, country lane
Kreisstraße	C road, (US: county road)
Kreisverkehr	roundabout, (US: traffic circle, rotary)

Kreuzung	crossroads, (US: intersection)
Landstraße	B road, (US: state road)
Sackgasse	cul-de-sac, (US: dead-end street)
Schnellstraße (= vierspurige Straße mit Mittelstreifen)	dual carriageway, (US: divided highway)
Straßenbahn	tram, (US: streetcar)
Straßenbahnschienen	tramlines, (US: streetcar tracks)
Überführung	overpass, flyover
Unterführung	underpass, subway
Verzögerungsstreifen	deceleration lane

Thema 3

Fahrzeugpanne, Pannendienst, Abschleppen

Personen: PHM Thomas Wanninger (TW), PHM Alexander Brehm (AB), englischer Autofahrer Neil Chase (NC)

Gegen 11.00 Uhr morgens an einem Tag im Frühherbst.

Ein Pkw mit britischer Zulassung steht mit geöffneter Motorhaube in einer unübersichtlichen Kurve auf der Standspur der Autobahn A 8 München – Salzburg.

Die Warnblinkleuchten sind eingeschaltet, und das Warndreieck steht etwa 20 Meter hinter dem Fahrzeug.

Eine Funkstreife der Autobahnpolizeistation Holzkirchen kommt vorbei, erkennt die Gefahr und hält hinter dem Pkw mit eingeschaltetem Blaulicht und eingeschalteten Warnblinklichtern an.

PHM Wanninger geht auf den Fahrer zu, der neben dem Fahrzeug steht, während PHM Brehm, der seine Warnweste angezogen hat, das Warndreieck etwa 80 Meter zurückversetzt.

Zusätzlich stellt er ein Warnzelt mit blau blinkender Nissenleuchte auf, um rechtzeitig vor der Gefahrenstelle zu warnen.

Vehicle breakdown, breakdown service, towing off

Characters: PHM Thomas Wanninger (TW), PHM Alexander Brehm (AB), English motorist Neil Chase (NC)

At about 11.00 a.m. on a day in early autumn.

A car with British licence plates has stopped in a blind corner on the emergency lane of the A 8 Munich – Salzburg motorway, its bonnet open.

The emergency warning lights are flashing, and the warning triangle has been put up about 20 metres behind the vehicle.

A police patrol car of the Holzkirchen motorway police station is passing; the officers see that it is a dangerous situation and stop behind the vehicle, blue lights and emergency warning lights flashing.

PHM Wanninger walks up to the driver, who is standing beside his vehicle, while PHM Brehm, who has put on his warning vest, is placing the warning triangle about 80 metres further back.

He also puts up a folding warning sign with a blue flashing Nissen warning light to warn other drivers of the danger spot.

Danach kommt er zum Pannenfahrzeug zurück.

TW: Guten Tag. Können wir Ihnen helfen? Was ist passiert?

NC: Guten Tag. Ich bin mit meinem Pkw liegengeblieben und habe es gerade noch auf den Standstreifen geschafft. Ich fuhr auf dem rechten Fahrstreifen, als es anfing zu ruckeln und die Betriebslampen am Armaturenbrett aufleuchteten.

Dann hat der Motor an Leistung verloren und ich habe angehalten. Jetzt springt mein Auto nicht mehr an. Ich glaube, es handelt sich um einen Elektrikschaden.

TW: Hier können Sie Ihr Fahrzeug aber nicht lange stehen lassen. Das ist für Sie und andere Verkehrsteilnehmer eine unkalkulierbare Gefahr.

Sie hatten das Warndreieck nur 20 m hinter Ihren Fahrzeug aufgestellt. Das ist zu kurz, deshalb hat mein Kollege es noch 80 m zurückversetzt, so daß es jetzt mindestens 100 m hinter dem Fahrzeug steht. Das reicht dann aus. Denken Sie bitte daran, dass das Warndreieck mit seiner Reflektion auf Ihre Gefahrensituation aufmerksam macht und andere Verkehrsteilnehmer sie rechtzeitig erkennen sollen!

Sie wissen, dass auf der Autobahn hohe Geschwindigkeiten gefahren werden. Hierbei entstehen, besonders durch die Lkw, Sogwinde, die Ihnen gefährlich werden können.

Then he walks back to the stranded vehicle.

Good morning. Can we help you? What's happened?

Good morning. My car broke down, and I barely managed to get onto the emergency lane. I was driving in the right-hand lane, when the engine started to jerk and the engine lights on the dashboard came on.

Then the engine lost power, and I stopped. Now my car won't start again. I think it must be an electrical fault.

You can't leave your car here for long, because it's an incalculable danger for you and other motorists.

You had placed your warning triangle only 20 m behind your vehicle. That's too short a distance, so my colleague placed it back another 80 m, so it's now at least 100 m behind the vehicle. That's enough. Remember that the warning triangle with its reflectors informs others about your dangerous situation and that other motorists should be able to notice it early.

You know that on the motorway vehicles travel at high speeds. In the process, dangerous suction winds develop, especially as a result of passing trucks.

Und kommt ein Lkw aus der Spurrille, dann schwenkt er nach rechts aus und kann Sie und Ihr Fahrzeug treffen.

And if a truck gets out of its groove, it'll swerve to the right and might hit you and your vehicle.

NC: Ja, das verstehe ich. Ich möchte auf keinen Fall einen Unfall haben.

Yes, of course. I certainly don't want to have an accident.

TW: Haben Sie denn schon um Hilfe gerufen?

Have you already called for help?

NC: Nein. Ich weiß nicht, wie das hier in Deutschland geht. Und ich habe kein Handy.

No, I haven't. I don't know how it works in Germany. And I don't have a mobile phone.

AB: Sind Sie denn in einem Automobilclub?

Are you a member of a motoring club (an automobile club)?

NC: Ja, ich bin Mitglied in der AA, der Automobile Association, und ich weiß, dass diese eine Partnerschaft mit dem ADAC hat.

Yes, I'm a member of the AA, the Automobile Association, and I know that they have a partnership with the ADAC.

AB: Dann schlage ich vor, den ADAC-Pannendienst zu verständigen, der den Schaden vielleicht schon hier beheben kann. Ansonsten wird der Pannendienstfahrer einen Abschleppdienst organisieren.

Then I suggest that we inform the ADAC road patrol service, who might be able to repair the fault on the spot. Otherwise the road patrolman will call a tow truck.

TW: Auf jeden Fall bleiben wir mit unserem Streifenwagen hinter Ihrem Fahrzeug und sichern die Gefahrenstelle ab, bis der Pannendienst eintrifft.

In any case, we'll stay behind your vehicle with our patrol car and secure the spot until the tow truck arrives.

NC: Vielen Dank für Ihre Hilfe. Bitte rufen Sie für mich den Pannendienst!

Thank you very much for your help. Will you please call the breakdown service?

Während PHM Wanninger die erforderlichen Personen- und Fahrzeugdaten notiert, funkt PHM Brehm mit seinem Kollegen auf der Wache, welcher den Pannendienst verständigt.

While PHM Wanninger is taking down all the necessary data of the driver and the vehicle, PHM Brehm radios his colleague at control, who informs the breakdown service.

Dazu wählt er die Zentralrufnummer des ADAC für Pannendienste und schildert auch, dass die Polizei

In order to do so, he calls the ADAC's central number for breakdown services and also informs them that the police

absichert und dass es sich um eine unübersichtliche Stelle handelt.

Damit macht der Beamte dem ADAC klar, dass die Angelegenheit dringlich ist.

Die Zentralvermittlung beauftragt den zuständigen Pannendienstfahrer.

TW: Während wir auf den Pannendienst warten, möchte ich Ihnen noch ein paar Verhaltensregeln mitteilen.

Sichern Sie die Gefahrenstelle immer ausreichend ab! Das Mindeste, das Sie tun müssen, ist das Warndreieck im Abstand von 100 Metern aufzustellen.

Bleiben Sie nicht im Fahrzeug, sondern stellen Sie sich hinter die Schutzplanken, egal bei welchem Wetter! Wollen Sie Hilfe rufen, gehen Sie zu einem orangefarbenen Notrufmelder!

NC: Wie finde ich den?

AB: Auf den Leitpfosten sind kleine schwarze Pfeile. Sie zeigen an, in welcher Richtung die nächste Notrufsäule steht. An der Notrufsäule selbst ist ein Schild mit dem genauen Standort angebracht.

Wenn Sie die Notrufsäule betätigen, werden Sie mit dem Zentralruf der Autoversicherer Deutschlands verbunden. Tragen Sie Ihr Anliegen vor, und Ihnen wird Hilfe geschickt.

TW: So funktioniert das im Notfall auch für Polizei, Feuerwehr oder Rettungswagen.

are at the spot, securing it, and that the spot is in a blind corner.

Thus the officer makes it clear to the ADAC that the matter is urgent.

The road patrol man is instructed by the ADAC coordinating agency to proceed to where the vehicle is stranded.

While we're waiting for the breakdown service, I'd like to tell you some rules on what to do in such a situation.

Always secure the danger spot properly. The least thing you should do is to set up the warning triangle at a distance of 100 metres.

Do not stay in your vehicle, but go behind the crash barrier regardless of the weather conditions. If you want to call for help, walk to an orange emergency phone.

Where do I find one of those?

On the road markers there are small black arrows. The direction of the arrows shows you which way to walk to the nearest emergency phone. On the emergency phone there is a sign which gives you the exact location.

When you use the emergency phone, you'll be connected with the German automobile insurance coordination agency. Tell them your problem, and you'll get proper help.

In an emergency, you have to follow the same procedure to call the police, the fire brigade (US: fire department) or an ambulance.

NC: Wenn mein Auto abgeschleppt werden muss, kann ich da mitfahren, und wohin kommt mein Auto?	If my car has to be towed away, where will they take my car, and can I go with them?
TW: Ja, der Abschleppdienst nimmt Sie mit. Ihr Fahrzeug wird zur Abschleppfirma gebracht, wo man sich um den Schaden kümmern und Ihnen auch mit einem Ersatzfahrzeug weiterhelfen wird. Aber warten wir doch erst mal den Pannendienst ab.	Yes, the breakdown firm will take you along. Your car will be taken to the firm's premises, where they will see to the damage, and where you will get a courtesy vehicle if necessary. But let's first wait for the breakdown service.
Nach ein paar Minuten trifft der Pannendienstfahrer ein und sichert seinerseits die Gefahrenstelle mit seinem gelben Fahrzeug und eingeschaltetem Gelblicht sowie eingeschalteten Warnblinkleuchten ab.	*After a short time, the road petrolman service arrives, and the driver secures the danger spot with his yellow vehicle, with the amber beacon light and the emergency flashers switched on.*
Es erfolgt eine kurze Absprache mit den Polizeibeamten.	*He briefly confers with the police officers.*
Der Pannendienstfahrer kann den Defekt nicht finden und verständigt ein Vertragsabschleppunternehmen.	*The fault cannot be identified. The breakdown service man will call a recovery service, which has a contract with the ADAC.*
Da das liegengebliebene Fahrzeug durch den Pannendienst abgesichert ist, kann die Funkstreife ihre Fahrt fortsetzen.	*As the stranded vehicle is secured by the breakdown service, the police officers can continue their patrol.*
NC: Ich befürchte, mein Deutschlandaufenthalt wird sich um ein paar Tage verlängern.	I'm afraid I'll have to stay in Germany a few more days.
An die Polizeibeamten gewandt:	*Addressing the police officers:*
Trotzdem bedanke ich mich für Ihre Hilfe.	Thanks for your help anyway.
TW: Gern geschehen. Das gehört alles zu unserer Arbeit. Gute Heimreise. Auf Wiedersehen.	Don't mention it. That's part of our job. Have a safe trip home. Good-bye.
DC: Vielen Dank. Auf Wiedersehen.	Thanks a lot. Good-bye.

Thema 4

Fahrzeugkontrolle, Mängelkarte

Personen: PK Alexander Bergmann (AB), britischer Autofahrer Stuart Freeman (SF)

Im Rahmen einer nächtlichen Verkehrskontrolle in der Stadtrodaer Straße in Jena in Thüringen wird ein Pkw angehalten, dessen rechtes Abblendlicht ausgefallen ist.

Der Pkw ist in Jena zugelassen; Halter ist ein dort ansässiges Feinmechanik- und Optikwerk.

Der Fahrer, Stuart Freeman, ist Mitarbeiter eines Zulieferungsbetriebes und britischer Staatsbürger.

Für die Dauer seiner Anwesenheit in Jena wurde ihm ein Firmenfahrzeug überlassen.

Die Kontrollstelle ist ausgeschildert, beleuchtet und abgesichert, mit Anhalte- und Sicherungsposten und den kontrollierenden Beamten besetzt.

Ziel der Kontrolle ist es, die Verkehrssicherheit von Fahrzeugen und die Fahrtüchtigkeit der Fahrer zu überprüfen.

AB: Guten Abend. Polizeikontrolle. Wir haben Sie angehalten, weil das rechte Fahrlicht an Ihrem Pkw nicht brennt.

Vehicle check, vehicle defect form

Characters: PK Alexander Bergmann (AB), British driver Stuart Freeman (SF)

In the course of a night-time traffic check in Stadtrodaer Straße in Jena, Thuringia, a car is stopped because the right-hand front light is defective.

The car has a Jena registration number. The vehicle keeper (registered owner) is a local precision mechanics and optical company.

The driver, Stuart Freeman, is an employee of a supplier. He is a British citizen.

During his stay in Jena, he drives a company car.

The check site is properly signposted, lit and secured, with an officer to stop vehicles, a colleague to secure the site and officers whose job it is to check vehicles and drivers.

The purpose of the check is to find out whether the vehicles are roadworthy and whether the drivers are fit to drive.

Good evening. Police check. We've stopped you because the right-hand dimmed light (US: driving light) of your car isn't working.

SF: Das habe ich leider nicht bemerkt. Ich bin nur auf gut beleuchteten Straßen gefahren, und da fällt so etwas fast gar nicht auf.

AB: Bitte schalten Sie die Innenbeleuchtung ein! Danke. Und jetzt geben Sie mir bitte Ihren Führerschein und die Zulassungsbescheinigung Teil I (früher Fahrzeugschein)!

Herr Freeman sitzt noch in seinem Fahrzeug. Durch das Gespräch kann PK Bergmann erste Anhaltspunkte erlangen, ob der Fahrer nach Alkohol riecht, und er kann auch ins Fahrzeuginnere blicken.

Dann bittet er Herrn Freeman, auszusteigen und sich die defekte Beleuchtung anzuschauen.

Dies ist eine weitere Möglichkeit, auch durch Beobachten des Verhaltens und der Motorik, Hinweise auf eventuellen Alkoholgenuss zu erhalten.

Herr Freeman bewegt und benimmt sich ganz normal.

Er klopft mehrmals gegen den Glaskörper der Frontleuchte.

SF: Die Birne scheint kaputt zu sein. Ich hatte gehofft, dass es nur ein Wackelkontakt ist und das Licht wieder brennen würde. Ich weiß im Augenblick auch nicht, wo sich bei diesem Fahrzeug die Sicherungsbox befindet. Darf ich denn weiterfahren?

AB: Haben Sie Alkohol getrunken oder Betäubungsmittel genommen?

SF: Selbstverständlich nicht. Ich lehne Drogen grundsätzlich ab, und

I'm sorry, I didn't know. I've only been driving on well-lit streets, and there you hardly notice anything.

Please switch on your courtesy lights (interior lights). And now let me have your driving licence and the vehicle registration certificate, please.

Mr Freeman is still sitting in his car. During the conversation, PK Bergmann can get first indications on whether the driver's breath smells of alcohol, and he can also have a look at the interior of the car.

Then he asks Mr Freeman to get out of his car and have a look at the faulty light.

Watching the driver's behaviour and movements offers another opportunity to get an idea of possible alcohol consumption.

Up until now, Mr Freeman has behaved in a perfectly normal manner.

He knocks repeatedly at the glass of the front light.

It looks as if the bulb has gone. I had hoped that it was only a loose contact and the light would come on again. At the moment, I don't even know where the fuse box is in this car. May I drive on?

Have you consumed alcohol or taken drugs?

Of course not. As a matter of principle, I'm against drugs, and when

wenn ich Auto fahre, trinke ich keinen Alkohol. Ich weiß, wie gefährlich das ist, und ich kenne auch die Konsequenzen. Ich brauche meinen Führerschein beruflich.

AB: Also macht es Ihnen sicherlich auch nichts aus, mich einmal anzuhauchen?

Stuart Freeman kommt dieser Aufforderung sofort nach.

Für PK Bergmann ergeben sich keinerlei Anhaltspunkte, dass die Fahrtüchtigkeit eingeschränkt sein könnte.

AB: Herr Freeman, bitte warten Sie noch einen Augenblick!

PK Bergmann geht zum Streifenwagen und überprüft mit einem Funkspruch die Person und das Fahrzeug.

Es liegt keine Treffermeldung vor.

Anschließend füllt er einen Mängelbericht aus und geht zu Herrn Freeman zurück, der noch bei seinem Fahrzeug steht.

AB: Herr Freeman, hier haben Sie Ihren Führerschein und die Zulassungsbescheinigung Teil I zurück. Und dies ist ein Mängelbericht, den Sie bitte gleich morgen früh im Werk der Person geben, die für die Firmenfahrzeuge verantwortlich ist.

SF: Bitte erklären Sie mir diese Karte!

AB: Hier auf der Vorderseite habe ich neben dem amtlichen Kennzeichen und dem Fahrzeugtyp die Halteranschrift eingetragen und auch das heutige Datum, die Uhrzeit und den Kontrollort.

I drive, I don't drink any alcohol. I know how dangerous that is, and I also know the consequences. I need my driving licence for my job.

In that case you certainly wouldn't mind letting me smell your breath, would you?

Stuart Freeman immediately complies with this request.

PK Bergmann cannot detect any signs that Mr Freeman's fitness to drive might be impaired.

Mr. Freeman, please wait a moment.

PK Bergmann goes back to the patrol car and has the person and the vehicle checked by means of a radio call to control.

There is nothing on file.

Furthermore he fills in the vehicle defect form and walks back to Mr Freeman, who is still standing beside his car.

Mr Freeman, here's your driving licence and your vehicle registration certificate. And this is a vehicle defect form, which you should hand over to the person in your firm who is responsible for company cars.

Could you perhaps explain this card to me?

Here, on the front page, I've filled in the licence number and type of vehicle as well as the address of the vehicle keeper, today's date, the time and the location of this check.

Ich habe den betreffenden Defekt angekreuzt. Hier unten ist eine Frist von vier Tagen eingetragen, innerhalb welcher der Mangel behoben und die Mängelkarte bei uns eingegangen sein muss.	I've ticked off the identified defect. At the bottom it says that there is a deadline of four days from now; within this time, the defect must be rectified and we must have received the card.
Die Beleuchtung sollte so schnell wie möglich repariert werden, schon in Ihrem eigenen Interesse, wenn Sie bei Dunkelheit unterwegs sind.	But the light should be repaired as soon as possible, which is also in your own interest if you have to drive in the dark.
SF: Muss ich das alles erledigen? Ich weiß, dass die Firma eine eigene Werkstatt hat.	Do I have to take care of all this? I know that the company have their own garage.
AB: Sie müssen lediglich den Mängelbericht weitergeben. Ich nehme an, dass die Werkstatt den Schaden beheben wird und dass das Fahrzeug durch einen Mitarbeiter der Firma bei der Polizei vorgestellt wird.	You only need to pass on the defect form. I suppose the garage will repair the defect, and that the vehicle will be shown to the police by an employee of your company.
Sie können das natürlich auch selbst tun. Hier auf der Rückseite der Karte steht die Anschrift unserer Dienststelle. Sie können aber auch bei jeder anderen Polizeidienststelle vorbeifahren und die Karte abstempeln lassen.	You can also do that yourself, of course. On the back of the card, you have the address of our police station. But you can also go to any other police station and have the card stamped there.
Wichtig ist, dass die Karte mit Fristablauf bei uns eingegangen ist.	It's important that we receive the card before the deadline.
SF: Und wenn nicht?	And if not?
AB: Dann werde ich die Durchschrift des Mängelberichts an die Zulassungsstelle weiterleiten. Von dort aus wird man sich an die Firma wenden und notfalls Zwangsmittel androhen.	Then I must forward the copy of the defect form to the vehicle licensing office. They will get in touch with your company, and, if necessary, threaten to take coercive measures.
SF: Muss ich eine Strafe bezahlen?	Do I have to pay a fine?

AB: Nein. Der Mängelbericht dient dazu, die Verkehrssicherheit durch schadenfreie Fahrzeuge zu gewährleisten.	No, you don't. A vehicle defect form is intended to guarantee traffic safety by means of vehicles without any defects.
Da die Lampenbirne oder Sicherung erst nach Fahrtantritt defekt werden konnte und Sie das nicht unbedingt bemerkt haben müssen und mir dies glaubhaft erklärt haben, verzichte ich auf eine Verwarnung mit Verwarnungsgeld.	As the bulb or fuse might have become defective after you started your trip and you might not necessarily have noticed it and you explained this plausibly, I'll waive the warning fine.
Sie können auch weiterfahren, aber Sie wissen jetzt um den Defekt. Fahren Sie deshalb besonders vorsichtig! Es gilt: Sehen und gesehen werden!	You may drive on, but now you know about the defect, so, please drive very carefully. The rule is: See and be seen!
Sollten Sie heute noch in eine andere Kontrolle geraten, zeigen Sie diesen Mängelbericht vor! Gute Fahrt!	Should you run into another check today, show this defect form. Have a nice trip.
SF: Vielen Dank. Auf Wiedersehen.	Many thanks. Good-bye.

Beachten Sie:

Kontrolle (im Sinne von Überprüfung)	check
Kontrolle (im Sinne von Lenkung, Leitung)	control

Also:

Die Polizei führt eine Verkehrskontrolle durch.	The police conduct a traffic check.
Die Polizei regelt den Verkehr.	The police control the traffic.

Thema 5

Unzulässiges Halten und Parken, Abschleppen

Personen: Politesse Diana Brandt (DB), amerikanischer Autofahrer Randolph Smith (RS), Hausmeister Alfons Niedermayr (AN)

Im fränkischen Ansbach steht vor einer Wohnanlage in der Nürnberger Straße ein Haltverbotszeichen.

Ein Zusatzschild bezeichnet die Verkehrsfläche als Rettungsweg für Feuerwehr und Rettungsdienste.

Außerdem stehen an der Grundstückseinfahrt mehrere Hinweisschilder mit der Aufschrift „Feuerwehrzufahrt“ und mit einem Bild, das einen Pkw an einem Abschlepphaken zeigt.

Trotzdem parkt im Haltverbot ein weinroter Audi A4 mit Münchner Kennzeichen.

Der Hausmeister der Wohnanlage ruft bei der Straßenverkehrsbehörde an.

Kurze Zeit später erscheint eine Politesse.

AN: Guten Tag. Mein Name ist Alfons Niedermayr. Ich bin hier der Hausmeister und habe angerufen. Sehen Sie doch bitte selbst!

Im Haltverbot parkt ein Pkw und versperrt die Grundstückszufahrt. Damit kann im Notfall weder die

No stopping and parking, towing off

Characters: (female) traffic warden Diana Brandt (DB), American driver Randolph Smith (RS), caretaker Alfons Niedermayr (AN)

In Nürnberger Strasse in the town of Ansbach, Franconia, there is a no-stopping sign in front of a housing estate.

An additional sign designates the traffic area as a fire lane and an emergency zone.

Furthermore, in the driveway there are several signs that state "fire lane", which show a car attached to a towing hook.

Despite this, a burgundy-coloured Audi A 4 with Munich licence plates is parked in this no-stopping zone.

The caretaker of the housing estate telephones the traffic department and reports this fact.

A short time later, a female traffic warden arrives.

Hello. My name is Alfons Niedermayr. I'm the caretaker here, and I called you. Have a look for yourself.

A car is parked in the no-stopping zone, obstructing the driveway. In an emergency, neither the fire brigade

Feuerwehr noch ein Rettungswagen den Rettungsweg benutzen.

nor an ambulance will be able to use the escape lane.

DB: Guten Tag. Das hier ist kein Einzelfall. Obwohl die Verkehrszeichen und Hinweisschilder deutlich zu erkennen sind, stellen rücksichtslose Fahrer oder solche, die zu faul sind, ein paar Schritte zu Fuß zu gehen, ihre Fahrzeuge immer wieder an solchen Stellen ab.

Hello. This is not unusual. Although the traffic signs and the additional signs can clearly be seen, it happens again and again that vehicles are parked in such areas, because their drivers are inconsiderate or too lazy to walk a short distance.

Die meisten Autofahrer halten sich an das Haltverbot, und daher sieht es so aus, als ob man hier ohne Probleme parken könnte.

Most motorists obey the no-stopping sign, and so it looks as if anyone could park here without any problems.

AN: Diese Falschparker gefährden die Sicherheit der Bewohner dieser Wohnanlage. Die Feuerwehr kann hier nicht einfahren, das Retten, Löschen und Bergen kann nicht richtig erfolgen.

And these drivers endanger the safety of the residents of this housing estate. The fire brigade cannot enter, and proper rescue, extinguishing and recovery operations are no longer possible.

Wie sollen die Feuerwehrleute denn von hier aus eine Leiter zu dem Balkon dort hinten ausfahren können? Eine so lange Leiter gibt es doch noch gar nicht!

How are the firemen to run up a ladder to that balcony at the back? There is no ladder that long!

DB: Kennen Sie dieses Fahrzeug? Wissen Sie, ob es einem Bewohner gehört?

Do you know this vehicle? Do you know if it belongs to a resident?

AN: Nein, ich kenne das Fahrzeug nicht. Es hat auch ein Münchner Kennzeichen. Wenn ich wüsste, wo ich den Fahrer finden könnte, hätte ich Sie nicht angerufen.

No, I don't know this vehicle. It has Munich licence plates. If I knew where I could find the driver, I wouldn't have called you.

Ich habe auch schon bei einigen Bewohnern nachgefragt. Keiner weiß, wem das Fahrzeug gehört.

I've already asked some residents, but nobody knows who this car belongs to.

Die Politesse geht um den verschlossenen Pkw herum und schaut hinein.

The traffic warden walks around the car, whose doors are locked, and looks inside.

Oft liegen dort Papiere oder Schreiben offen herum, und man kann ablesen, wer als Fahrer in Frage kommen könnte.

Often papers or letters lie around openly, and one can find out who the driver might be.

Bei dem Audi ist dies aber nicht der Fall.

But that is not the case with this Audi.

Diana Brandt entschließt sich, den Fahrzeughalter feststellen zu lassen.

Diana Brandt decides to have the registered owner of the car identified.

Dazu funkt sie die Wache des Kommunalen Vollzugsdienstes (Ortspolizeibehörde) an und gibt das Kennzeichen durch.

To do so, she radios the local authority traffic station (local authority police agency) and tells them the licence plate number.

An den Hausmeister gewandt:

Addressing the caretaker:

DB: Vielleicht ist der Name des Fahrzeughalters identisch mit einem Bewohner dieser Wohnanlage.

Perhaps the keeper's name is identical with the name of one of the residents in this housing estate.

Dann wären wir einen Schritt weiter und könnten ihn in seiner Wohnung aufsuchen.

Then we would have made some progress and could call on him in his flat.

Jetzt müssen wir aber einen Augenblick warten, bis ich Nachricht bekomme.

But now we'll have to wait until I get some information.

In der Zwischenzeit fange ich schon einmal an, mir alles zu notieren, auch Ihren Namen, denn eventuell werden Sie als Zeuge gebraucht.

Meanwhile I'll start to note down everything, including your name, as you might be required to give evidence as a witness.

Zuerst mache ich aber vom Pkw und der Örtlichkeit ein Foto. Der Fahrer könnte ja später gegen meine Maßnahmen Widerspruch einlegen. Da ist es besser, wenn ein Beweisfoto vorliegt.

But first I'm going to take a photo of the car and the location. The driver might later file an objection to my measures. Therefore it's better if there is a photograph as evidence.

Die Politesse klemmt dann eine Karte hinter den Scheibenwischer mit dem Hinweis, dass ein Parkverstoß vorgelegen hat und der Fahrzeughalter in Kürze von der Straßenverkehrsbehörde angeschrieben wird.

The traffic warden then sticks a card under the windscreen wipers, notifying the driver that a parking offence has been committed and that the registered owner will shortly get a letter from the road traffic authority.

Mittlerweile erfährt sie über Funk, dass das Fahrzeug auf eine Leihwagenfirma in München zugelassen ist.

Meanwhile she learns via radio that the registered owner is a Munich rental company.

Der Fahrzeugmieter, ein Immobilienverwaltungsunternehmen aus dem Stadtteil Nymphenburg, kann telefonisch nicht erreicht werden.

The car was rented by a facility management company from the Nymphenburg district which cannot be reached by telephone.

Daraufhin beauftragt sie ein Abschleppunternehmen.

Therefore she calls a recovery company to remove the vehicle.

DB: Jetzt kommt gleich ein Abschleppfahrzeug.

The tow truck will arrive soon.

AN: Das ist gut. Manche Leute werden das sehen, und dann spricht es sich in der Wohnanlage herum.

That's good. Some people will see this, and then word will get around in the housing estate.

DB: Ich werde nach dem Abschleppen auch die zuständige Polizeidienststelle informieren, damit man dem Fahrer auch dort Auskunft geben kann und er nicht noch eine Diebstahlsanzeige aufgibt.

After the car has been towed away, I'm going to inform the police station in charge of this area, so that the driver can also be informed there and won't report the vehicle as stolen.

Der Fahrer des Abschleppwagens verlädt den Pkw auf sein Fahrzeug und fährt weg.

The driver of the tow truck loads the car onto his vehicle and drives away.

Aus der Eingangstür eines Blocks der Wohnanlage kommt ein junger Mann winkend und rufend gelaufen:

A young man comes running out of the door of one of the blocks of the housing estate and waves his hands, shouting:

RS: Stopp! Stopp! Das ist mein Auto!

Stop! Stop! That's my car!

Aber der Abschleppwagen ist schon losgefahren.

But the tow truck has already left.

DB: Guten Tag. Ich bin Politesse und habe Ihr Fahrzeug abschleppen lassen, weil es hier vor einer gekennzeichneten Feuerwehrzufahrt stand.

Hello. I'm a traffic warden, and I've had your car towed away because it was parked in a clearly marked fire lane.

Aber eigentlich ist es gar nicht Ihr Auto, denn es handelt sich um einen Leihwagen.

But, strictly speaking, it's not your car, it's a rental car.

RS: Ja, das stimmt. Aber jetzt holen Sie das Auto zurück!	Yes, that's correct. But now get my car back.
DB: Es tut mir leid. Der Pkw wird auf das Gelände des Abschleppunternehmens gebracht, wo Sie ihn abholen können. Bitte beruhigen Sie sich jetzt, ich will Sie gerne über alles Weitere informieren.	I'm sorry I can't. The car has been taken to the premises of the towing company yard where you can pick it up. Please calm down now. I'll be happy to tell you how to get your car back.
RS: Entschuldigen Sie bitte, aber mein Auto wurde noch nie abgeschleppt, weil ich es falsch geparkt hatte. Ich habe den Pkw von meiner Firma aus München überlassen bekommen, die das Fahrzeug als ständiges Leihfahrzeug unter Vertrag hat.	I'm sorry, but it doesn't happen every day that my car is towed away. I got the car from my company in Munich, which has rented this car on a permanent basis.
Für meine Firma habe ich heute hier in dieser Wohnanlage ein Kundengespräch geführt. Als ich gerade aus dem Aufzug herauskam, sah ich den Abschleppwagen wegfahren.	I talked to a customer of my company here in this housing estate. As I was getting out of the elevator, I saw the tow truck drive away.
Oh, verzeihen Sie bitte, mein Name ist Randolph Smith, und ich komme aus Denver, Colorado.	Oh, I'm sorry, my name is Randolph Smith, I'm from Denver, Colorado.
DB: Herr Smith, Sie sehen hier das Haltverbotszeichen und die Hinweisschilder auf die Feuerwehrzufahrt. Sie haben mit dem Wagen einen Rettungsweg zugestellt. Deshalb habe ich das Auto abschleppen lassen.	Mr Smith, you can see the no-stopping sign here. And over there, there are several signs indicating the fire lane. And you blocked the escape lane with your car. That's why I had your car towed away.
RS: Ich habe das Verkehrszeichen nicht gesehen. Die Hinweisschilder kann ich nicht lesen.	I didn't see the traffic sign. And I can't read the text on the other signs.
DB: Ich habe ein Foto gemacht. Schlimmstenfalls hätten Sie an dem Symbol auf dem Hinweisschild dort erkennen können, was passieren kann. Blicken Sie doch mal da hin!	I took a photograph. At the very least, you could have seen what could happen from the graphics on the sign. Have a look.

RS: Oh! Ein Auto am Abschlepphaken! Ich habe da wohl wirklich etwas falsch gemacht. Wie geht es jetzt weiter?

Oh, a car on a towing hook. I really did something wrong then, didn't I? What now?

DB: Da Sie im Haltverbot einer gekennzeichneten Feuerwehrzufahrt geparkt haben, verwarne ich Sie mit 35 Euro. Sind Sie damit einverstanden und können Sie gleich zahlen?

As you parked your car in a no-stopping area of a marked fire lane, I'll issue you with a warning fine of 35 euros. Do you consent, and can you pay immediately?

RS: Ja. Hier bitte. Da ist das Geld.

Yes. Here you are. Here's the money.

Randolph Smith bezahlt das Verwarnungsgeld und erhält dafür eine Quittung.

Randolph Smith pays the warning fine and gets a receipt.

Anschließend notiert sich die Politesse noch seinen Namen und seine Erreichbarkeit. Sie gibt ihm auch einen Zettel mit der Anschrift des Abschleppdienstes mit.

Afterwards the traffic warden writes down Randolph Smith's name and the address where he can be reached. He also gets a note with the address of the towing service.

DB: Sie können den Pkw gegen Bezahlung bei dem Abschleppunternehmen auslösen.

You can retrieve your car from the towing company after paying their bill.

RS: Was wird mich das kosten?

How much will that be?

DB: Das kann ich nicht genau sagen, aber rechnen Sie mit etwa 140 Euro. Eventuell kommen eine Standgebühr und notwendige zusätzliche Leistungen hinzu.

I don't know the exact rates. But from experience I'd say you should reckon with about 140 euros. There might also be a holding charge and possible other service charges.

Sie sehen das dann auf der Rechnung. Auf jeden Fall müssen Sie nachweisen, dass Sie berechtigt sind, das Fahrzeug abzuholen.

You'll see that on the bill. In any case, you must prove that you are authorized to pick the car up.

RS: Das geht schon alles in Ordnung. Das war ein teures Parken. Ich möchte mich entschuldigen. Aber bitte, wie komme ich jetzt zu dem Abschleppunternehmen?

That'll be o.k.. Parking here was really expensive. I apologize. But can you please tell me how to get to the towing company?

AN: Kommen Sie mit in mein Hausmeisterbüro. Ich rufe Ihnen ein Taxi, und Sie können solange bei mir warten.

Please come with me into my caretaker's office. I'll call a taxi for you, and you can wait there.

RS: Vielen Dank.

Thanks a lot.

Beachten Sie:

Haltverbot (Zeichen 283 StVO): verbietet jedes Halten auf der Fahrbahn.

No stopping (sign number 283 of the highway code): no stopping any time on the carriageway.

Eingeschränktes Haltverbot (Zeichen 286 StVO): verbietet das Halten auf der Fahrbahn über drei Minuten, ausgenommen zum Ein- und Aussteigen oder Be- und Entladen.

No waiting (sign number 286 of the highway code): no stopping on the carriageway for more than three minutes, except for loading and unloading.

Thema 6

Radarkontrolle, Geschwindigkeitsüberschreitung, Verwarnung mit Verwarnungsgeld

Personen: PK Egon Gebler (EG), britische Wohnmobiltouristen Peter Ferguson (PF) und seine Ehefrau Mary (MF)

An einer Unfallhäufungsstelle auf der Bundesstraße 9 von Kandel zum französischen Grenzübergang Lauterbourg misst ein Radarfahrzeug der Verkehrsdirektion Rheinpfalz ein Wohnmobil mit 89 km/h.

Dort besteht eine Geschwindigkeitsbeschränkung von 70 km/h.

800 Meter nach dem Radarfahrzeug hat die Polizei eine Kontrollstelle eingerichtet.

Das Radarfahrzeug meldet dem Anhalteposten: „Wohnmobil, weißer Ford Transit, ausländisches Kennzeichen, mit 89 km/h."

Das Fahrzeug wird angehalten, und PK Gebler übernimmt die Kontrolle.

Es handelt sich um einen „Rechtslenker" mit dem britischem Kennzeichen GU54 DKF und dem Nationalitätszeichen GB.

EG: Guten Morgen. Wir führen eine Geschwindigkeitskontrolle durch.

Radar check, speeding, issuing a warning fine

Characters: PK Egon Gebler (EG), British tourists Peter Ferguson (PF) and his wife Mary (MF), who are travelling in their mobile home (US: motorhome)

At an accident black spot on federal road no 9 from Kandel to the French border crossing at Lauterbourg, a radar patrol car of the Rheinpfalz (Rhenish Palatinate) traffic division records a mobile home travelling at a speed of 89 kmh.

There is a maximum speed of 70 kmh at this spot.

Police have installed a checkpoint 800 metres behind the radar car.

The officer stopping the vehicles is informed from the radar car: "Mobile home, white Ford Transit, foreign licence plates, doing 89 kmh."

Thereupon the car is stopped, and PK Gebler checks the vehicle and its driver.

The mobile home, numberplate GU54 DKF, has right-hand steering and a sticker with the GB sign at the back.

Good morning. We're conducting a speed check. We've stopped you

Wir haben Sie angehalten, weil Sie soeben die zulässige Höchstgeschwindigkeit überschritten haben.	because you've just exceeded the maximum permissible speed.
800 Meter zurück, dort, wo die Häuser stehen, treffen zwei Straßen zusammen. An dieser Einmündung kommt es oft zu Verkehrsunfällen, deshalb führen wir dort häufig Radarkontrollen durch.	800 metres back, where the houses are, two roads meet. Many road traffic accidents happen at that junction, and that's why we often conduct radar checks there.
Sie wurden eben mit 89 km/h gemessen. Nach den Verkehrszeichen dürfen Sie in diesem Bereich höchstens 70 km/h fahren. Bitte zeigen Sie mir Ihren Führerschein und die Zulassungsbescheinigung Teil I!	You've just been recorded doing 89 kmh. According to the traffic signs, you are only allowed to drive 70 kmh in that area. Please show me your driving licence and the vehicle registration certificate.
PK Gebler überprüft die Papiere und entnimmt daraus, dass der Fahrer Peter Ferguson heißt.	*PK Gebler checks the papers and learns that the driver's name is Peter Ferguson.*
EG: Herr Ferguson, Sie sind 19 km/h zu schnell gefahren. Davon müssen wir zu Ihren Gunsten noch 3 km/h Toleranz abziehen. Das ergibt dann eine Geschwindigkeitsüberschreitung von 16 km/h.	Mr Ferguson, you were exceeding the maximum speed by 19 kmh. But by way of tolerance we have to deduct 3 kmh in your favour. So you exceeded the maximum speed by 16 kmh.
PF: So schnell bin ich nicht gefahren!	I wasn't driving that fast!
EG: Bei der Radarmessung wurde nicht nur Ihr Fahrzeug fotografiert, auch Datum, Uhrzeit und Geschwindigkeit sind auf dem Bild eingeblendet.	During the radar recording, your vehicle wasn't only photographed, but date, time and speed are also shown in the picture.
PF: Nun, wenn ich recht überlege, habe ich gerade mit meiner Frau diskutiert, ob wir auf dem richtigen Weg nach Frankreich sind.	Well, if I think about it, I was just discussing with my wife if we were on the right route to France.
MF: Das stimmt. Wir fuhren zuerst auf der Autobahn A65 und dachten, diese führt direkt an die französische Grenze. Dann kamen wir	That's right. First we were driving on the A 65 motorway and thought that this would take us directly to the French border. Then we got onto this

auf diese Straße, und wir denken, dass wir uns verfahren haben.	road, and now we think that we've lost our way.
PF: Deswegen habe ich wohl auch die Verkehrszeichen übersehen.	That may be the reason why I overlooked the traffic signs because I was looking around rather than concentrating on road signs.
EG: Sie sind auf dem richtigen Weg. Die Grenze zwischen Deutschland und dem Elsaß ist etwa zehn Kilometer weiter auf dieser Straße. Danach beginnt die französische Autobahn nach Straßburg.	You are on the right route. The border between Germany and Alsace is about 10 kilometres further down this road. Then the French motorway to Strasbourg begins.
Wegen dieses Geschwindigkeitsverstoßes verwarne ich Sie mit 30 Euro. Wenn Sie damit einverstanden sind, können Sie gleich bei mir bezahlen und erhalten eine Quittung darüber.	Because of this speeding offence I caution you with an on-the-spot warning fine of 30 euros. If you consent to this fine, you can pay directly and get a receipt for the amount paid.
PF: Was ist eine Verwarnung, und was bedeutet das für mich?	What's an on-the-spot warning fine, and what does that mean for me?
EG: Bei einer so geringen Geschwindigkeitsüberschreitung darf Sie die Polizei in Deutschland gebührenpflichtig verwarnen.	In case of a minor offence such as this one, the police in Germany are allowed to punish the offence with an on-the-spot warning fine.
Das geht aber nur, wenn Sie damit einverstanden sind. Wenn Sie bezahlen, ist die Angelegenheit erledigt, und Sie können weiterfahren.	But you have to agree and accept this warning fine. If you pay, the matter is settled and you may drive on.
PF: Dann bin ich bereit, die 30 Euro zu bezahlen.	I'm willing to pay the 30 euros.
Er schaut in seinen Geldbeutel.	*He looks into his purse.*
Es kann sein, dass ich die 30 Euro nicht bei mir habe. Kann ich auch in Pfund bezahlen?	I might not have the 30 euros on me. Can I also pay in pounds?
EG: Ja, das ist möglich. Es gilt der aktuelle Tageskurs. Allerdings kann ich keine Münzen annehmen,	Yes, that's possible. We use the official exchange rate of the day. But I cannot accept any coins as we can-

da wir diese nicht umtauschen können. Eventuelles Wechselgeld bekommen Sie in Euro.

not exchange them. Any change will be given in euros.

Peter Ferguson hat noch 25 Euro in Scheinen. Seine Frau Mary hilft ihm mit weiteren 5 Euro aus der Reisekasse aus, so dass die 30 Euro bezahlt werden.

Peter Ferguson still has 25 euros in banknotes. His wife Mary helps him with another 5 euros from the travel budget so that the 30 euros are paid.

EG: Sie bekommen jetzt noch eine Quittung.

And now you get a receipt.

PF: Entschuldigen Sie bitte, dass ich nachfrage, aber was geschieht mit dem Geld?

Excuse my asking, but what happens with the money?

EG: Das Geld muss ich bei meiner Dienststelle abrechnen. Auf dem Beleg habe ich auch geschrieben, weswegen ich Sie verwarnt habe. Das Geld kommt in die Landeskasse und wird für Ausgaben in unserem Bundesland verwendet.

I have to hand in the money at my police station. For this purpose I have a numbered copy of the receipt on my receipt pad. I must also note on the receipt why I collected the amount. In the end, the money goes into the state coffers and will be used in our state budget.

PK Gebler unterschreibt die Quittung und gibt sie Herrn Ferguson.

PK Gebler signs the receipt and hands it to Mr Ferguson.

MF: Erlauben Sie mir bitte noch eine Frage. Was wäre gewesen, wenn mein Mann den Verkehrsverstoß nicht zugegeben hätte?

May I ask you one more question? What would have happened if my husband hadn't admitted the traffic offence?

EG: In diesem Fall hätte ich eine Anzeige vorlegen müssen, und Sie hätten eine Sicherheitsleistung hinterlegen müssen. Die Kosten wären dann wegen der Verwaltungsgebühren höher geworden.

In that case I would have had to prefer charges (US: press charges), and you would have had to pay bail. This would have been more expensive because of the administrative fees.

Das wäre übrigens auch passiert, wenn Ihr Mann schneller als 21 km/h über dem erlaubten Wert gefahren wäre. Je höher die Geschwindigkeit, desto höher die Geldbuße.

This would also have had to be done if your husband had exceeded the permitted maximum speed by more than 21 km/h. The greater the speed, the higher the fine.

PF: Vielen Dank für Ihre Erklärungen. Genauer wollen wir das aber gar nicht wissen. Mit den 30 Euro bin ich gut davon gekommen. Ich werde jetzt etwas aufmerksamer sein.	Thank you for your explanations. But we don't want to learn any more details. I think the 30 euros is not too much. I'll be more careful from now on.
EG: Gute Weiterfahrt. Auf Wiedersehen.	Have a nice trip. Good-bye.

Weitere Ausdrücke

geschlossene Ortschaft	city limit(s), town limit(s), built-up area
Geschwindigkeitsüberwachungskamera	spy camera, speed camera, safety camera
Höchstgeschwindigkeit (die ein Fahrzeug erreichen kann)	top speed
Höchstgeschwindigkeit (durch Verkehrszeichen ausgeschildert)	maximum speed
Höchstgeschwindigkeit (durch Gesetz festgelegt)	national speed limit, statutory speed limit
Messtoleranz	margin of error
Mindestgeschwindigkeit	minimum speed
schnell fahren; zu schnell fahren	speed
Verkehrsteilnehmer, der zu schnell fährt	speeder, speed merchant

Thema 7

Rotlichtverstoß, Bußgeld

Personen: PK Mathias Jahn (MJ), PK'in Katja Baum (KB), kanadischer Motorradfahrer Paul Vault (PV)

Auf einer landschaftlich attraktiven Straße durch den thüringischen Teil des Frankenwaldes, die wegen ihrer vielen Kurven besonders bei Motorradfahrern beliebt ist, überwachen PK Jahn und PK'in Baum als Kradstreife eine Verkehrsampel in Lobenstein, an der oft bei Rot noch durchgefahren wird.

Sie stehen auf einem Parkplatz, von dem aus sie die Ampelanlage sehen können.

Plötzlich sehen sie drei Motorradfahrer, die gerade noch in der Gelbphase passieren.

Als die Ampel schon mehr als eine Sekunde Rotlicht zeigt, fährt ein vierter Motorradfahrer durch.

Hierbei macht er einen kleinen Schlenker um einen Fußgänger, der bereits die Fahrbahn betreten hat.

Die Polizeibeamten folgen ihm mit Blaulicht.

500 Meter später halten sie ihn an.

Nachdem die Kräder abgestellt und die Helme abgezogen sind, spricht PK'in Baum den Biker an:

Jumping the lights, fixed penalty

Characters: PK Mathias Jahn (MJ), PK'in Katja Baum (KB), Canadian motorcyclist Paul Vault (PV)

On a scenic road through the Thuringian part of the Frankenwald, which is especially popular with motorcyclists because of its many bends, PK Jahn and PK'in Baum, both members of a motorcycle unit, are watching for red light jumpers at a busy intersection with traffic lights at Lobenstein.

They are waiting in a parking area from where they can see the traffic lights.

Suddenly they see three bikers who just manage to pass the traffic lights on amber (US: yellow).

When the lights have been red for more than a second, a fourth biker passes through.

He swerves slightly so as not to hit a pedestrian who has already stepped onto the carriageway.

The police officers follow him, with their blue lights switched on.

After 500 metres they stop him.

After the bikes have been parked and the helmets have been taken off, PK'in Baum addresses the biker:

KB: Guten Tag. Wir haben Sie angehalten, weil Sie gerade eben, an der Ampel da hinten, bei Rot durchgefahren sind. Das Rotlicht dauerte schon über eine Sekunde lang.	Good afternoon. We've stopped you because you've just jumped (US: run) the lights, at that set of traffic lights back there. The lights had already been red for more than a second.
Außerdem befand sich schon ein Fußgänger auf der Fahrbahn, und Sie mussten einen Schlenker machen, um ihm auszuweichen. Bitte Ihren Führerschein und die Zulassungsbescheinigung Teil I!	What's more, a pedestrian was already on the carriageway, and you had to swerve so as not to hit him. Could I please have your driving licence and your vehicle registration certificate?
PV: Das stimmt nicht! Es war vielleicht Gelb, aber keinesfalls bin ich bei Rot durchgefahren. Außerdem ist der Fußgänger viel zu früh auf die Fahrbahn getreten.	That's not true. It may have been amber, but no way did I jump the lights. Apart from that, the pedestrian stepped onto the carriageway much too early.
Während PK'in Baum die Papiere kontrolliert, fährt PK Jahn zurück zur Ampelanlage, um dort vielleicht noch den Fußgänger anzutreffen und seine Personalien als Zeugen aufzunehmen.	*While PK'in Baum is checking the papers, PK Jahn is riding back to the traffic lights, hoping to find the pedestrian there and get his personal data as a possible witness.*
Kurze Zeit später kommt er erfolgreich zurück.	*Having been successful, he comes back a short time later.*
MJ: Der Fußgänger hat ausgesagt, dass er bei Grün die Fahrbahn betreten hat und sie auch überqueren wollte, als Sie auf ihn zufuhren. Er fühlte sich durch Ihre Fahrweise gefährdet.	The pedestrian told me that he stepped onto the carriageway on green and that he wanted to cross the road when you were approaching him. He felt endangered by your style of driving.
Insoweit decken sich unsere Feststellungen mit seinen Angaben. Im Verfahren wird er als Zeuge benannt.	So far our observations are the same as those of the pedestrian. He'll be a witness at the trial.
KB: Herr Vault, aus Ihren Papieren entnehme ich, dass Sie Kanadier sind. Leben Sie in Deutschland?	Mr Vault, from your papers I see that you are a Canadian citizen. Do you live in Germany?
PV: Ja. Ich bin Student an der Technischen Universität Ilmenau in	Yes, I'm a student at Ilmenau Technical University in Thuringia, and I'm

Thüringen und bin sowohl beim Sekretariat als auch bei der Einwohnermeldebehörde angemeldet.

registered at the university as well as at the residents' registration office.

Ich habe für zwei Jahre ein Auslandsstipendium und fliege nur in den Ferien zurück nach Vancouver, wo meine Eltern leben.

I have a scholarship for a foreign country for two years, and I only go back to Vancouver, where my parents live, during the holidays.

Während des Gesprächs kommen die drei anderen Motorradfahrer an die Kontrollstelle zurück.

During the talk, the other three motorcyclists come back to the checkpoint.

Es sind Studenten, die zusammen mit Paul Vault in einer Wohngemeinschaft leben.

As it turns out, they are students who share a flat with Paul Vault.

Sie geben an, dass sie auf ihn gewartet haben, da er an der Ampel bestimmt anhalten musste.

They say that they had been waiting for him as they thought he had had to stop at the traffic lights.

Sie waren umgekehrt, weil er nicht nachgekommen war.

They returned because he had not followed them.

PK'in Baum wendet sich wieder an Herrn Vault:

PK'in Baum addresses Mr Vault again:

KB: Herr Vault, ich belehre Sie hiermit, dass Sie sich nicht selbst zu belasten brauchen und nicht verpflichtet sind, irgendwelche Angaben zur Sache zu machen. Sie können jederzeit einen Anwalt hinzuziehen.

Mr Vault, I herewith inform you that you don't have to incriminate yourself and you don't have to say anything. You can go to law and retain a lawyer.

PV: Was geschieht jetzt?

What happens now?

MJ: Der Vorwurf lautet: Sie missachteten das Rotlicht der Lichtzeichenanlage und gefährdeten andere.

The charge is: You jumped the lights and endangered others.

Die Rotphase dauerte bereits länger als eine Sekunde. Dieser Verstoß wird mit einem Bußgeld von 200 Euro geahndet. Außerdem wird obligatorisch ein Fahrverbot von einem Monat verhängt.

The lights had been on red for more than a second. This offence carries a fixed penalty of 200 euros. Furthermore, there is a mandatory driving ban of one month.

	Sie werden dann später Ihren Führerschein für einen Monat abgeben müssen.	Later, you'll have to hand in your driving licence for one month.
PV:	Das wird sich noch zeigen. Ich bin nicht bei Rot über die Ampel gefahren.	We'll see about that. I didn't jump the lights.
MJ:	Sie können natürlich den Vorwurf bestreiten. Ich trage das als Ihre Anhörung auf diesem Formular, das ich schon ausgefüllt habe, mit ein. Ihnen steht der Rechtsweg offen.	Of course you can deny the charge. I'm going to enter this, as your statement, in the form where I've already filled in everything. You can go to law.
	Sie sehen, auf der Vorderseite stehen Ort und Zeit des Geschehens, der Vorwurf einer Rotlichtmissachtung, das Kennzeichen und der Typ Ihres Motorrades, ebenso Ihre Personalien und Ihre Anschrift in Ilmenau und die Führerscheindaten.	You see, on the front page there is the location and the time of the incident, the charge of jumping the lights, your licence plate number and the type of the motorcycle as well as your personal data and address in Ilmenau and the details of your driving licence.
	Auf der Rückseite können Sie die Belehrung nachlesen, die Ihnen meine Kollegin schon vorgetragen hat.	On the back, you can again read the information which my colleague has already given you.
	Und hier, wo gefragt wird, ob Sie den Verkehrsverstoß zugeben, kreuze ich „Nein" an. Wollen Sie eine Begründung abgeben?	And here, where you're asked if you admit the traffic offence, I'll tick the "No"-box. Do you want to give a reason?
PV:	Es war höchstens Gelb.	It was amber, at the utmost.
MJ:	Gut, das schreibe ich auch noch hin. Dann bitte hier unten rechts Ihre Unterschrift!	Well, I'll put that down as well. Would you please sign at the bottom right?
PV:	Dann gebe ich ja zu, dass ich bei Rot durchgefahren bin.	Then I admit that I jumped the lights.
MJ:	Nein, Sie unterschreiben lediglich Ihre Angaben. Es ist Ihre Anhörung zum Sachverhalt.	No, you just sign your statement. It's a hearing on the facts.
	Sie bestehen darauf, dass es höchstens Gelb war. Genau das unterschreiben Sie, sonst nichts.	You insist that, at the utmost, the light was amber. And you sign exactly that, nothing else.

Peter Vault liest sich alles genau durch und unterschreibt das Formular.

MJ: Sie erhalten demnächst einen Bußgeldbescheid von der Verwaltungsbehörde. Sie können bis dahin darüber nachdenken, ob die Aussage des Fußgängers und unsere Wahrnehmungen nicht genug Beweis für Ihr Fehlverhalten sind.

Dann können Sie immer noch das Bußgeld bezahlen, aber auch in diesem Fall müssen Sie für einen Monat Ihren Führerschein abgeben.

Ansonsten können Sie gegen den Bußgeldbescheid Einspruch einlegen, und dann kommt es zu einer Gerichtsverhandlung. Das Amtsgericht wird den Fußgänger und uns als Zeugen anhören.

Sie können dann immer noch Ihren Einspruch zurücknehmen.

Im Falle einer Verurteilung tritt auch das Fahrverbot ein, und spätestens dann müssen Sie Ihren Führerschein abgeben. Wenn Sie es dann immer noch nicht tun, gibt es Zwangsmaßnahmen gegen Sie.

Aber all das kann Ihnen ein Rechtsanwalt noch einmal in Ruhe erklären. Auf Wiedersehen und gute Weiterfahrt!

Peter Vault reads everything very carefully and then signs the form.

You'll get a fixed penalty notice from the administrative office. Until then you can think about whether the pedestrian's evidence and our observations are not enough proof of your offence.

Then you can still pay the fine, but in this case, too, you'll have to hand in your driving licence for a month.

Otherwise you can object to the fixed penalty notice, and then there'll be court proceedings. The magistrates' court will hear the pedestrian and us as witnesses.

Even then you can retract your objection.

Should you be found guilty, the driving ban will apply, and then at the latest you will have to hand in your driving licence. If you fail to do so, coercive measures against you would have to be taken.

But a lawyer will be able to explain all this to you again in detail. Goodbye and have a nice trip.

Thema 8

Raserei auf der Autobahn, Verfolgungsfahrt, Führerscheineinbehaltung, Eintragung einer Sperrfrist

Personen: PK Markus Kirschmann (MK), PK Werner Pohlstein (WP), schwedischer Motorradfahrer Ingmar Bengtsson (IB)

Die Beamten überwachen auf der A 1 zwischen Lübeck und Oldenburg in Schleswig-Holstein mit ihrem zivilen, dunkelgrauen 5er BMW den Verkehr.

Mit der im Fahrzeug eingebauten ProViDa 2000 Mess- und Aufzeichnungstechnik (Proof Video Data System) sollen gravierende Geschwindigkeitsüberschreitungen, Nötigungen, Straßenverkehrsgefährdungen und gefährliche Verhaltensweisen im Straßenverkehr aufgezeichnet werden.

Die Aufzeichnungen werden vor Gericht als Beweis anerkannt.

Im Fahrzeug eingebaut sind auch eine Front- und eine Heckkamera, welche das Bildmaterial, das auf einem Videorecorder aufgezeichnet wird, auf einen Monitor übertragen.

Zusätzlich errechnet das System die gefahrene Geschwindigkeit.

Die Beamten haben mehrere Lehrgänge im Fahrsicherheitstraining absolviert, da sie häufig mit sehr hohen

Speeding on the motorway, hot pursuit, securing a driving licence, endorsing a driving licence

Characters: PK Markus Kirschmann (MK), PK Werner Pohlstein (WP), Swedish motorcyclist Ingmar Bengtsson (IB)

The officers are on traffic patrol in their unmarked, dark grey model 5 BMW on motorway A 1 between Lübeck and Oldenburg in Schleswig-Holstein.

With the ProViDa 2000 measuring and recording system installed in the vehicle, serious speeding, coercion, endangering others in road traffic and dangerous driving are to be recorded.

The recordings are accepted as valid evidence in court.

There is a camera installed in the front of the vehicle, and another in the back, which transmit the material, which is also recorded on video, to a monitor.

In addition to that, the system determines the speed.

The officers have passed several courses in advanced driving skills, as they often have to drive at very high

Geschwindigkeiten fahren müssen und zu gefährlichen Fahrmanövern gezwungen werden.

speeds and are frequently forced to drive in a manner which entails dangers.

Auf beiden Fahrstreifen in Richtung Fehmarnsundbrücke herrscht dichter Verkehr, so dass nur mit etwa 120 km/h gefahren werden kann, obwohl keine Geschwindigkeitsbegrenzung besteht.

On the two lanes of the carriageway to the Fehmarnsund bridge, there is a lot of traffic, so vehicles can only travel at about 120 kmh although there is no speed limit.

Alle Fahrzeugführer haben sich dieser Verkehrssituation angepasst und bleiben in ihrer Fahrspur.

All drivers have adjusted to this situation and stay in their lane.

Die Zivilstreife fährt auf dem linken Fahrstreifen.

The unmarked patrol vehicle is travelling in the left-hand lane.

Im Rückspiegel sieht PK Pohlstein, der am Steuer sitzt, dass ein Motorradfahrer näher herankommt und sich zwischen den anderen Fahrzeugen hindurchzwängt.

In his rear-view mirror, the driver, PK Pohlstein, sees a motorcyclist coming closer and closer, weaving in and out between the other vehicles.

Vereinzelt hat auch ein Autofahrer schon gehupt und sein Fahrzeug zur Seite gelenkt.

Occasionally a driver has honked his horn and moved his car to the side.

PK Pohlstein gibt dies an seinen Kollegen weiter.

PK Pohlstein passes this information on to his colleague.

WP: Achtung! Von hinten kommt ein Motorradfahrer, der rechts überholt und drängelt.

Attention! Motorcyclist approaching from behind, he overtakes (US: passes) on the right and tailgates others.

PK Pohlstein schaltet die Heckkamera ein, und die Szene erscheint auf dem Monitor.

PK Pohlstein activates the rear camera, and the scene is shown on the monitor.

Der Motorradfahrer gibt Gas, bremst ab, fährt in sehr dichtem Seitenabstand zwischen den Fahrzeugen hindurch, überholt mehrmals rechts und drängelt auch am zivilen Polizeifahrzeug vorbei.

The motorcyclist accelerates, slows down, passes between cars with very little lateral clearance, overtakes several times on the right and also squeezes past the unmarked police car.

PK Pohlstein schaltet nun auf die Frontkamera.

PK Pohlstein now switches the recording device to the front camera.

Da der Motorradfahrer seine äußerst gefährliche Fahrweise nicht aufgibt, entschließen sich die Beamten, ihn anzuhalten und zu kontrollieren.

As the motorcyclist does not abandon his extremely dangerous way of riding, the officers decide to stop and check him.

Wegen des dichten Verkehrs setzt PK Pohlstein das Magnetblaulicht auf das Fahrzeugdach und schaltet den Blaulicht-Signalblitzer hinter der Windschutzscheibe und das Martinshorn ein.

Because of the heavy traffic, PK Pohlstein puts the magnetic blue flashing light onto the roof of the car and switches on the flashing blue light behind the windscreen and the siren.

So soll freie Bahn geschaffen werden, um den Motorradfahrer einzuholen.

Thus they want to get a clear road to catch the motorcyclist.

PK Pohlstein klappt die rechte Sonnenschutzblende herunter, an der nun in roten Buchstaben STOP – POLIZEI aufleuchtet.

PK Pohlstein flips down the right-hand sun visor where the red letters STOP – POLIZEI are now lit.

Der Motorradfahrer merkt, dass er entdeckt wurde und gibt Gas.

The biker realizes that he has been spotted and accelerates.

Damit gefährdet er sich und andere noch mehr.

Thus he endangers himself and others even more.

Es scheint, als wolle er sich durch Flucht der Kontrolle entziehen.

It seems as if he wants to avoid the check by speeding away.

PK Kirschmann greift zum Funkhörer und meldet an die Wache der Autobahnpolizei:

PK Kirschmann grabs the radio telephone and informs the motorway police station:

MK: Wir verfolgen bei dichtem Verkehr Kradfahrer auf der A1 bei Neustadt/Holstein-Nord in Richtung Oldenburg. Fahrer fährt rücksichtslos, überholt rechts und gefährdet andere.

In dense traffic, we are following a motorcyclist on the A 1 near Neustadt/Holstein-Nord driving towards Oldenburg. The biker rides recklessly, overtakes on the right and endangers others.

Es handelt sich um eine gelbe Maschine, Typ unbekannt, mit vermutlich schwedischem Kennzeichen. Fahrer trägt blauen Lederkombi und weißen Motorradhelm.

It's a yellow motorbike, type unknown, with – probably – a Swedish numberplate. The rider is wearing a blue leather outfit and a white crash helmet.

Der Motorradfahrer vergrößert seinen Vorsprung.

The motorcyclist increases the distance.

Dabei drängt er andere Autofahrer ab, es kommt zu gefährlichen Situationen, beinahe zu Unfällen.

In so doing, he forces others off the lane, and, as a result, dangerous situations, i.e. near-accidents, develop.

PK Kirschmann funkt weiter:

PK Kirschmann continues radioing:

MK: Achtung! Vorsprung vergrößert sich. Wir können nicht herankommen. Brauchen Unterstützung!

Attention. Distance getting greater. We can't get close to him. We need backup.

Um sich an den Kradfahrer hängen zu können, muss PK Pohlstein gewagte Fahrmanöver durchführen und sich dabei vorsichtig verhalten, um keinen Unfall zu verursachen.

In order to get closer to the motorcyclist, PK Pohlstein has to resort to daring driving manoeuvres, and has also to be careful in order not to cause an accident.

Nicht alle der anderen Verkehrsteilnehmer erkennen das Polizeifahrzeug sofort und machen Platz.

Not all the other motorists recognize the police vehicle immediately and clear the way.

Um schneller voranzukommen, muss sich PK Pohlstein an anderen Fahrzeugen vorbeizwängen.

PK Pohlstein has to squeeze between vehicles to be able to get ahead faster.

Er überholt auch rechts und fährt zeitweise über den Standstreifen.

He also overtakes on the right and sometimes uses the emergency lane.

Der Beamte hat hierzu die gesetzliche Ermächtigung.

The officer can do so as he has the necessary legal powers.

Ein Funkstreifenwagen der Autobahnpolizei steht sieben Kilometer weiter und meldet sich. Auf der Strecke dorthin gibt es keine Ausfahrt mehr.

A radio patrol car of the motorway police responds. This patrol is about 7 kilometres further along the road, and up to there there is no more exit.

Als der Motorradfahrer einmal eine freie Strecke von ca. 400 m vor sich hat, gibt er erneut Gas.

When the biker has a clear stretch of about 400 m, he accelerates again.

Der linke Fahrstreifen ist frei, und die Fahrgeschwindigkeit beträgt jetzt annähernd 180 km/h und steigt immer noch an.

The left lane is clear, and his speed is now approximately 180 kmh and is still increasing.

Als nach etwa zwei Kilometern eine Geschwindigkeitsbeschränkung auf 100 km/h ausgeschildert ist und dabei mit einem Zusatzschild auf Boden-

After about two kilometres, there is a speed limit of 100 kmh, and an additional panel informs motorists about bumps in the carriageway. The

wellen in der Fahrbahn hingewiesen wird, stürzt der Kradfahrer beinahe, als seine Maschine leicht abhebt.

PK Kirschmann betätigt die Instrumente für eine Geschwindigkeitsmessung.

Nach 400 Metern Messstrecke wird eine Geschwindigkeit von 192 km/h angezeigt und gespeichert.

PK Kirschmann gibt das über Funk an die Kollegen der Autobahnpolizei weiter:

MK: Achtung! Kradfahrer fährt rücksichtslos. Beinahe Sturz! Geschwindigkeit jetzt 192 km/h!

In ständiger gemeinsamer Absprache will man versuchen, den Kradfahrer auszubremsen.

Der Funkstreifenwagen verengt dabei die zwei Fahrstreifen der Hauptfahrbahn und erwartet den herankommenden Kradfahrer.

Die Blaulichter sind eingeschaltet.

Der elektrische Informationsgeber blinkt mit STOP – POLIZEI.

Als der Kradfahrer das Polizeifahrzeug erkennt, wird er langsamer.

Er überholt nicht mehr.

Der Zivilwagen kommt heran und setzt sich seitlich neben ihn.

Die Polizeifahrzeuge verlangsamen ihre Fahrt und zwingen den Kradfahrer in Höhe der Anschlussstelle Lensahn auf den Standstreifen.

Dort hält er dann an.

Sofort laufen zwei Beamte zum Motorrad. Einer zieht den Zündschlüssel aus der Maschine, der andere hält den Fahrer am Arm fest.

motorcyclist almost comes off when his bike takes off slightly.

PK Kirschmann activates the instruments for recording the speed.

Over a distance of 400 metres a speed of 192 kmh is recorded.

PK Kirschmann passes this on by radio to his motorway police colleagues:

Attention. Biker riding recklessly. Almost crashed. Speed now 192 kmh.

Always keeping in contact, the officers are trying to slow the biker down.

In order to do so, the patrol car narrows the two lanes of the main carriageway, waiting for the motorcyclist to arrive.

The blue lights are flashing.

The light bar flashes: STOP – POLIZEI.

When noticing the police car, the biker slows down.

He no longer overtakes other vehicles.

The unmarked car approaches and gets beside him.

The police cars slow down and force the biker onto the emergency lane at the Lensahn junction.

There he stops.

Immediately two officers run towards the motorcycle. One of them removes the ignition key. The biker is held by the arm.

Er kann sich seinen Helm abziehen.
PK Kirschmann und PK Pohlstein führen die Kontrolle durch.

He can take off his helmet.
PK Kirschmann and PK Pohlstein conduct the check.

MK: Guten Tag! Das war eine reife Leistung! Sie können froh sein, dass Ihnen und anderen nichts passiert ist! Das was war, ist aber schon genug gewesen! Bitte Ihren Führerschein und die Zulassungsbescheinigung Teil I!

Good afternoon. Some achievement! You can be glad that nothing happened to you and others. But what you did was more than enough. Please, let me have your driving licence and registration certificate.

IB: Ich bin Schwede. Ich sage nichts. Hier mein Führerschein. Die Zulassungsbescheinigung ist im Tankrucksack.

I'm Swedish. I won't say anything. Here's my driving licence. The vehicle registration is in the tank bag.

MK: Sie brauchen auch nichts zu sagen. Das ist Ihr Recht. Gehört das Motorrad Ihnen? Würden Sie mir nun bitte die Zulassungsbescheinigung Teil I geben, sonst muss ich sie mir selbst aus dem Tankrucksack nehmen.

You don't have to say anything. That's your right. Does the motorbike belong to you? Would you now please give us the vehicle registration certificate, otherwise I'll have to get it myself from the tank bag.

Nachdem die Anspannung bei dem Kradfahrer nachlässt und PK Kirschmann sowohl Führerschein als auch Zulassungsbescheinigung in der Hand hält, ist eine Konversation doch noch möglich.

After the motorcyclist has wound down and PK Kirschmann has both the driving licence and the vehicle registration certificate in his hands, a normal conversation seems to be possible after all.

IB: Was habe ich eigentlich getan? Ich bin zu schnell gefahren. Das stimmt. Aber ich wollte noch die Fähre in Puttgarden erreichen. Ich muss unbedingt bis morgen Nachmittag zurück in Lulea in Nordschweden sein.

What am I supposed to have done? I was too fast. That's right. But I wanted to catch the ferry at Puttgarden. I've got to be back in Lulea in northern Sweden by tomorrow afternoon.

MK: Sie haben andere Verkehrsteilnehmer gefährdet und genötigt. Und Sie sind vorsätzlich zu schnell gefahren.

You've endangered and coerced other motorists. And you wilfully exceeded the speed limit.

Wir haben das alles auf Band aufgezeichnet. Wir können Ihnen das später auch zeigen.

We've recorded everything on video. We can show you later.

IB: Was geschieht jetzt?	What's going to happen now?
WP: Sie müssen uns auf die Wache begleiten. Sie sind vorläufig festgenommen.	You'll have to come to our police station with us. You're under arrest.
IB: Warum nehmen Sie mich mit?	Why are you taking me with you?
WP: Da Sie in Deutschland keinen festen Wohnsitz haben und nach Schweden ausreisen wollen, müssen wir die Kosten für das Verfahren und die zu erwartende Geldstrafe sichern.	As you don't have a permanent address in Germany and want to go to Sweden, we must secure the cost of the proceedings and the fine to be expected.
Dies geschieht durch eine Sicherheitsleistung. Hinzu kommt, dass ich mit der Staatsanwaltschaft telefonieren werde, da ich dort anrege, Ihren Führerschein für die Eintragung einer Sperrfrist einzubehalten.	We do this by means of bail. In addition to this, I'm going to phone the public prosecutor's office as I'm going to ask them to keep your driving licence in order to have it endorsed.
Diese Maßnahme ist gerechtfertigt, weil Sie grob fahrlässig und rücksichtslos gefahren sind und Menschenleben und Sachwerte gefährdet haben.	This measure is justified because of your careless and reckless riding and endangering others' lives and property.
Sie dürfen anschließend für eine bestimmte Zeit in Deutschland kein Kraftfahrzeug mehr führen. Das wird auf ihrem Führerschein vermerkt, und Sie bekommen ihn dann zurück.	You will then not be allowed, for a period of time yet to be determined, to operate a motor vehicle in Germany. This will be endorsed on your licence, and then you'll get it back.
IB: Ich will einen Anwalt!	I want to get a lawyer.
MK: Das erledigen wir von der Dienststelle aus. Machen Sie bitte jetzt keine Schwierigkeiten und steigen in den Streifenwagen da vorne!	We'll do that from the police station. Now, please don't make any difficulties and get into the patrol car there.
Vor dem Einsteigen durchsucht PK Kirschmann den Mann.	*Before the biker gets into the car, PK Kirschmann frisks the man.*
IB: Was soll das?	Now, what's that for?
MK: Das dient zu unserem Schutz. So, steigen Sie jetzt ein!	That's for our protection. Now, please get into the car.

Während die Funkstreifenbesatzung Ingmar Bengtsson zur Wache fährt, bleiben die Zivilbeamten noch vor Ort.

While the patrol car is taking Ingmar Bengtsson to the police station, the plainclothes officers remain on the spot.

Sie warten ab, bis der angeforderte Abschleppdienst für das Motorrad eintrifft, da es nicht auf dem Standstreifen stehen bleiben kann.

They are waiting for the called-for recovery service, as the motorbike cannot be left in the emergency lane.

Später, auf der Wache, führen PK Kirschmann und PK Pohlstein das Gespräch weiter.

Later, at the police station, PK Kirschmann and PK Pohlstein continue the interview.

Sie klären Herrn Bengtsson über seine Rechte auf und lassen ihn mit seinem Rechtsanwalt telefonieren.

They explain to Mr Bengtsson what his rights are, and enable him to phone his lawyer.

IB: Mein Anwalt hat mich beraten. Er sagt, ich soll mit Ihnen zusammenarbeiten. Im Moment kann er nichts für mich tun. Er wird meine Vertretung übernehmen. Er möchte aber mit Ihnen sprechen.

My lawyer has advised me to cooperate with you. At the moment, he cannot do anything for me. He'll represent me in the case. But he would like to speak to you.

Während PK Kirschmann mit dem Rechtsanwalt spricht, übernimmt PK Pohlstein die Initiative.

While PK Kirschmann is talking to the lawyer, PK Pohlstein takes the initiative.

MK: Ich nehme Ihre Personalien auf und frage Sie auch nach Ihrem Einkommen. Die Angaben hierzu sind freiwillig, dienen aber dazu, die Höhe Ihrer Sicherheitsleistung festzulegen.

I'm going to take down your personal data and ask you about your income. All answers on this matter are voluntary, but they help fix the amount of bail.

Das hier ist die Einbehaltungserklärung zum Führerschein. Sind Sie damit einverstanden, dass wir Ihren Führerschein einbehalten?

This document certifies that we've secured your driving licence. Do you agree to our securing your licence?

IB: Mein Anwalt hat doch gesagt, ich solle kooperativ sein. Ja, behalten Sie meinen Führerschein. Eine Aussage zur Sache mache ich aber nicht.

My lawyer told me to be cooperative. Yes, secure my licence. But I'm not giving any evidence at this stage.

So ganz nebenbei hat PK Pohlstein überprüft, ob Ingmar Bengtsson unter Einwirkung von Alkohol oder Drogen stehen könnte.

At the same time, PK Pohlstein has quite unobtrusively checked if Ingmar Bengtsson might be under the influence of alcohol or drugs.

Ihm fallen keine äußerlichen Merkmale auf.

He doesn't notice any symptoms.

PK Kirschmann setzt eine Sicherheitsleistung, einschließlich der zu erwartenden Verfahrenskosten, in Höhe von 1 250 Euro fest.

PK Kirschmann fixes bail, including the cost of the proceedings to be expected, at 1,250 euros.

IB: So viel Bargeld habe ich nicht bei mir. Kann ich auf eine Bank?

I don't have that much cash on me. Can I go to a bank?

MK: Wir fahren mit Ihnen zu einer Bank, kommen dann hierher zurück und erledigen das weitere Schriftliche.

We'll take you to a bank, and then we'll come back here and do the rest of the paperwork.

IB: Und was wird aus meinem Führerschein?

What happens to my driving licence?

MK: Nach Eintragung der Sperrfrist wird er Ihnen nach Schweden geschickt. Das ist bereits in den Verfahrenskosten berücksichtigt.

After the driving licence has been endorsed, the licence will be mailed to Sweden. This is already included in the costs.

IB: In Deutschland darf ich das Motorrad nicht mehr fahren. Ich werde den Abschleppdienst bitten, es zur Fähre zu bringen. Dann kann ich wenigstens in Skandinavien weiterfahren.

I'm not allowed to ride my bike in Germany any more. I'm going to ask the recovery service to take it to the ferry. Then I can at least ride on in Scandinavia.

Das kostet mich jetzt alles eine Menge Geld. Meine Herren, ich bin bereit, mit Ihnen zur Bank zu fahren.

This is getting really expensive. Gentlemen, I'm ready to go to the bank with you.

Thema 9

Falschfahrer auf der Bundesautobahn

Personen: Beamte der Polizeiautobahnstation Ruchheim PHK Harry Schiff (HS), PK Frank Ober (FO), PK Gunnar Müller (GM) und PHM Paul Stambach (PS), englischer Tourist John Wilson (JW) und seine Lebensgefährtin Elizabeth Taylor

Ort: BAB 65, zwischen der Anschlussstelle Haßloch und dem Autobahnkreuz Mutterstadt.

Zeit: Sommer, abends 22.30 Uhr.

PK Ober von der PASt Ruchheim nimmt zwei Notrufe von Verkehrsteilnehmern entgegen, die von einem Falschfahrer zum abrupten Ausweichen gezwungen wurden.

Dabei kamen sie ins Schleudern und konnten nur knapp einen Unfall verhindern.

Inhaltlich sind die Mitteilungen identisch: ein gelbes Auto mit ausländischer Zulassung befährt die A65, von Neustadt/Weinstraße kommend, in Richtung Ludwigshafen/Rhein auf der falschen Richtungsfahrbahn und wurde zuletzt kurz nach der Anschlussstelle Haßloch gesehen.

Mittlerweile gehen bei den benachbarten Polizeiinspektionen weitere solche Notrufe ein.

Driving in the wrong direction on the motorway

Characters: officers PHK Harry Schiff (HS), PK Frank Ober (FO), PK Gunnar Müller (GM) and PHM Paul Stambach (PS) of the Ruchheim motorway police station, English tourist John Wilson (JW) and his common-law wife Elizabeth Taylor

Location: federal motorway A 65, between the Haßloch junction and the Mutterstadt intersection.

Time: summer, 22.30 hours (10.30 p.m.).

PK Ober of the Ruchheim motorway police station receives two emergency calls from motorists who have been forced to take abrupt evasive action because of a driver driving in the wrong direction on the motorway.

They skidded and barely managed to prevent an accident.

The emergency calls are identical: a yellow car with a foreign registration is travelling in the wrong direction on the A 65 motorway from Neustadt/Weinstraße to Ludwigshafen/Rhein and was last seen at a short distance after the Haßloch junction.

In the meantime, neighbouring police stations have been receiving more emergency calls of this kind.

PK Ober notiert die Mobiltelefonnummern und informiert die Rundfunksender, die kurze Zeit später melden:

„Achtung Autofahrer! Auf der A65 kommt Ihnen zwischen der Anschlussstelle Haßloch und dem Autobahnkreuz Mutterstadt ein Falschfahrer entgegen.

Bleiben Sie äußerst rechts und überholen Sie nicht!

Wir melden, sobald die Gefahr vorüber ist."

Unmittelbar danach verlassen mit Blaulicht und Martinshorn PHK Schiff in einem und PK Müller und PHM Stambach in einem zweiten Streifenwagen die Dienststelle.

Ihr Auftrag ist: PHK Schiff soll, abgesetzt nach vorne, den Versuch unternehmen, den Falschfahrer zum Mittelstreifen hin abzudrängen und zu stoppen.

Die Bordkamera ist eingeschaltet, und alles wird auf Videoband aufgezeichnet.

Die zweite Streife wird ab dem Autobahnkreuz Mutterstadt langsam in der Mitte der beiden Fahrstreifen fahren und so alle Fahrzeuge zu langsamem Fahren zwingen.

Gleichzeitig wird am Lichtbalken STOP – POLIZEI aufleuchten.

Zwei Minuten später sind die beiden Streifen auf dem in Frage kommenden Streckenabschnitt.

Die nachfolgenden Fahrzeuge werden durch den Streifenwagen zu langsamem Fahren gezwungen.

PK Ober writes down the numbers of the mobile phones and informs the radio stations which a short time later broadcast:

"Attention motorists! A motorist driving in the wrong direction on the A 65 motorway between the Haßloch junction and the Mutterstadt intersection is coming towards you.

Please stay on the right side of the right lane and do not overtake.

We will inform you as soon as the danger is over."

Immediately afterwards, PHK Schiff in his patrol car and PK Müller and PHM Stambach in a second patrol car leave the police station, with blue lights flashing and sirens blaring.

Their task is as follows: PHK Schiff, driving ahead, is to try to force the driver driving in the wrong direction onto the central reservation and stop him.

The on-board camera is on, and the whole situation is recorded on video.

From the Mutterstadt intersection, the second patrol team will gradually reduce the speed of the following traffic by blocking both lanes, and driving in front at very low speed.

At the same time, on the light bar of the patrol car the letters STOP – POLIZEI will be switched on.

Two minutes later, both patrol cars are in the motorway section concerned.

The following vehicles are slowed down by the patrol car.

Dadurch kann sich PHK Schiff weiter absetzen und sieht in einer Rechtskurve den Falschfahrer auf der Überholspur entgegenkommen.

Thus PHK Schiff is able to establish a greater distance, and he notices the driver driving in the wrong direction coming towards him on the overtaking lane in a wide right bend.

Gewohnte Handlungsautomatismen laufen ab: über Funk erfolgt eine Kurzdurchsage an die nachfolgende Streife; unter Betätigung der Lichthupe bei immer tönendem Martinshorn und blitzendem Blaulicht macht PHK Schiff auf sich aufmerksam und verengt den Fahrstreifen.

The usual action is taken automatically: there is a brief radio message to the following patrol car; with flashing headlights, blaring siren and flashing blue lights, PHK Schiff seeks to attract attention and narrows the lane.

(So etwas geschieht immer unter Lebensgefahr, weil das Fahrverhalten des Entgegenkommenden in letzter Konsequenz nicht kalkulierbar ist.)

(This measure always entails great danger as, in the end, the reaction of the oncoming driver can never be foreseen.)

Der Falschfahrer reagiert, verringert seine Fahrt und stoppt direkt vor dem Streifenwagen.

The driver travelling in the wrong direction reacts, reduces his speed and stops directly in front of the patrol car.

PHK Schiff informiert sofort die nachfolgende Streife.

PHK Schiff immediately informs the following patrol car.

Er hat bereits gesehen, dass es sich um ein in Großbritannien zugelassenes Fahrzeug handelt, in welchem ein älteres Ehepaar sitzt und ordnet ohne Umschweife an:

He has already seen that the car is registered in Great Britain, and inside there is an elderly couple. Without hesitating he instructs them as follows:

HS: Guten Abend. Wenden Sie bitte sofort und halten Sie auf dem Standstreifen dort drüben an! Steigen Sie nicht aus!

Good evening. Please turn around immediately and stop on the emergency lane over there! Do not get out of the car!

Danach stellt er den Streifenwagen hinter dem britischen Fahrzeug ab und gibt Meldung an die zweite Streife.

Afterwards he parks his patrol car behind the British vehicle and informs the second patrol car.

Der auf der Wache mithörende PK Ober gibt, nachdem er sich bei PHK Schiff rückversichert hat, bei den Rundfunksendern Entwarnung.

PK Ober at the police station listens to all the calls, and, after having checked again with PHK Schiff, informs the radio stations.

Kurze Zeit später teilen die Radiosender mit: „Die Gefahr durch einen Falschfahrer auf der A 65 zwischen der Anschlussstelle Haßloch und dem Autobahnkreuz Mutterstadt besteht nicht mehr!"

A short time later, the radio stations broadcast: "There is no longer any danger because of a driver driving in the wrong direction on the motorway between the Haßloch junction and the Mutterstadt intersection!"

PK Müller und PHM Stambach führen den Verkehr langsam an die Stelle heran, an der PHK Schiff den Falschfahrer angehalten hat.

PK Müller and PHM Stambach guide the traffic slowly to the spot where PHK Schiff has stopped the driver travelling in the wrong direction.

Sie halten ebenfalls auf dem Standstreifen an und geben damit die Hauptfahrbahnen für den übrigen Verkehr wieder frei.

They also stop in the emergency lane, thereby allowing traffic in the main lanes to flow again.

PHK Schiff spricht den Fahrer an:

PHK Schiff addresses the driver:

HS: Sie sind auf der Autobahn entgegen der Fahrtrichtung gefahren. Es ist beinahe zu zwei Verkehrsunfällen gekommen und Sie haben sich selbst und andere Autofahrer gefährdet.

You've been driving in the wrong direction on the motorway. You almost caused two accidents, and you endangered yourselves and other motorists.

Während er das Gespräch führt, sichern die Beamten Müller und Stambach den Einsatzort ab und treten dann ebenfalls an den Rover heran.

While he is talking, officers Müller and Stambach are securing the scene of the incident and then also walk up to the Rover.

JW: Ich bin von den Ereignissen noch ganz mitgenommen. Aber absichtlich habe ich das nicht getan.

I'm still quite shocked about what happened. But I certainly didn't do it on purpose.

Meine Frau und ich sind erst seit gestern in Deutschland, wir wohnen bei Freunden in Neustadt. Wir wollten eigentlich nach Mannheim fahren.

My wife and I have only been in Germany since yesterday; we're staying with friends in Neustadt. Actually, we intended to go to Mannheim.

Ich bin über die Landstraße bis zur Anschlussstelle Haßloch gefahren und habe dort noch einmal auf die Straßenkarte geschaut. Dann bin ich wohl, wie zu Hause, nach links auf die Autobahn gefahren.

I took the B-road to the Haßloch junction and had another look at the map there. Then I probably joined the motorway on the left as we do at home.

HS: Haben Sie denn nicht die Verbotsschilder gesehen?	Didn't you see the no-entry signs?
JW: Da ich mich hier nicht auskenne, habe ich mehr auf den Fahrbahnverlauf geachtet und die Auffahrt gesucht.	As I don't know this area, I was concentrating on the route and looking for the motorway entrance.
HS: Aber Sie müssen doch den Gegenverkehr gemerkt haben! Sie waren mehr als drei Kilometer in der falschen Richtung unterwegs!	But you must have noticed the oncoming traffic! You were driving in the wrong direction for more than three kilometres!
JW: Ich kann das nicht verstehen. Mir ist so etwas noch nie passiert. Als die anderen Autos hupten und aufblendeten, wurde ich nervös. Ich wollte dann umdrehen, hatte aber Angst und fuhr weiter und bekam noch mehr Angst. Ich bin froh, dass nichts passiert ist und Sie jetzt gekommen sind.	I can't understand that. Something like that has never happened to me. When the other cars honked their horns and flashed their headlights, I became nervous. I wanted to turn then, but I was afraid and drove on, and was even more afraid. I'm glad that nothing's happened and that you've come.
HS: Haben Sie Alkohol getrunken? Bitte hauchen Sie mich doch einmal an!	Have you drunk any alcohol? Let me smell your breath, please.
JW: Nein, ich habe nichts getrunken. Ich bin auch mit einem Alkotest einverstanden.	No, I haven't drunk anything. I'm quite happy to take a breathalyzer test.
Herr Wilson führt freiwillig einen Alkotest durch, der ergibt, dass er völlig nüchtern ist.	*Mr Wilson voluntarily does a B-test, which shows that he is completely sober.*
HS: Bitte zeigen Sie mir Ihren Führerschein und die Fahrzeugpapiere!	Please show me your driving licence and vehicle documents.
Nachdem er sich die Dokumente angesehen hat:	*After having looked at the papers:*
HS: Herr Wilson, Sie haben eine Verkehrsstraftat begangen. Wir müssen Sie bitten, mit uns zur Dienststelle zu kommen. Dort erledigen wir die Formalitäten und klären Sie über alles auf.	Mr Wilson, you committed a serious traffic offence. We must ask you to come with us to our police station. There we can deal with all the formalities and we'll explain everything to you.

Wenn Sie einverstanden sind, wird der Kollege Ihr Fahrzeug fahren und auf dem nächsten Parkplatz abstellen. Dann kann Ihre Frau ebenfalls mitkommen.	If you agree, my colleague will drive your car and park it at the next parking area. So your wife can also come along.
JW: Vielen Dank für Ihre Hilfe.	Thank you very much for your help.
Auf der Dienststelle nach erfolgter Belehrung:	*At the police station, after Mr Wilson has been informed about everything:*
HS: Herr Wilson, ich muss gegen Sie eine Anzeige wegen Straßenverkehrsgefährdung vorlegen, hierbei ist die Einbehaltung Ihres Führerscheines obligatorisch.	Mr Wilson, I'm obliged to prefer charges against you for endangering road traffic, and in a case like this securing your driving licence is mandatory.
Außerdem muss ich eine Sicherheitsleistung festsetzen, da Sie in Deutschland keinen festen Wohnsitz haben.	Apart from that, I'll have to fix bail as you have no fixed address in Germany.
Die Strafanzeige und der Führerschein gehen an die Staatsanwaltschaft, welche eine Sperrfrist in Ihren Führerschein eintragen lassen wird.	The charge and your driving licence will be forwarded to the prosecutor's office; they will have your licence endorsed with a temporary driving ban.
Haben Sie das alles verstanden?	Have you understood everything?
JW: Ja, ich verstehe das. Bekomme ich meinen Führerschein wieder?	Yes, I understand. Will I get my licence back?
HS: Nach Eintragung der Sperrfrist bekommen Sie Ihren Führerschein in zwei oder drei Tagen zurück. Sie dürfen ab jetzt in Deutschland kein führerscheinpflichtiges Fahrzeug mehr führen.	After your licence has been endorsed you'll get it back in two or three days from now. From now on, you're not allowed to drive any vehicle in Germany for which a driving licence is required.
Herr Wilson, ich werde Ihren Führerschein einbehalten. Sind Sie damit einverstanden? Wenn nicht, muss ich den Führerschein beschlagnahmen.	Mr Wilson, I'm going to secure your driving licence. Do you agree to this? If not, I must confiscate the licence.
JW: Ich bin damit einverstanden, dass Sie meinen Führerschein einbehalten. Und wie viel Geld wollen Sie von mir haben?	I agree to your securing my driving licence. And how much money do you want me to pay?

HS: Zuerst frage ich Sie nach Ihren Personalien, Ihrem Beruf und Ihrem Einkommen. Danach setze ich die Höhe der Sicherheitsleistung fest.

Ich telefoniere auch mit dem Bereitschaftsstaatsanwalt und informiere ihn über alles.

Kurze Zeit später:

HS: So, jetzt habe ich alles. Bitte sagen Sie mir noch, was Sie verdienen, Herr Wilson!

JW: Als Versicherungskaufmann habe ich ein monatliches Einkommen von etwa 3 000 Euro. Allerdings muss ich noch die Hypothek für unser Haus abbezahlen. Das sind jeden Monat 1 000 Euro.

HS: Ich lege eine Sicherheitsleistung in Höhe von 1 200 Euro fest.

Welche Form der Sicherheit können Sie uns geben? Am einfachsten wäre es, wenn wir die Angelegenheit mit Bargeld regeln könnten. Wir können aber auch Wertsachen nehmen.

JW: Meine Frau und ich haben nicht so viel Bargeld dabei. Bei unseren Freunden in Neustadt haben wir unsere Urlaubskasse. Sie können notfalls auch noch aushelfen.

HS: Dann wollen wir dort anrufen. Herr Wilson, Ihre Gastfamilie könnte Ihr Fahrzeug doch nach Neustadt fahren?

JW: So wäre mir das recht. Im Moment möchte ich das Fahren auch nicht meiner Frau zumuten. Sie hat zwar den Führerschein, aber das was alles zu viel für uns.

First I'm going to ask you for your personal data, your occupation and your income. Afterwards I'm going to fix bail.

I'll also phone the duty prosecutor and inform him about everything.

A short time later:

Well, now I've got everything. Would you now please tell me how much you earn?

As an insurance broker, I make about 3,000 euros per month. But I still have to pay the mortgage for our house. That's 1,000 euros per month.

I'll fix bail at 1,200 euros.

What kind of security can you give us? The easiest way would be to settle the matter in cash. But we can also take valuables.

My wife and I don't have that much cash on us. We've left our holiday money with our friends in Neustadt. They could also help out.

Then let's call them. Mr Wilson, do you think your hosts could drive your car to Neustadt?

That would be all right with me. At the moment, I wouldn't like my wife to drive either. She's got a driving licence, but all this was too much for us.

Während PK Müller die Personalien der Gastfamilie feststellt und mit ihr telefoniert, füllt PHK Schiff das Protokoll zur Sicherheitsleistung aus.

While PK is getting the name and address of the host family and is telephoning them, PHK Schiff is filling in the form for the bail.

Herr Wilson bezahlt später die 1 200 Euro und erhält das Original des Formulars als Quittung, und er erhält auch eine Kopie darüber, dass sein Führerschein einbehalten wurde.

Mr Wilson later pays the amount of 1,200 euros and receives the original form as a receipt. He also gets a copy of the document certifying that his driving licence has been secured.

Damit kann alles der Staatsanwaltschaft vorgelegt werden.

So everything can be forwarded to the prosecutor's office.

HS: Herr Wilson, haben Sie noch irgendwelche Fragen zum Verfahren?

Mr Wilson, do you have any further questions regarding the procedure?

JW: Nein, ich habe keine weitere Fragen. Es tut mir leid, was geschehen ist.

No, I don't have any more questions. I'm sorry about what happened.

HS: Versuchen Sie, trotz der Geschehnisse noch ein paar schöne Urlaubstage zu erleben. Alles Gute! Und bitte nicht mehr zum Geisterfahrer werden!

Even so, have a nice holiday. Goodbye. And don't drive in the wrong direction on the motorway again.

Weitere Redewendungen:

Haben Sie jemand, der über diese Summe für Sie bürgt?

Do you know anybody who could stand security for this amount?

Sie haben das Recht, bei der Polizei Stellung zu der Beschuldigung zu nehmen.

You are entitled to make a statement about the charge at the police station.

Dabei können Sie die gegen Sie vorliegenden Verdachtsgründe beseitigen und zu Ihren Gunsten sprechende Tatsachen geltend machen.

You will also be given the opportunity to eliminate the grounds for suspicion against you and cite facts in your favour.

Zu Ihrer Entlastung können Sie Beweiserhebungen beantragen.

In your defence you can apply for evidence to be presented.

Weiterhin steht es Ihnen frei, sich zu äußern oder nicht auszusagen.

Moreover you are free either to make statements on the charge or to remain silent.

Sie können jederzeit auch vor der Vernehmung einen von Ihnen gewählten Verteidiger hinzuziehen.

You may consult a lawyer of your choice at any time even before you are questioned.

Wenn Sie uns jemanden in Deutschland nennen, können alle Schreiben und auch Ihr Führerschein dorthin geschickt werden.

If you name a person in Germany, all letters, including your driving licence, can be sent there.

Haben Sie Freunde oder Bekannte in Deutschland?

Have you got any friends or acquaintances in Germany?

Wollen Sie auf die Rückgabe des Führerscheins in Deutschland warten?

Do you wish to wait in Germany until your driving licence is returned?

Thema 10

Alkohol und Betäubungsmittel im Straßenverkehr

Szene 1

Personen: PHM Jürgen Auer (JA), PHM'in Christine Croll (CC), Pkw-Fahrer Robert Endicott (RE), seine Frau Susan (SE)

In der sächsischen Landeshauptstadt Dresden kontrolliert die Polizei zur Nachtzeit auf der Carolabrücke über die Elbe den Verkehr und hat am Rathenauplatz eine Standkontrolle eingerichtet.

Ein Pkw wird angehalten, weil der Fahrer in deutlichen Schlangenlinien über die Brücke gefahren und dabei mehrmals mit dem rechten Vorderreifen gegen den Bordstein gestoßen ist.

Fahrer ist Robert Endicott, englischer Geschichtslehrer an einem Gymnasium in Göttingen in Niedersachsen.

JA: Guten Abend. Verkehrskontrolle. Bitte Ihren Führerschein und die Zulassungsbescheinigung Teil I!

RE: Einen Moment bitte, meine Papiere liegen im Handschuhfach. Susan, kannst Du sie bitte herausholen?

SE: Hier, bitte sehr.

Durch die geöffnete Seitenscheibe kann der Beamte deutlich Alkoholgeruch wahrnehmen.

Alcohol and drugs in road traffic

Scene 1

Characters: PHM Jürgen Auer (JA), PHM'in Christine Croll (CC), driver Robert Endicott (RE) and his wife Susan (SE)

In Dresden, Saxony's state capital, police are checking traffic on Carolabrücke across the river Elbe at night, and an on-the-spot checkpoint has been established at Rathenauplatz.

A car is stopped because the driver has crossed the bridge zigzagging from one side to the other, and has hit the kerb (US: curb) several times with his right front tyre.

The driver is Robert Endicott, an English history teacher, who teaches at a grammar school in Göttingen, Lower Saxony.

Good evening. Traffic check. Your driving licence and vehicle registration certificate, please.

Just a moment, my papers are in the glove compartment. Susan, can you please get them?

Here you are.

The officer notices a strong smell of alcohol when the window is opened.

JA: Danke. Sie sind Robert Endicott, wie ich aus den Papieren entnehme?

Thank you. You're Robert Endicott, as I can see from your papers?

RE: Ja, mein Name ist Robert Endicott. Und das ist meine Frau Susan. Wir sind auf einer Städtereise hier in Sachsen. Dresden ist eine wunderschöne Stadt.

Yes, my name is Robert Endicott. This is my wife Susan. We are touring the towns of Saxony. Dresden is a marvellous city.

JA: Sie leben in Deutschland?

Do you live in Germany?

RE: Ja. Ich bin Geschichtslehrer und wohne seit sieben Jahren in Göttingen. In der Zulassungsbescheinigung steht meine Adresse.

Yes. I'm a history teacher and have been living in Göttingen for seven years. My address is in the vehicle registration certificate.

Mit diesem Gespräch kann sich der Beamte vergewissern, dass Robert Endicott stark nach Alkohol riecht.

After this conversation, the officer is sure that Robert Endicott smells strongly of alcohol.

Außerdem sind seine Augen wässrig und stark gerötet.

Apart from this, his eyes are watery and reddened.

JA: Herr Endicott, bitte steigen Sie aus!

Mr Endicott, please get out of your car.

RE: Warum muss ich das tun? Ich möchte zu unserem Hotel. Mit den Papieren ist doch alles in Ordnung?

Why do I have to do that? I want to go to our hotel. Everything is all right with the papers, isn't it?

JA: Bitte, steigen Sie aus und zeigen Sie mir das Warndreieck und den Verbandskasten!

Please get out of your car and show me your warning triangle and your first-aid box.

Beim Aussteigen kann sich Herr Endicott gerade noch an der Tür festhalten, sonst wäre er gestürzt.

While getting out of his vehicle, Mr Endicott just manages to hold on to the door, otherwise he would have fallen to the ground.

Er geht unsicher zum Kofferraum und muss sich an der Karosserie abstützen.

Staggering, he walks to the boot and has to support himself by holding onto the body of the car.

Dann stellt er fest, dass er den Kofferraum noch nicht entriegelt hat und will an die Fahrerseite zurück.

Then he realizes that the boot is still locked. So he wants to get back to the driver's side.

JA: Herr Endicott, Sie riechen stark nach Alkohol und Sie können nicht

Mr Endicott, your breath smells very much of alcohol, and you can no mehr sicher stehen. Können Sie mir da recht geben?

longer stand up straight. Am I right?

Zwischenzeitlich hat PHM'in Croll den Fahrzeugschlüssel aus dem Zündschloss gezogen und an sich genommen.

In the meantime, PHM'in Croll has pulled the key from the ignition lock and taken it.

RE: Das ist doch Unsinn. Ich habe nur Cola getrunken.

That's nonsense. I've only had coke.

JA: Wie ist es dann möglich, dass Ihr Atem so intensiv nach Alkohol riecht?

How come then that your breath smells so strongly of alcohol?

RE: Na schön, vor einer Stunde habe ich ein Bier getrunken. Stimmt doch, Liebling?

O.K., I had a glass of beer about an hour ago. Right, darling?

Frau Endicott antwortet nicht, sie zuckt nur mit den Schultern.

Mrs Endicott does not answer, she only shrugs her shoulders.

JA: Sind Sie mit einem Alkotest einverstanden?

Do you consent to taking a breathalyzer test?

RE: Warum sollte ich diesen Test mitmachen? Ich habe doch nur ein Glas Bier getrunken.

Why should I take this test? I've only had one glass of beer.

CC: Sie sind über die Elbbrücke gefahren und dabei ständig über die Fahrbahnmitte hinaus auf die Gegenfahrbahn gekommen. Beim Gegenlenken sind Sie mehrmals gegen den Bordstein gestoßen.

You drove on the bridge across the river Elbe and continuously swerved across the centre of the carriageway into the lane for oncoming traffic. When trying to get back into the right lane, you hit the kerb repeatedly.

Haben Sie das denn nicht gemerkt? Ich habe mir den Vorderreifen angeschaut. Er hat deutlich sichtbare Abriebspuren.

Didn't you notice that? I've looked at the front tyre. There are unmistakable friction marks.

RE: Was wollen Sie mir da einreden? Von hier aus konnten Sie doch gar nicht sehen, wie ich über die Brücke gefahren bin.

What are you trying to talk me into? You couldn't see from here how I crossed the bridge.

CC: Unser Anhalteposten, auf den Sie zugefahren sind, hat das alles beobachtet und uns informiert, dass da „einer" in Schlangenlinien

The officer who stopped you and who(m) you were driving towards observed everything. He informed us that "someone" was coming,

kommt und auch mehrmals gegen den Bordstein gefahren ist.	swerving from side to side, and that this driver's car also hit the kerb several times.
Wir wären Ihnen nachgefahren, wenn Sie hier nicht angehalten hätten. So aber ist es besser. Herr Endicott, wir wollen uns bitte vernünftig unterhalten.	We would have followed you in our patrol car if you hadn't stopped. But I think it's better this way. Mr Endicott, let's discuss this calmly.
Sie brauchen auch keine Angaben darüber zu machen, was Sie tatsächlich getrunken haben. Es wäre aber hilfreich. Der Alkotest ist freiwillig. Sie brauchen ihn nicht mitzumachen.	You don't have to give any information about the quantity you've really had. But it would help a lot. The breathalyzer test is voluntary, you don't have to take it.
Mit dem Testgerät können wir annähernd feststellen, wie viel Promille bei Ihnen vorliegen. Es ist kein endgültiger Beweis, aber es könnte damit belegt werden, dass Sie wirklich nur ein Glas Bier getrunken haben.	With the test device we can establish approximately how many milligrams of alcohol there are in your blood. That's no definite proof, but it might show that you really had only one glass of beer.
RE: Das leuchtet mir ein. Der Test würde aber auch zeigen, wenn ich mehr getrunken hätte. Was passiert, wenn ich den Test ablehne?	Sounds reasonable. But the test would also show if I had had more. What happens if I don't consent to the test?
CC: Dann muss ich die Entnahme einer Blutprobe anordnen.	Then I'll have to arrange for a blood sample to be taken.
RE: Also gut. Ich mache den Test.	Well, o.k.. I'll take the test.
In dem Handgerät wird die eingeblasene Atemalkoholluft analysiert, und auf einem Display erscheint der errechnete Promillewert.	*The breath blown into the handheld device is analyzed, its per mill value is determined and shown on a display.*
PHM Auer steckt ein in Plastikfolie verschweißtes Mundstück in das Gerät und schaltet es ein.	*PHM Auer inserts a sealed plastic mouthpiece into the device and switches it on.*
Anschließend entfernt er die Folie.	*Then he removes the plastic foil.*
JA: Ich halte das Gerät fest. Bitte blasen Sie gleichmäßig hinein!	I'm going to hold the device. Please blow into it steadily.

	Sie hören dabei einen hellen Summton. Wenn der aufhört, haben Sie genug Atemluft abgegeben. Ich sage dann aber auch „Stopp“.	As you blow into the device, you'll hear a high-pitched buzzing signal. When this stops, you'll have blown enough breath into it. But I'll also say “Stop” then.
CC:	Wie Sie selbst sehen können, zeigt das Gerät einen Wert von 1,47 Promille an, das ist weit über dem Limit.	As you can see for yourself, the device shows 1.47, that's way over the limit.
	Das ist auch mehr als ein Glas Bier. Herr Endicott. Sie müssen mit uns zur Dienststelle kommen; dort bekommen Sie eine Blutprobe entnommen.	And that's more than one glass of beer, Mr Endicott. You'll have to come with us to our police station, where a blood sample will be taken.
	Sie dürfen ab jetzt in der Bundesrepublik Deutschland kein führerscheinpflichtiges Fahrzeug mehr fahren. Das erkläre ich Ihnen aber gleich auf der Wache genau.	From now on, you're not allowed to drive a motor vehicle which requires a driving licence in the Federal Republic of Germany. But I'll explain this to you in detail at the police station.
	Was machen wir mit Ihrem Fahrzeug? Wir können es hier auf dem Parkplatz auf Ihre eigene Verantwortung abstellen oder Ihre Frau fährt weiter, sofern sie einen Führerschein hat und nüchtern ist.	What are we to do about your vehicle? We can leave it here in this parking area, at your risk, or your wife can drive on, provided that she has a driving licence and is sober.
	Andernfalls beauftragen wir einen Abschleppdienst. Dabei entstehen Ihnen die anfallenden Kosten.	Otherwise we'll call a recovery service. But then you'll have to pay the costs.
RE:	Wir stellen unseren Pkw hier ab. Meine Frau kann sich ein Taxi zum Hotel nehmen, ich komme später nach. Ich komme doch nicht in Haft?	We'll leave our car here. My wife can take a taxi to the hotel, and I'll join her later. I won't be detained, will I?
CC:	Nein, nach der Blutprobe können Sie die Dienststelle wieder verlassen.	No, after the blood sample has been taken, you can leave the police station.
JA:	Bevor Sie in den Streifenwagen einsteigen, möchte ich bei Ihnen	Before you get into the patrol car, I'd like to see if you have any objects on

nachschauen, ob Sie Gegenstände bei sich haben, die für uns gefährlich werden können.	you which might be dangerous for us.
PHM'in Croll fährt den Dienstwagen, PHM Auer nimmt hinter ihr Platz, neben Herrn Endicott.	*PHM'in Croll drives the patrol car, on the back seat behind her is her colleague, and Mr Endicott sits beside him.*
Der Beifahrersitz ist dabei weit nach hinten geschoben.	*The passenger seat is pushed back very far.*
Diese Art und Weise des Transportes dient ebenfalls der Eigensicherung.	*This transport procedure is also followed to ensure the officers' safety.*
In der Polizeiinspektion:	*In a room at the police station:*
RE: Was geschieht jetzt?	What happens now?
CC: Ich habe einen Arzt verständigt, der die Blutprobe durchführen wird. Sie müssen die Blutentnahme dulden.	I've arranged for a blood sample to be taken, and I called for a doctor who will do this. You're required to consent to the blood sample being taken.
RE: Was passiert mit meinem Führerschein?	What happens to my driving licence?
CC: Sie haben ja bereits Ihren britischen in einen deutschen Führerschein umschreiben lassen.	I see that you've already had your British licence changed into a German one.
Im Vorgriff auf das Strafverfahren und das zu erwartende Fahrverbot stelle ich Ihren Führerschein sicher. Mein Kollege hat ihn noch einstecken. Sind Sie damit einverstanden?	In anticipation of the court case and the driving ban to be expected, I'm going to secure your licence. My colleague took it at the checkpoint and still has it in his pocket. Do you consent to our securing the licence?
RE: Habe ich denn da etwas zu entscheiden? Wenn ich nicht einverstanden bin, erhalte ich meinen Führerschein dann wieder zurück?	Can I decide anything? Will I get my licence back if I don't consent to your securing it?
CC: Nein, Ihr Führerschein kommt in die Verfahrensakte. Wenn das Ergebnis der Blutprobe vorliegt, entscheidet die Justiz entweder	No, your licence will be part of the case file. After having received the results of the blood test, the judicial authorities will decide either then, or

vorzeitig, oder Ihr Führerschein bleibt bis zur Hauptverhandlung in dieser Akte.

Wenn Sie der Einbehaltung ausdrücklich widersprechen, muss ich den Führerschein beschlagnahmen. Dann entscheidet innerhalb von drei Tagen ein Richter, wie lange er beschlagnahmt bleibt.

Auf jeden Fall bekommen Sie jetzt Ihren Führerschein nicht zurück. Ihnen ist ab sofort vorläufig die Fahrerlaubnis entzogen. Das bekommen Sie gleich noch schriftlich. Würden Sie dennoch Auto fahren, wäre dies eine Straftat.

Wir geben das Verfahren mit Ihrem Führerschein an die Staatsanwaltschaft Dresden ab.

RE: Ich bin mit der Einbehaltung meines Führerscheines nicht einverstanden.

PHM'in Croll kreuzt deshalb auf dem Formular „Beschlagnahme" an.

Sie belehrt Robert Endicott über das bestehende vorläufige Fahrverbot und legt ihm eine Zweitschrift vor, die er aber nicht unterschreiben will.

CC: Sie brauchen nichts zu unterschreiben. Aber auch ohne Ihre Unterschrift ist das Schreiben rechtsgültig. Bitte beachten Sie das!

PHM Auer hat in der Zwischenzeit die Aufkleber für die Röhrchen, die das entnommene Blut enthalten, ausgefüllt.

Die Aufkleber tragen eine aufgedruckte Nummer, und der Arzt muss sie später abzeichnen.

your licence will be retained until the main hearing.

If you expressly object to our securing your driving licence, I'll have to confiscate the licence. Then a judge will have to decide within three days how long it will be confiscated.

In any case you won't get your licence back now. From now on, you're banned from driving. I'll give you that in writing later. Should you, in spite of this measure, drive a car, you'd be committing a criminal offence.

The proceedings and the driving licence will be transferred to the Dresden prosecutor's office.

I don't consent to your retaining my licence.

Therefore PHM'in Croll ticks "confiscation" in the form.

She cautions Robert Endicott about the temporary driving ban and gives him a copy, which he refuses to sign.

You don't have to sign anything. But this document is valid in law even without your signature. Please remember that.

In the meantime, PHM Auer has filled in the stickers for the tubes which contain the blood taken.

These stickers have a printed number and have later to be signed by the doctor.

Damit wird gewährleistet, dass das ärztliche Untersuchungsprotokoll, der ärztliche Untersuchungsbericht und die Blutprobe einheitlich gekennzeichnet sind.

This is to ensure that the record of the medical examination, the results of the medical examination and the blood sample are properly marked.

CC: Herr Endicott, wie schon gesagt, brauchen Sie zur Sache nichts auszusagen. Dies gilt auch für die Frage, was Sie in den letzten 24 Stunden an Alkohol getrunken haben. Wollen Sie mir trotzdem Angaben machen?

Mr Endicott, as I already told you, you have the right to remain silent. This also applies to the question about how much alcohol you've had during the last 24 hours. Despite this, are you willing to make a statement?

RE: Nein.

No, I'm not.

CC: Wenn nun gleich der Arzt kommt, wird er Sie ebenfalls einiges fragen und mit Ihrer Bereitschaft einige Tests durchführen. Was das sein wird, wird er Ihnen erklären.

When the doctor comes in a few minutes, he'll also ask you some details and do some tests if you agree. He'll explain to you what they are.

RE: Ich mache keine Tests mehr mit!

I'm not going to do any more tests.

CC: Es dauert etwa acht bis zehn Tage, bis wir das Ergebnis der Blutprobe vorliegen haben. Anschließend schicke ich Ihnen eine Beschuldigtenanhörung. Sie haben dann Gelegenheit, sich zu äußern. Sie können aber auch jetzt schon mit einem Rechtsanwalt Verbindung aufnehmen.

When we get the result of the blood sample, which will take about eight to ten days, I'm going to send you a so-called criminal hearing form. Then you'll have an opportunity to make a statement. But you can also contact a lawyer, even at this stage.

RE: Das werde ich tun. Ich bin rechtsschutzversichert. Was haben Sie von meinen Angaben schon aufgenommen?

I'll do that. I have a legal expenses insurance. What have you already written down about my statements?

CC: Ich habe mir ein paar Notizen zu den bisher gestellten Fragen gemacht. Mehr darf ich nicht tun, nicht nur weil Sie die Aussage verweigern und einen Anwalt konsultieren werden, sondern auch wegen des hohen Alkoholspiegels.

I've made some notes about the questions asked so far. I'm not allowed to take down any statements, as you've decided to make use of your right to remain silent and your intention to consult a lawyer, and also because of the high alcohol concentration.

RE: Sie haben mir bereits die Zulassungsbescheinigung zurückgegeben. Wo sind meine Fahrzeugschlüssel?

You've already returned my vehicle registration. Where are my car keys?

CC: Die habe ich am Kontrollort Ihrer Frau gegeben. Ah, wie ich sehe, kommt gerade der Arzt. Na, dann wollen wir mal!

I gave them to your wife at the checkpoint. Ah, as I see, the doctor has just arrived. So let's continue.

Szene 2

Personen: PHM Jürgen Auer (JA) und PHM'in Christine Croll (CC), weitere Polizeibeamte, Geoffrey Hamilton-Snipes (GH) aus New York

Der Kontrollstelle nähert sich ein alter, farbenfroher VW-Bus mit britischer Zulassung, der einmal abbremst, dann wieder beschleunigt und sich auf diese Weise bis zum Anhalteposten weiterbewegt.

Fahrer ist der 23-jährige Geoffrey Hamilton-Snipes, Neo-Pop-Künstler aus New York, der mit dem Fahrzeug eines englischen Freundes einen Deutschlandtrip unternimmt.

Erst nachdem die Beamtin ihn mehrfach dazu aufgefordert und an die Seiten- und die Windschutzscheibe geklopft hat, öffnet der träge und übermüdet erscheinende Fahrer die Seitenscheibe einen Spaltbreit.

CC: Guten Abend. Verkehrskontrolle. Bitte Ihren Führerschein und die Zulassungsbescheinigung Teil I! Können Sie mich verstehen?

Langsam und zusammenhanglos erklärt Herr Hamilton-Snipes seine

Scene 2

Characters: PHM Jürgen Auer (JA) and PHM'in Christine Croll (CC), other police officers, Geoffrey Hamilton-Snipes (GH) from New York

An old VW minibus, brightly painted in many different colours, and with British licence plates, approaches the checkpoint; the minibus slows down, accelerates again, and moves on to the checkpoint in this manner.

The driver is 23-year-old Geoffrey Hamilton-Snipes, a neo-pop artist from New York, who is on a trip through Germany with the vehicle of an English friend.

Only after he has been asked various times, and after the officer has knocked on the front and side windows various times, does the driver, who seems to be languid and overtired, open the window a little bit.

Good evening. Traffic check. Please, could I have your driving licence and the vehicle registration certificate. Can you understand what I'm saying?

Speaking very slowly and incoherently, Mr Hamilton-Snipes states his

Nationalität und schiebt seinen amerikanischen Pass durch den Spalt.	*nationality and passes his American passport through the partly open window.*
CC: Fühlen Sie sich nicht wohl? Brauchen Sie einen Arzt?	Aren't you feeling well? Do you need a doctor?
GH: Nein. Mir geht's gut. Ich bin zufrieden und glücklich. Mir geht's gut.	No. I'm fine. I'm content and happy. I'm fine.
CC: Machen Sie doch bitte die Scheibe weiter herunter! Am besten ist es, wenn Sie aussteigen.	Would you please wind down the window further? It would be best if you got out of the car.
GH: Na klar. Haben Sie schon gesehen? Das Lenkrad ist auf der falschen Seite!	Of course. Have you noticed that the steering wheel is on the wrong side?
Geoffrey Hamilton-Snipes steigt aus und lehnt sich gegen die Vorderseite des Kleinbusses.	*Geoffrey Hamilton-Snipes gets out of the vehicle and leans against the front of the minibus.*
CC: Herr Hamilton-Snipes, Ihr Verhalten deutet darauf hin, dass Sie vielleicht Drogen genommen haben. Ist das so?	Mr Hamilton-Snipes, your behaviour indicates that you've perhaps taken drugs. Is that so?
GH: Vielleicht, vielleicht auch nicht. Wer kann das schon wissen?	Perhaps I have, perhaps not. Who knows?
CC: Sehen Sie, genau das meine ich. Sie reden zusammenhanglos und sehr langsam, Sie wirken betrunken, ohne dass Sie nach Alkohol riechen, und Sie wirken übermüdet und matt. Der Kollege wird jetzt mit Ihnen einen kleinen Test machen.	You see, that's exactly what I mean. You talk incoherently and very slowly, you seem to be drunk but do not smell of alcohol, and you seem to be overtired and weak. My colleague will do a little test with you.
GH: Wenn er will, soll er das ruhig machen.	If he wants to, let him do it.
JA: Ich leuchte Ihnen jetzt mit einer Taschenlampe in die Augen und beobachte dabei die Reaktion Ihrer Pupillen. Sie schauen nur geradeaus, alles andere mache ich. Haben Sie verstanden?	I'm going to shine into your eyes with a torch (US: flashlight), and in so doing I'll watch the reaction of your pupils. You are only to look straight ahead, I'll do everything else. Do you understand?
GH: Yes, Sir!	Yes, sir.

Mit seiner flachen Hand deckt der Beamte mit etwa 20 cm Abstand nacheinander beide Augen ab und leuchtet mit einer kleinen Taschenlampe über die Abdeckung hinweg auf das jeweilige Auge.

With the flat palm of his hand, the officer covers, at a distance of about 20 cm, one eye after the other, and with a small torch shines, above the cover, into the respective eye.

Die Pupillen sind relativ groß und reagieren nicht auf den Lichteinfall.

The pupils are relatively large and do not react to the light.

Nur ganz kurz kann der Beamte den so genannten „Rebound-Effekt" bemerken, ein ganz kurzes Zusammenziehen der Pupillen, das aber keinem Lichtreflex gleichzusetzen ist.

Only for a very short moment can the officer notice the so-called "rebound effect", a short contraction of the pupils, which is not the same as reflex to light.

JA: Mal ehrlich. Sie haben Cannabis genommen?

Now, be honest. Have you taken cannabis?

GH: Ja, ich habe einen Joint geraucht.

Yes, I've smoked a joint.

JA: Sind Sie mit einer Urinprobe einverstanden?

Do you consent to providing a urine sample?

GH: Hier?

Right here?

JA: Nein, wir fahren zur Dienststelle.

No, we're going to my police station.

Während Herr Hamilton-Snipes zur Dienststelle gebracht wird, durchsuchen andere Kollegen den VW-Bus.

While Mr Hamilton-Snipes is being taken to the police station, other officers search the VW minibus.

Dabei setzen sie auch einen Drogenspürhund ein.

A drug-sniffing dog is also employed in the process.

Sie finden mehrere benutzte Farbsprühdosen und stellen das Fahrzeug sicher.

Various used paint spray cans are found, and the vehicle is secured.

Folgeermittlungen beginnen auch im Hinblick auf Graffiti.

Further investigations are made with regard to graffiti, too.

Unabhängig davon gibt Geoffrey Hamilton-Snipes auf der Dienststelle eine Urinprobe ab, die sich nach einem Mahsan-Kombi/4-O2T-Schnelltest als positiv erweist.

Apart from that, at the police station, Geoffrey Hamilton-Snipes provides a urine sample, which, after a "Mahsan-Kombi/4-O2T-Schnelltest" (= quick test), turns out to be positive.

Daraufhin ordnet PHM'in Croll die Entnahme einer Blutprobe an.

Thereupon PHM'in Croll arranges for a blood sample to be taken.

Szene 3	***Scene 3***
Personen: PHM Jürgen Auer (JA), PHM'in Christine Croll (CC), Patrick Horn (PH) aus Ottawa, Ontario, Kanada	Characters: PHM Jürgen Auer (JA), PHM'in Christine Croll (CC), Patrick Horn (PH) from Ottawa, Ontario, Canada
Der Fahrer eines Mietfahrzeuges wird in die Kontrollstelle gewunken.	*The driver of a rental vehicle is stopped at a checkpoint.*
Gleich zu Beginn des Gesprächs kann der Beamte leichten Alkoholgeruch wahrnehmen.	*Right at the beginning of the conversation, the officer notices a slight smell of alcohol.*
JA: Herr Horn, haben Sie Alkohol getrunken?	Mr Horn, have you had any alcohol?
PH: Ich bin Einkäufer für eine kanadische Firma und war in Meißen und habe dort in der Porzellanmanufaktur einen Liefervertrag abgeschlossen. Die Verhandlungen gingen bis heute Abend. Beim Abendessen nach dem Geschäftsabschluss habe ich zwei Gläser sächsischen Wein getrunken. Das ist jetzt etwa zwei Stunden her.	I'm a buyer for a Canadian company, and I was in Meissen and signed a contract of sale with the china manufacturer there. Our negotiations lasted until the evening. At dinner, after agreeing on a deal, I had two glasses of Saxon wine. That was about two hours ago.
JA: Sind Sie bereit, einen Alkotest zu machen?	Do you consent to being breathalyzed?
PH: Aber natürlich. Ich kann mir nicht denken, dass ich zu viel getrunken habe. Ich habe kein schlechtes Gewissen.	Of course. I can't imagine that I've had too much. I don't have a guilty conscience.
Die Analyse ergibt 0,61 Promille.	*The result is 0.61 per mill.*
JA: Herr Horn, der Wert liegt zu hoch. Ab 0,5 Promille haben Sie eine Verkehrsordnungswidrigkeit begangen.	Mr Horn, the result is over the limit. With more than 0.5 per mill you've committed a traffic offence.
PH: Ich habe gedacht, dass die Grenze bei 0,8 Promille liegt.	I thought the limit was 0.8 per mill.
JA: So war es früher. Die Promillegrenze wurde aber schon vor längerer Zeit herabgesetzt.	That was the limit according to an older law. But the limit was reduced quite some time ago.

PH: Oh, das habe ich nicht gewusst. Dann hätte ich nur ein Glas Wein getrunken. Was passiert jetzt?

Oh, I didn't know that. In that case, I would have had only one glass of wine. What's going to happen now?

JA: Sie kommen bitte mit zur Dienststelle! Dieser Alkotest gibt uns nur einen Hinweis, der Wert ist nicht beweissicher.

You'll have to come to the police station with us. This B-test only gives an indication, but the reading is not valid evidence.

Früher musste bei so einem Wert eine Blutprobe entnommen werden. Das brauchen wir heute nicht mehr. Sie absolvieren an einem Messgerät einen Test, und zwar zweimal nacheinander. Das Ergebnis wird vor Gericht anerkannt.

In former times we would have had to take a blood sample in such a case. This is no longer necessary nowadays. You'll have to do a test on a test device, twice. The result can be used as evidence.

Auf der Dienststelle, in einem separaten Raum:

In a separate room at the police station:

JA: Diese geeichte Apparatur hier ist ein Atemalkoholmessgerät.

This calibrated device is a device to establish the breath alcohol level.

Sie müssen zweimal über diese kurze Schlauchleitung in das Gerät blasen.

This means that you'll have to blow twice, through this short tube, into the device.

Dazu brauchen Sie etwas Ausdauer. In dieser Anzeige hier vorne werden Sie eine lange Reihe von Punkten sehen, die sie einfach „wegblasen“ müssen.

For this you need some stamina. On this display here at the front, you'll see a long row of dots which you simply have to "blow away".

Der Test verläuft erfolgreich, wenn Sie zweimal nacheinander mit etwa gleichbleibender Energie eine bestimmte Menge Atemluft in das Gerät geblasen haben. Anschließend erfolgt die Analyse.

The test is successful if, blowing steadily, you've twice blown a certain amount of breath air into the device. Afterwards we'll get the analysis.

Die Atemalkoholkonzentration Milligramm pro Liter Atemluft wird errechnet. Um die Promille zu erhalten, muss man diesen Wert verdoppeln.

The alcohol concentration in millilitres per litre of air is determined. To determine the per mill figure, this reading has do be doubled.

Patrick Horn führt zweimal vorschriftsmäßig und ohne Probleme den Test durch.

Patrick Horn does the test twice, without any problem.

Nach kurzer Zeit wird der ermittelte Wert, 29mg/l, ausgedruckt.	*A short time later, the result, 29 milligrammes per litre, is printed out.*
JA: Herr Horn, diesen Wert müssen wir verdoppeln, und das heißt, dass Sie zur Zeit unter 0,58 Promille Alkoholeinwirkung stehen.	Mr Horn, we have to double this figure, and this means that right now your alcohol level is .58 per mill.
PH: Was bedeutet das?	What does that mean?
JA: Die Atemalkoholanalyse wird dem Verfahren zugrunde gelegt. Das bedeutet für Sie eine Geldbuße von 250 Euro.	The proceedings are based on the result of the breathalyzer test. This means a fine of 250 euros for you.
Der Betrag erhöht sich allerdings, weil ein deutscher Autofahrer zusätzlich noch ein Fahrverbot von einem Monat erhalten würde. Anstelle dieses Fahrverbotes müssen Sie als Ausländer einen Geldbetrag von noch einmal 250 Euro bezahlen.	However, this amount will be increased because a German driver would get a driving ban of one month in addition. Instead of the ban, you'll have to pay a fine which amounts to another 250 euros.
Ich werde den Gesamtbetrag von 520 Euro einschließlich der Verfahrenskosten von 20 Euro als Sicherheitsleistung von Ihnen einfordern. Das Formular dazu füllen wir gleich aus.	I'm afraid I have to demand the total amount of 520 euros bail from you; this includes 20 euros of administrative costs. We'll fill in the form in a second.
Dann werde ich Sie noch zu dieser Ordnungswidrigkeit anhören. Sie brauchen keine Angaben zu machen und können sich einen Rechtsanwalt nehmen.	Then I'll need your statement on this public order offence. You don't have to make any statement and you can retain a lawyer.
Sie können aber auch ganz einfach hier auf diesem Formular bei „JA" ein Kreuzchen setzen, wo die Frage lautet: „Wird der Verkehrsverstoß zugegeben?"	But you can also tick "Yes" here on this form where you see the question "Do you admit to having committed the said traffic offence?"
PH: Ich sehe das ein und erkenne das Verfahren an. Ich habe genügend Bargeld bei mir, dass ich auch gleich bezahlen kann. Die ganze Sache ist mir äußerst peinlich.	I understand, and I agree to this procedure. I have enough cash on me so that I can pay right here. All this is rather embarrassing for me.

Thema 11

Verkehrsunfall mit Verletzten, erste Hilfe, Benachrichtigung von Angehörigen

Szene 1

Personen: POK Lothar Mootzing (LM), PHM'in Gisela Rath (GR), Unfallverursacher Holger Huth (HH), Autofahrer Antony Perkins (AP) und seine Ehefrau Deirdre (DP) aus Whangarei, Neuseeland

Die Bundesstraße 414 führt als lange Gefällstrecke bis ins Stadtzentrum von Herborn.

Am Ende des Gefälles befindet sich eine Ampelanlage.

Als letztes Fahrzeug am Ende eines Staus fährt Antony Perkins seinen Leihwagen mit Schrittgeschwindigkeit; neben ihm sitzt seine Ehefrau Deirdre.

Beide sind angeschnallt.

Mit überhöhter Geschwindigkeit und durch Blicke auf das Navigationssystem abgelenkt nähert sich von hinten der ortsunkundige Pkw-Fahrer Holger Huth.

Trotz einer Vollbremsung kann er einen Auffahrunfall nicht mehr verhindern.

Nach dem Zusammenstoß steigt er aus und läuft zur Fahrerseite des Pkw vor ihm, der durch den Aufprall im

Road traffic accident with injured persons, first aid, informing relatives

Scene 1

Characters: POK Lothar Mootzing (LM), PHM'in Gisela Rath (GR), driver causing the accident Holger Huth (HH), driver Antony Perkins (AP) and his wife Deirdre Perkins (DP) from Whangarei, New Zealand

Federal road 414 is a long downhill stretch leading right into the town centre of Herborn.

There is a set of traffic lights at the end of the downhill stretch.

At the end of a queue, Antony Perkins in his rental car is driving at walking speed, his wife Deirdre in the passenger seat.

Both are wearing their seat belts.

Driving at excessive speed, and distracted by his navigation system, driver Holger Huth, who does not know the area, is approaching from behind.

Although he steps hard on the brakes, he cannot prevent a rear-end collision.

After the collision, he gets out of his vehicle and runs to the driver's side of the car in front of him; the back of

Heckbereich stark eingedrückt wurde.	*the car is badly dented as a result of the impact.*
Überall liegen Glassplitter und Schmutz.	*There are glass splinters and dirt everywhere.*
Antony Perkins hat bereits die Fahrertür geöffnet.	*Antony Perkins has already opened the driver's door.*
HH: Ist Ihnen etwas passiert?	Are you hurt?
AP: Ich habe Sie im Rückspiegel gesehen und wusste gleich, dass Sie nicht mehr anhalten können. Deshalb habe ich mich mit den Armen am Lenkrad abgestützt. Außerdem war ich angeschnallt.	I saw you in the rear-view mirror, and I knew at once that you wouldn't be able to stop. So I protected myself by putting both arms on the steering wheel. Apart from that, I was wearing my seat belt.
Ich konnte meiner Frau noch zurufen „Pass auf!", und dann hat es einen starken Stoß gegeben. Im Moment spüre ich keine Schmerzen.	I just managed to shout to my wife "Watch out", and then there was a big bang. I don't feel any pain right now.
Antony Perkins schaut seine Frau an.	*Antony Perkins looks at his wife.*
Sie ist blass im Gesicht und stöhnt über Schmerzen im Genick.	*Her face is pale, and she is moaning because of a pain in her neck.*
Sofort läuft Holger Huth zur Beifahrerseite und reißt die etwas verklemmte Tür auf.	*Immediately Holger Huth runs to the passenger side and pulls open the door, which is slightly jammed.*
Beruhigend spricht er sie an:	*Trying to calm her, he addresses her:*
HH: Machen Sie sich keine Sorgen! Ich bin in erster Hilfe ausgebildet. Es könnte passieren, dass Ihnen schwindlig wird und Sie ohnmächtig werden.	Don't worry. I've been trained in first aid. You might get dizzy and lose consciousness.
Haben Sie keine Angst! Ihr Mann und ich sind bei Ihnen. Gleich kommt auch ein Krankenwagen.	Don't be afraid. Your husband and I are here with you. And an ambulance will arrive shortly.
Dies kann Holger Huth sagen, da ein anderer Autofahrer hinter ihm angehalten und über sein Mobiltelefon die Polizei verständigt hat.	*Holger Huth can say this as another driver has stopped behind him and informed the police on his mobile phone.*

Er hat auch angegeben, dass eine Frau verletzt wurde.	*He also informed them that a woman was hurt.*
Dieser Mann hat auch die Unfallstelle abgesichert.	*This man has also secured the scene of the accident.*
Er hat an seinem Wagen die Warnblinkleuchten eingeschaltet und ein Warndreieck aufgestellt.	*He has switched on the emergency flashing lights of his car and set up a warning triangle.*
HH: Ich knöpfe den oberen Knopf Ihrer Bluse auf, damit Sie mehr Luft bekommen, und ich drehe die Rückenlehne Ihres Sitzes nach unten, damit Sie liegen können.	I'm going to open the top button of your blouse so that you can get more air, and I'll turn the back rest of your seat down. Then you can lie down.
Ich ziehe Ihnen auch die Schuhe aus. Bitte legen Sie Ihre Beine hoch! Bitte, hier auf das Armaturenbrett! In dieser Lage können wir Ihren Kreislauf stabilisieren. Können Sie mich verstehen?	I'm also going to take off your shoes. Put your feet up on the dashboard. In this position we can stabilize your blood circulation. Do you understand me?
Deirdre Perkins antwortet nicht, ist aber ansprechbar.	*Deirdre Perkins does not answer, but she is conscious.*
Durch zusätzliche Gestik wird ihr verständlich, was Holger Huth vor hat. Ihr Mann unterstützt ihn dabei.	*By way of additional gestures he makes his intentions clear. He is assisted by her husband.*
NH: Halten Sie den Kopf ganz still! Wenn Ihnen schlecht wird, übergeben Sie sich zur Tür hinaus! Haben Sie sonst noch Schmerzen?	Don't move your head. If you feel sick, throw up out of the door. Do you have any other pains?
Holger Huth schaut sich den Körper und die Kleidung der Frau an.	*Holger Huth looks at the woman's body and clothing.*
Auf dem Rock entdeckt er Blutflecken, die wahrscheinlich von einer Schürfwunde an der rechten Hand stammen.	*He notices some blood stains on her skirt which probably come from an abrasion on her right hand.*
Er holt eine sterile Mullabdeckung aus dem Verbandskasten, legt sie auf die Wunde und verbindet die Hand ganz leicht.	*He takes a sterile gauze bandage from the first aid box, puts it on the wound and bandages the hand lightly.*
Fast gleichzeitig treffen Polizei und Rettungswagen ein.	*Almost at the same time, police and an ambulance arrive.*

Die Beamten stellen ihren Funkstreifenwagen mit eingeschaltetem Blaulicht hinter die Unfallfahrzeuge und sichern die Unfallstelle zusätzlich mit Warnblitzleuchten, einem Warnzelt mit der Aufschrift „Unfall" und reflektierenden Pylonen ab.	*The officers position their patrol car with blue flashing lights behind the vehicles involved in the accident, and additionally secure the scene of the accident with flashing lights, a warning tent with the inscription "Unfall" and reflecting pylons.*
Währenddessen spricht Holger Huth mit den Rettungssanitätern:	*While they are doing so, Holger Huth explains the situation to the paramedics:*
HH: Die Frau hat einen Schock erlitten. Sie ist blass und hat Kreislaufprobleme. Wie mir ihr Mann sagt, hat sie Schmerzen im Genick.	This woman is under (US: in) shock. She is pale, and there are problems with her blood circulation. Her husband tells me that her neck hurts.
Das könnte der Hinweis auf ein Halswirbel-Schleudertrauma (HWS) sein. Außerdem hat sie eine Schürfwunde an der rechten Hand. Sie ist ansprechbar.	This could be an indication of a whiplash injury. And there is an abrasion on her right hand. She is conscious.
Mittlerweile ist auch ein Notarzt eingetroffen, der nun die Verletzte versorgt.	*In the meantime, an emergency doctor has also arrived and is now taking care of the injured woman.*
Lothar Mootzing beginnt nun, den am Unfall Beteiligten Fragen zu stellen:	*Lothar Mootzing now starts to question the persons involved in the accident:*
LM: Guten Tag. Wer ist der Fahrer von dem silberfarbenen Citroen und wer ist der Fahrer von dem blauen Fiat?	Good afternoon. Who's the driver of this silver-coloured Citroen, and who's the driver of the blue Fiat?
HH: Ich habe den Fiat gefahren. Ich war einen Augenblick nicht aufmerksam, und dann konnte ich nicht mehr rechtzeitig bremsen. Ich bin aufgefahren. Es ist nun einmal passiert, aber es macht mir Sorge, dass die Frau verletzt wurde.	I was driving the Fiat. I didn't pay attention for a second, and then I couldn't stop in time. I bumped into the rear of the other car. It has happened, but I'm worried that the lady has been hurt.
AP: Ich bin Neuseeländer, und ich bin noch sehr aufgeregt. Ich habe den Citroen gefahren. Er ist ein Leihwagen.	I'm from New Zealand, and I'm still rather shaken up. I drove the Citroen. It's a rental car.

LM: Bitte von Ihnen beiden den Führerschein und die Zulassungsbescheinigung Teil I!	Can I please have the driving licence and vehicle registration certificate from both of you?
AP: Was ist eine Zulassungsbescheinigung?	What is a vehicle registration certificate?
LM: Das ist die Fahrzeugzulassung. In ihr stehen die Fahrzeugdaten. Schauen Sie doch bitte mal in ihrem Handbuch nach! Das liegt meistens im Handschuhfach.	That's the car licence. It contains all the data of the vehicle. Have a look in your manual. In most cases, it's in the glove compartment.
Während POK Mootzing alle notwendigen Daten für die Verkehrsunfallanzeige aufnimmt, notiert seine Kollegin die Personalien der Unfallzeugen, markiert Spuren auf der Fahrbahn und fotografiert diese ebenso wie den Unfallort und die Unfallfahrzeuge.	*While POK Mootzing writes down all the necessary data for the road traffic accident (RTA) report, his colleague takes down the names of the witnesses, marks traces on the carriageway (US: pavement) and takes photographs of them as well as of the scene of the accident and the vehicles involved.*
Als des Krankenwagen zur Abfahrt bereit ist, wendet sich PHM'in Rath an Herrn Perkins:	*When the ambulance is ready to depart, PHM'in Rath addresses Mr Perkins:*
GR: Herr Perkins, für eine eingehende Untersuchung und Weiterbehandlung wird Ihre Frau jetzt ins Krankenhaus gebracht.	Mr Perkins, your wife is being taken to hospital where she will be thoroughly examined and treated afterwards.
AP: Bitte, ich möchte mitkommen. Ist das möglich? Aber wie soll ich mich gleichzeitig um das beschädigte Auto kümmern? Was soll ich tun?	I'd like to come along. Is that possible? But how can I take care of the damaged car at the same time? What shall I do?
GR: Ich habe mit dem Notarzt gesprochen. Dem ersten Anschein nach hat Ihre Frau keine schweren Verletzungen. Sie können deshalb im Krankenwagen mitfahren. Wir kümmern uns um das Abschleppen Ihres Fahrzeugs.	I've spoken to the emergency doctor. It would appear that your wife hasn't suffered any severe injuries, so you can accompany her in the ambulance. We'll have your car towed away.
Bitte bleiben Sie aber in der Klinik, bis meine Kollegin und ich dorthin	Please stay in the hospital until my colleague and I get there. We'll go

	kommen! Wir kommen gleich nach der Unfallaufnahme nach. Wir sagen Ihnen dann, wohin Ihr Auto abgeschleppt wurde und bringen Ihnen Ihre Papiere mit. Die Kollegin braucht sie noch, um alles aufzuschreiben.	there immediately after we've finished the accident report. We'll be able to tell you then where your car was towed to, and we'll also bring all your papers. My colleague still needs them to take everything down.
	Aber jetzt gehen Sie bitte mit dem Rettungssanitäter!	But now, please go with the paramedic.
AP:	Vielen Dank. Auf jeden Fall werde ich hier in Herborn ein Quartier suchen. Dort können Sie mich in den nächsten Tagen erreichen. Dann bis später im Krankenhaus.	Thanks a lot. In any case, I'll have to find accommodation here in Herborn. You can reach me there during the next few days. See you at the hospital.
	Währenddessen hat POK Mootzing die schriftlichen Arbeiten weitergeführt und spricht jetzt mit dem Unfallverursacher:	*In the meantime, POK Mootzing has continued the paperwork and is now talking to the driver who caused the accident:*
LM:	Herr Huth, so wie die Zeugen und Sie selbst berichten, haben Sie den Unfall verursacht.	Mr Huth, as the witnesses and you yourself tell me, you caused the accident.
	Sie hätten in dieser Gefällstrecke nicht so schnell fahren dürfen. Ihre Geschwindigkeit darf nur so hoch sein, dass Sie innerhalb der von Ihnen überschaubaren Strecke anhalten können.	You should have driven at the proper speed on this downhill stretch. You're only allowed to drive at a speed that enables you to stop within the distance you can see.
	Wie Sie auch schon gesagt haben, waren Sie zusätzlich durch Blicke auf das Navigationssystem abgelenkt.	As you've already said, you were also distracted by looking at your navigation system.
	Hinzu kommt, dass die Beifahrerin verletzt wurde. Sie selbst und der Fahrer des Citroen sind offensichtlich nicht verletzt, aber Beschwerden können auch noch nachträglich auftreten.	Furthermore, the passenger was injured. You and the driver of the Citroen are apparently not hurt, but you may have pains later.
	Herr Huth, neben dem Verkehrsverstoß haben Sie an der Frau	Mr Huth, in addition to the road traffic offence, you caused negligent bodily

eine fahrlässige Körperverletzung begangen. Sie wollten den Unfall und die Verletzungen nicht, deshalb „fahrlässig". Sie bekommen von mir eine Beschuldigtenanhörung zugeschickt.	harm to the lady. You didn't intend to cause the accident and the injuries, so this is a case of negligence. I'll send you a form for your statement as a person charged with an offence.
Daraus entnehmen Sie bitte alles Weitere! Sie können sich auch einen Anwalt nehmen. Bitte schicken Sie mir den Anhörungsbogen so schnell wie möglich wieder zurück! Die Frist ist darauf eingetragen.	From this you can see everything else. You can also retain a lawyer. Please return the form as soon as possible. The deadline is entered on it.
Hier, meine Visitenkarte. Bitte rufen Sie mich doch bitte in zwei Stunden auf meiner Dienststelle an! Dann kann ich Ihnen Namen und Anschrift Ihres Unfallgegners und unsere Vorgangsnummer mitteilen. Die brauchen Sie auch für Ihre Schadensmeldung an die Versicherung.	Here's my card. Please call me at my police station in two hours. Then I'll be able to give you the name and address of the other party involved in the accident, and also our reference number. You need these to inform your insurance company of the accident.
Wie ich sehe, haben Sie sich das Kennzeichen von dem Citroen schon notiert. Und jetzt wollen wir noch absprechen, wohin Ihr Fahrzeug abgeschleppt werden soll. Ihr Fiat und auch der Citroen sind nicht mehr fahrbereit.	As I can see, you've already noted down the licence plate number of the Citroen. And now we'll talk about where your vehicle is to be towed. Your Fiat, and also the Citroen, are not roadworthy any more.
HH: Ich bin in einem Automobilclub. Können Sie einen Vertragspartner verständigen? Ich habe leider mein Handy nicht dabei.	I'm a member of an automobile club. Could you inform an authorized towing company? I'm sorry I don't have my mobile phone on me.
LM: Ja, das können wir tun. Sie haben dann auch die Möglichkeit, mit dem Abschleppwagen mitzufahren.	Yes, we can do that. Then you'll be able to get a ride in the tow truck.
POM Mootzing bestellt über die Wache zwei Abschleppfahrzeuge.	*POM Mootzing requests, through control, two tow trucks.*

Nachdem die Fahrzeuge verladen sind und die Fahrbahn gesäubert ist, kann die Strecke wieder frei befahren werden.	*After the vehicles have been loaded, and after the scene has been cleared, the road is open to traffic again.*
Die Streifenbesatzung fährt daraufhin ins Krankenhaus.	*The crew of the patrol car now drive to the hospital.*
In der Ambulanz treffen sie Herrn Perkins.	*In the outpatient department, they meet Mr Perkins again.*
LM: Wissen Sie schon mehr über Ihre Frau?	Do you have any more information about your wife?
AP: Nein, sie ist noch beim Röntgen. Der behandelnde Arzt hat aber schon angedeutet, dass sie mindestens zwei Tage stationär aufgenommen werden soll.	No, she is still being X-rayed. But the doctor in charge already told me that she'd have to stay in hospital for at least two days.
LM: Hier haben Sie zunächst einmal Ihre Papiere zurück. Und das ist meine Visitenkarte. Haben Sie ein Mobiltelefon? Bitte geben Sie mir doch die Nummer!	First of all, here are your papers and my card. Have you got a mobile phone? Please give me your number.
Herr Perkins, hier ist die Karte des Abschleppdienstes, der Ihren Leihwagen mitgenommen hat. Alle Ihre Sachen sind in dem Fahrzeug geblieben. Setzen Sie sich doch bitte bald mit dem Unternehmen in Verbindung!	Mr Perkins, here's the card of the towing company which has towed away your rental car. All your things are still in the car. I suggest that you contact the towing company soon.
Sie sollten auch die Leihwagenfirma schnellstmöglich in Kenntnis setzen. Sie bekommen dann ein anderes Fahrzeug.	You should also inform your rental company as soon as possible. You'll get another vehicle then.
Das Städtische Verkehrsamt kann Ihnen sicherlich ein Hotel oder eine Pension vermitteln.	The local tourist office will certainly be able to find a hotel or boarding house for you.
AP: Das Krankenhauspersonal will mir auch helfen. Ich rufe Sie an, wenn ich eine Unterkunft gefunden habe.	The hospital staff have also offered to help me. I'm going to call you as soon as I've found a place to stay.

LM: Das ist in Ordnung. Jetzt will ich mir noch die Personalien Ihrer Frau aufschreiben. Ich schlage vor, dass wir uns morgen Nachmittag hier im Krankenhaus wieder treffen, damit wir das Schriftliche erledigen können.

Ich möchte Sie beide gerne zu Ihren Wahrnehmungen anhören. Zudem hat Ihre Frau als Verletzte Rechte in diesem Verfahren. Sie kann zum Beispiel Strafantrag gegen den Unfallverursacher stellen. Sie können auch einen Anwalt beauftragen, der das Ganze für Sie erledigt.

Aber das möchte ich morgen in aller Ruhe mit Ihnen erörtern.

AP: Wann bekomme ich von Ihnen alle Angaben für meinen Unfallbericht und meine Krankenversicherung?

LM: Das machen wir ebenfalls morgen. Sie erhalten von mir ein Schreiben mit allen notwendigen und wichtigen Angaben über den Verkehrsunfall.

Auf Wiedersehen. Bestellen Sie Ihrer Frau eine gute Besserung!

AP: Vielen Dank. Sie sind sehr nett. Auf Wiedersehen.

That's fine. Now I'd like to write down your wife's personal data. I suggest that we meet again here in the hospital tomorrow afternoon, so that we can finish the paperwork.

I'd like to interview both of you. Apart from that, your wife has certain rights in this procedure as she's been injured. For example, she can prefer charges against the driver who caused the accident. You can also retain a lawyer to handle everything for you.

But I'd like to discuss all that with you in peace tomorrow.

When will I get all the details for my report of the accident and my health insurance?

We'll do that tomorrow, too. You'll get a report with all the important and necessary details about the road traffic accident.

Good-bye. I hope your wife will get well soon.

Thank you very much. You're very kind. Good-bye.

Szene 2 – Telefongespräch

Personen: PHK Hauke Hartung (HH), Janet Clifford (JC), Elton Clifford (EC), Verletzter Paul Burkett

An der Anschlussstelle Filsum der A 28 hat sich ein Fahrzeug überschlagen.

Scene 2 – Phone Call

Characters: PHK Hauke Hartung (HH), Janet Clifford (JC), Elton Clifford (EC), injured person Paul Burkett

At the Filsum junction on the A 28 motorway a car has overturned.

Der Fahrer ist eingeklemmt und muss von der Feuerwehr mit der Rettungsschere befreit werden.	*The driver is trapped in his car and has to be freed by the fire brigade with hydraulic shears.*
Unmittelbar darauf wird er mit dem Rettungshubschrauber ins Krankenhaus Oldenburg geflogen.	*He is at once flown to Oldenburg hospital by rescue helicopter.*
Die Beamten der Autobahnpolizei finden im Unfallwrack einen britischen Führerschein, die Fahrzeugpapiere und die Durchschrift einer Hotelanmeldung in Aurich.	*In the wreck of the car, the motorway police officers find a British driving licence, the vehicle papers and the copy of a hotel registration in Aurich.*
Auf telefonische Nachfrage im Krankenhaus wird ihnen mitgeteilt, dass der verletzte Fahrer auf der Intensivstation liegt und in Lebensgefahr schwebt.	*When phoning the hospital, the officers are told that the injured driver has been taken to the intensive care unit. He is in a critical condition.*
In seiner Jackentasche hat der Notarzt einen britischen Pass auf den Namen Paul Burkett gefunden.	*In a pocket of his jacket, the emergency doctor has found a British passport issued to a Paul Burkett.*
Er teilt auch mit, dass der Mann rote Haare und einen roten Vollbart hat.	*He also informs them that the man has red hair and a red beard.*
PHK Hartung vom Autobahnpolizeikommissariat Leer übernimmt von der Wache aus die weiteren Ermittlungen zur Aufklärung der Identität des Fahrers.	*From the control room, PHK Hartung of Leer motorway police station continues the investigations to establish the driver's identity.*
Hierbei sichtet er zunächst die aus dem Unfallfahrzeug sichergestellten Papiere.	*First he goes through the papers secured from the accident vehicle.*
Die britische Zulassungsbescheinigung Teil I ist ausgestellt auf Paul Burkett, der Pkw ist ein roter Rover mit dem amtlichen Kennzeichen 47PB.	*The British vehicle registration certificate is issued in the name of Paul Burkett, the car is a red Rover with the licence plates 47PB.*
Der Führerschein wurde 1966 von der nationalen Führerschein- und Zulassungsbehörde in Swansea ausgestellt und lautet auf den Namen Paul Burkett.	*The driving licence was issued in 1966 by the national Driver and Vehicle Licensing Agency (DLVA) in Swansea to a Paul Burkett.*
Aus dem Hotelmeldeformular ist zu entnehmen, dass ein Paul Burkett,	*The hotel registration form states that a Paul Burkett, born in London*

geboren am 25.03.1944 in London, wohnhaft in London, 69 Heath Park Road, eingetragen ist.

PHK Hartung ruft das Hotel in Aurich an.

Dort erfährt er von der Dame an der Rezeption, dass ihr der Gast Paul Burkett persönlich bekannt ist.

Sie schildert ihn als netten älteren Herrn mit auffällig roten Haaren und rotem Bart.

Der Beamte gibt den Grund seines Anrufes bekannt, bittet aber darum, gegenüber anderen Personen noch nichts zu sagen.

In den Hotelunterlagen ist auch eine Telefonnummer in London hinterlegt.

PHK Hartung fragt bei der internationalen Telefonauskunft an.

Eine Rufnummer für 69, Heath Park Road, in London ist eingetragen und ist identisch mit der Nummer aus den Hotelunterlagen.

Daraufhin entschließt er sich, dort anzurufen.

In England meldet sich eine Frau:

JC: Hallo.

HH: Hallo, spreche ich mit Mrs Burkett?

JC: Nein, mein Name ist Janet Clifford. Mrs Burkett ist meine Mutter. Und wer bitte sind Sie?

HH: Mein Name ist Hauke Hartung. Ich bin von der deutschen Polizei. Ich versuche, nach einem Verkehrsunfall Informationen über einen Herrn Paul Burkett zu erlangen.

on 25th March 1944, resident at 69, Heath Park Road, London, is staying at the hotel.

PHK Hartung calls the hotel in Aurich.

The receptionist tells him that she knows the guest Paul Burkett.

She describes him as a nice elderly gentleman with striking red hair and a red beard.

The officer tells her why he is calling, but asks her not to tell anybody else yet.

The hotel papers also include a phone number in London.

PHK Hartung contacts international directory inquiries.

There is a phone number for 69, Heath Park Road, London, and this number is identical with the number in the hotel documents.

Therefore the officer decides to call there.

In England, the phone is answered by a woman:

Hello.

Hello. Am I talking to Mrs Burkett?

No, my name is Janet Clifford. Mrs Burkett is my mother. And who are you?

My name is Hauke Hartung. I'm from the German police. I'm trying to get some information about a Mr Paul Burkett after a road traffic accident.

Ich wäre froh, wenn Sie mir Auskunft geben könnten.	I'd be glad if you could help me.
JC: Um Gottes Willen! Mein Vater! Was ist denn passiert?	Oh my God! My father! What's happened?
HH: Frau Clifford, bitte regen Sie sich nicht auf, aber seien Sie auf eine schlechte Nachricht gefasst! Kann ich weitersprechen?	Mrs Clifford, please remain calm, but I've got some bad news. May I continue?
JC: Einen Augenblick. Mein Mann ist im Garten. Ich rufe ihn.	Just a moment. My husband is in the garden. I'll call him.
Kurze Zeit später:	*A short time later:*
HH: Allem Anschein nach ist Ihr Vater bei einem Autounfall schwer verunglückt. Das Krankenhaus hat den Verletzten als einen Mann mit roten Haaren und rotem Bart beschrieben.	Apparently your father has been seriously injured in a traffic accident. The hospital has described the injured person as a gentleman with red hair and a red beard.
JC: Oh mein Gott! Ja, das ist mein Vater. Was ist denn los mit ihm?	Oh my God! Yes, that's my father. What's happened to him?
HH: Frau Clifford, Ihr Vater hat sich mit dem Auto überschlagen. Er fährt doch einen roten Rover, nicht wahr?	Mrs Clifford, your father's overturned in his car. He drives a red Rover, doesn't he?
JC: Ja.	Yes, he does.
HH: Wir werden noch klären, wie der Unfall geschehen ist. Jetzt ist es wichtiger, dass Sie Bescheid bekommen.	We still have to find out how the accident happened. Right now, it's more important that you are informed.
Frau Clifford?	Mrs Clifford?
JC: Ja, ich höre Sie noch. Mein Mann hält sein Ohr ebenfalls an den Hörer.	Yes, I'm still here. And my husband also has his ear on the receiver.
HH: Frau Clifford, es tut mir sehr leid, aber für Ihren Vater besteht Lebensgefahr.	Mrs Clifford, I'm very sorry, but your father is in a critical condition.
JC: Nein! Nein!	Oh, no!
HH: Frau Clifford, bitte geben Sie mir Ihren Mann!	Mrs Clifford, please let me talk to your husband.

EC: Guten Tag. Ich bin Elton Clifford. Meine Frau muss sich erst wieder beruhigen.	Good afternoon. I'm Elton Clifford. My wife needs to calm down again.
HH: Guten Tag. Mein Name ist Hauke Hartung von der deutschen Polizei. Ich gebe Ihnen jetzt die wichtigsten Informationen und bitte Sie, sich das aufzuschreiben.	Good afternoon. My name is Hauke Hartung. I'm from the police in Germany. I'm now giving you the most important pieces of information, please write them down.
Ihr Schwiegervater liegt im Städtischen Krankenhaus Oldenburg. Das ist in Norddeutschland, in Niedersachsen.	Your father-in-law is in the "Städtisches Krankenhaus" in the town of Oldenburg. That's in northern Germany, in Lower Saxony.
Er ist auf der Intensivstation und nicht ansprechbar. Ich gebe Ihnen die Nummer des Stationsarztes. Bitte rufen Sie ihn umgehend an!	He is in the intensive care unit and unconscious. I'll give you the ward doctor's phone number. Would you please call him at once?
Der Arzt will erfahren, ob Ihr Schwiegervater in ärztlicher Behandlung ist und Medikamente nimmt.	The doctor wants to know if your father-in-law is having any medical treatment and if he takes any medication.
Ich selbst bin vom Autobahnpolizeikommissariat in D-26789 Leer, Deichstraße 122, Telefon 00491-929250.	I'm from the motorway police station at D-26789 Leer, Deichstrasse 122, phone 00491-929250.
Im Augenblick ist dies alles. Bitte richten Sie es ein, dass wir ständig miteinander in telefonischer Verbindung bleiben können!	That's all at the moment. Please make sure that we can communicate by phone.
Wir sprechen später über alles weitere. Bitte rufen Sie mich an, wenn Sie irgendwelche Fragen haben! Haben Sie das alles verstanden und aufschreiben können?	We'll talk about all the other details later. Please call me if you have any questions. Have you understood everything, and have you been able to write it down?
EC: Ja, ich habe alles notiert. Einen Augenblick, meine Frau möchte Sie noch einmal sprechen.	Yes, I've written it all down. Just a moment, my wife would like to speak to you again.
JC: Herr Hartung, vielen Dank für Ihre Mühe. Ich habe mich jetzt ein	Mr Hartung, thank you very much for everything. I've calmed down a little

wenig beruhigt. Meine Mutter ist gerade bei einer Nachbarin. Ich werde ihr die Nachricht schonend beibringen.

bit. My mother is with a neighbour right now. I'm going to break the news to her gently.

Wir wollen auch versuchen, schon morgen nach Deutschland zu kommen. Sollen wir da auch bei Ihnen vorbeikommen?

We'll also try to go to Germany tomorrow morning. Should we call on you?

HH: Wenn Sie es wirklich einrichten können, so kurzfristig nach Deutschland zu kommen, schlage ich vor, dass Sie zuerst Ihren Vater im Krankenhaus besuchen und anschließend zu mir auf die Dienststelle kommen.

If you really can manage to come to Germany at such short notice, I suggest that you first see your father at the hospital and afterwards come and see me at the police station.

Wir sprechen dann über alles, was noch getan werden muss. Haben Sie ein Fax-Gerät?

We can then talk about everything that still has to be done. Do you have a fax machine?

JC: Mein Mann hat eins im Büro. Dorthin können Sie eine Nachricht schicken. Hier ist die Nummer.

Yes, my husband has got one in his office. You can send a message there. Here's the number.

HH: Ich faxe Ihnen noch einmal alle Informationen und eine Wegbeschreibung zu. Bitte rufen Sie mich an, ob das Fax auch angekommen ist! Haben Sie im Moment noch Fragen?

I'm going to fax you all the information and also a description of the route. Please call me to confirm that the fax has arrived. Do you still have any questions at the moment?

JC: Nein.

No, I don't.

HH: Dann sehen wir uns morgen. Auf Wiederhören.

See you tomorrow. Good-bye.

Weitere Redewendungen

Drehen Sie den Verletzten auf die Seite!

Turn the injured person on one side.

Bringen Sie den Verletzten in die stabile Seitenlage!

Put the injured person in a stable lateral position.

Legen Sie eine Decke unter seinen Kopf!

Place a blanket under his head.

Sprechen Sie mit dem/der Verletzten, auch wenn er/sie nicht reagiert!	Talk to the injured person, even if he/ she does not respond.
Bleiben Sie ganz ruhig, der Krankenwagen kommt sofort!	Remain (quite) calm, the ambulance will be coming soon.
Legen Sie einen Druckverband an!	Put on a pressure bandage.
Die Blutung muss gestillt werden.	The bleeding must be stopped.

Weitere Ausdrücke

Auffahrunfall	rear-end collision
Blechschaden	bodywork damage
Frontalzusammenstoß	head-on collision
Haftpflichtversicherung	third-party insurance, third-party cover, (public) liability insurance
Kopfschmerzen	headache
Kostenvoranschlag	estimate
Leihwagen, Mietwagen	rented car, rental car, hired car, loaned car
Pflaster	plaster, (US: band-aid)
Prellung	bruise
Rettungshubschrauber	rescue helicopter, helicopter ambulance
Sachverständiger	expert
schwere Verletzung	severe injury
Teilkaskoversicherung	part-comprehensive cover, (US: part-comprehensive coverage)
Totalschaden	total loss, write-off
Unfall mit Fahrerflucht	hit-and-run accident
Unfall mit Personenschaden	injury accident
Unfall mit Sachschaden	damage-only accident
Verband	bandage
Vollkaskoversicherung	fully comprehensive insurance, fully comprehensive cover, (US: full coverage insurance)

Thema 12

Unerlaubtes Entfernen von der Unfallstelle, Fahrzeugbeschreibung

Personen: PHM Hinrich Mathisen (HM), POM Ole Poulsen (OP), Verletzte Marieke Larsen (ML), australische Touristen Tom Ridley (TR) und Peter Kalgoorlie (PK)

Tom Ridley und Peter Kalgoorlie schlendern über den Rathausplatz der Hansestadt Stralsund in Mecklenburg-Vorpommern, als zehn Meter von ihnen entfernt, an der vorbeiführenden Straße, ein Pkw eine Fahrradfahrerin beim Überholen streift.

Die ältere Frau stürzt und fällt auf das Kopfsteinpflaster.

Der Unfallverursacher fährt weiter, ohne sich um die Verletzte zu kümmern.

ML: Au, au, tut das weh! Schnell, rufen Sie mir einen Krankenwagen!

Tom Ridley hat den Unfallhergang beobachtet und notiert das Kennzeichen des Pkw auf seinem Stadtführer.

Peter Kalgoorlie erinnert sich an den deutschen Notruf und wählt auf seinem Mobiltelefon die 110.

Er schildert kurz, wie sich der Unfall ereignet hat und nennt den Unfallort.

Failure to stop after an accident, description of vehicles

Characters: PHM Hinrich Mathisen (HM), POM Ole Poulsen (OP), injured person Marieke Larsen (ML), Australian tourists Tom Ridley (TR) and Peter Kalgoorlie (PK)

Tom Ridley and Peter Kalgoorlie are strolling across the town hall square of the Hanseatic city of Stralsund, Mecklenburg-Western Pomerania, when on the street at the side of the square, at a distance of about ten metres, a car swipes a cyclist while overtaking her.

The elderly lady falls onto the cobblestone pavement.

The driver who caused the accident drives on without bothering about the injured woman.

Ouch, that hurts! Quick, call for an ambulance.

Tom Ridley has seen how the accident happened and writes down the licence number of the car on the cover of his town guide.

Peter Kalgoorlie remembers the German emergency telephone number und dials 110 on his mobile phone.

He briefly describes the accident and gives the location.

Kurze Zeit später treffen eine Funkstreife und ein Rettungswagen ein.

A short time later, a patrol car and an ambulance arrive.

Während die Frau von den Sanitätern versorgt und ins Krankenhaus gebracht wird, fragt PHM Mathisen die Umstehenden, ob sie gesehen haben, was passiert ist.

While the woman is being attended to by the paramedics and taken to hospital, PHM Mathisen asks the bystanders if they witnessed the accident.

Tom Ridley und Peter Kalgoorlie gehen auf ihn zu.

Tom Ridley and Peter Kalgoorlie walk up to him.

TR: Guten Tag. Ich habe den Unfall gesehen, und mein Begleiter hat den Notruf 110 gewählt. Wir sind Australier und machen gerade eine Ostseekreuzfahrt.

Good morning. I saw the accident and my friend called the emergency phone number 110. We are Australians, and we are on a Baltic Sea cruise.

HM: Guten Tag. Vielen Dank für Ihre Mithilfe.

Good morning. Thank you for your assistance.

Während POM Poulsen mit der Unfallaufnahme beginnt, machen sich PHM Mathisen und die Zeugen namentlich bekannt.

While POM Poulsen starts recording the accident, the officer and the witnesses introduce each other.

Danach fragt er Herrn Ridley nach seinen Wahrnehmungen:

Then PHM Mathisen asks Mr Ridley what he saw:

HM: Herr Ridley, bitte schildern Sie mir genau, wie sich der Unfall ereignet hat!

Mr Ridley, please tell me exactly how the accident happened.

TR: Ich stand etwa zehn Meter weiter am Straßenrand. Peter und ich wollten die Straße überqueren und zu der Buchhandlung dort drüben gehen.

I was standing about ten metres further down on the side of the street. Peter and I wanted to cross the road and go to that bookshop over there.

Die Radfahrerin kam hier entlanggefahren und hielt sich dicht an die Bordsteinkante. Sie ist nicht schnell gefahren.

The cyclist came riding along here, keeping close to the kerb. She wasn't riding very fast.

Das konnte sie wegen des Kopfsteinpflasters auch gar nicht. Es ist sicherlich nicht einfach, mit dem Fahrrad auf so einer unebenen Fahrbahn zu fahren.

She couldn't do that anyway because of the cobblestones. It certainly isn't easy to ride a bike on such an uneven road.

	Ich sah auch den ankommenden Pkw; er fuhr sehr dicht an ihr vorbei.	I also saw the oncoming car, it passed her at very close distance.
HM:	Können Sie schätzen, wie groß der Abstand zwischen der Frau und dem Pkw war?	Can you estimate what the distance between the woman and the car was?
TR:	Das waren höchstens 12 Zoll, also etwa 30 Zentimeter. Die Frau ist erschrocken und hat den Lenker verzogen.	12 inches at the utmost, about 30 centimetres. The woman became frightened and jerked the handlebar suddenly.
	Sie wurde mit dem rechten hinteren Kotflügel am Oberschenkel getroffen. Daraufhin kam sie ins Schlingern und stürzte.	She was hit in the thigh by the right rear wing of the car. Then she started to swerve and fell.
HM:	Und der Autofahrer ist weitergefahren? War es tatsächlich ein Mann?	And the driver drove on? Was it really a man?
TR:	Ja, es war ein jüngerer Mann, ich schätze ihn auf 25 bis 30 Jahre. Auf jeden Fall würde ich ihn wiedererkennen.	Yes, it was a young man, I think he was about 25 to 30 years old. I'd most definitely recognize him again.
	Zuerst ist er langsam weitergefahren und hat in den Rückspiegel geschaut. Da muss er doch die auf dem Boden liegende Frau gesehen haben!	First he drove on slowly and looked into his rear-view mirror. He must have seen the woman on the ground.
	Als er genau auf meiner Höhe war, fuhr er dann doch etwas schneller weg. Aber ich hatte Zeit genug, mir das Kennzeichen aufzuschreiben und mir das Auto und den Fahrer zu merken.	When he was exactly where I was standing, he accelerated and drove away. But I had enough time to write down his licence number and to remember the car and the driver.
HM:	Das haben Sie sehr gut gemacht. Wie schnell ist er denn gefahren?	You did very well. How fast was he?
TR:	Er fuhr ganz normal, und es wäre wahrscheinlich auch nichts passiert, wenn er nicht so dicht an der Radfahrerin vorbeigefahren wäre. Es gab hierfür keinen erkennbaren Grund.	He was driving at normal speed, and probably nothing would have happened if he hadn't passed the cyclist so tightly. There was no real reason for that.

HM: Wohin ist er gefahren?	Which direction did he drive off in?
TR: Er fuhr zügig in die Seitenstraße dort.	He drove quite fast into that side street over there.
HM: Könnte es sein, dass er betrunken war?	Could he possibly have been drunk?
TR: Seine Fahrweise spricht eigentlich nicht dafür. Aber man kann nie wissen.	His manner of driving did not suggest that. But you never know.
HM: Wie war das Kennzeichen?	Now please tell me the licence plate number.
TR: Einen Augenblick. Hier, bitte. Ich habe es auf meinem Stadtführer notiert.	Just a moment. Here you are. I wrote it down on the cover of my town guide.
Der Beamte schreibt die Buchstaben- und Zahlenkombination auf.	*The officer writes down the combination of letters and numbers.*
HM: Was war das für ein Fahrzeug?	What type of vehicle was it?
TR: Es war ein Ford Focus. Das Auto sah noch ziemlich neu aus. Und es war silberfarben.	It was a Ford Focus. The car looked pretty new. And it was silver.
POM Poulsen stellt mit einem Funkspruch den Halter fest.	*By radioing control, POM Poulsen is able to identify the keeper of the car.*
Das Ergebnis zum Fahrzeugtyp und zur Person deckt sich mit den Angaben des Zeugen.	*The type of vehicle and the driver's data are identical with the witness' observations.*
Halter ist ein 27-jähriger Mann aus Stralsund.	*The registered owner is a 27-year-old man from Stralsund.*
Nach ihm wird eine Funkfahndung ausgestrahlt, und eine Streife fährt zu seiner Adresse.	*An alert for him is sent out by radio, and a patrol drives to his address.*
HM: Herr Ridley, war an dem Fahrzeug etwas Auffälliges, woran wir es sofort erkennen können?	Mr Ridley, was there anything special about the car to help us recognize it?
TR: Wie gesagt, es war meiner Meinung nach ein Neufahrzeug. Aber es hatte ein Fließheck. Und es hatte Nebelscheinwerfer und einige Chromleisten.	As I told you, in my opinion it was a new car, a fastback. And it had fog lights and some chromium strips.

HM:	Sie sind sicher mit dem Kennzeichen? Könnte es auch ein Ablesefehler sein?	Are you sure about the licence plate number? Could you have made a mistake when reading it?
TR:	Nein, ich bin ganz sicher. Peter hat die Buchstaben und Zahlen auch noch gesehen.	No, I'm quite sure. Peter also managed to see the letters and numbers.
HM:	Herr Kalgoorlie, was haben Sie beobachtet?	Mr Kalgoorlie, what did you see?
PK:	Tom rief mir zu, ich solle nach der Frau schauen und die Polizei verständigen. Ich habe das am Anfang gar nicht mitbekommen, weil ich noch auf den Stadtplan geschaut habe.	Tom shouted at me to look after the woman and to inform the police. At the beginning, I didn't know what had happened as I was still looking at my street map.
	Aber dann sah ich auch noch den wegfahrenden Pkw. Ich kann Toms Angaben bestätigen.	But afterwards I could also see the car driving away. I can confirm Tom's statements.
	Ich habe die Zahlen und zwei Buchstaben vom Kennzeichen ebenfalls ablesen können. Wir haben noch vor Ihrem Eintreffen unsere Notizen verglichen, und sie stimmen überein.	I was also able to read the numbers and two letters of the licence plate. We had already compared our notes before you arrived, and they coincide.
HM:	Vielen Dank für Ihre Angaben. Ich bitte Sie, mit uns zur Dienststelle zu kommen. Dort werden wir Ihre vollständigen Personalien und Ihre Aussagen zu Protokoll nehmen, und auch notieren, wo Sie in der nächsten Zeit zu erreichen sind.	Thank you very much for your statements. Would you come with us to our police station where we would like to record your complete personal data, your statements and the address where you can be reached in the near future?
	Wir gehen dann auch noch besonders auf die Beschreibung des Fahrers ein. Ich mache auch noch eine Kopie von Ihren Notizen. Falls weitere Fragen bestehen, können wir Sie dann immer noch auf ihrem Mobiltelefon erreichen.	Then we'll have to go into details about your description of the driver. I'm also going to make a copy of your notes. Should there be any more questions, we can still reach you on your mobile phone.
HP:	Und mit ein bisschen Glück haben wir bis dahin auch schon den Fahrer ermittelt. Wenn es erforderlich	And if we're lucky, we'll have identified the driver by then. If necessary, we can also arrange a line-up.

sein sollte, können wir dann auch noch eine Gegenüberstellung durchführen.

Auf jeden Fall leisten Sie einen ganz wesentlichen Beitrag in diesem Verfahren. Nicht jeder stellt sich als Zeuge zur Verfügung, hilft anderen Menschen und opfert dafür seine Zeit. Dafür haben Sie meinen Respekt.

In any case, you're being a great help in this case. Not everybody is willing to give evidence as a witness, to help other people and sacrifice his time for that purpose. My compliments.

Etwa 50 Minuten später konnte der Fahrer ermittelt werden.

About 50 minutes later, the driver could be identified.

Es handelte sich um den Fahrzeughalter.

He was the keeper of the car.

Er war nüchtern.

He was sober.

Er gab an, dass er die Breite seines neuen Fahrzeugs noch nicht richtig eingeschätzt hatte.

He stated that he hadn't correctly judged the width of his new car.

Sein unerlaubtes Entfernen von der Unfallstelle (= Unfallflucht, Fahrerflucht) erklärte er als Panikreaktion.

He explained that his failure to stop at the scene of the accident (= hit-and-run) was a panic reaction.

Ein Strafverfahren wurde eingeleitet.

Charges were preferred.

Die Staatsanwaltschaft ordnete die Einbehaltung des Führerscheines an.

The prosecution service had the driving licence secured.

Die Fahrradfahrerin erlitt einen Oberschenkelbruch, am Rad entstand geringer Sachschaden.

The cyclist suffered a broken thigh, and the bicycle was slightly damaged.

Der Pkw hatte eine Eindellung und Lackkratzer am rechten Kotflügel.

The right wing of the car was slightly dented and scratched.

Weitere Ausdrücke

Beschreibung von Fahrzeugen

Description of vehicles

a) Wichtigste Autoteile außen

a) The most important parts on the outside of a motor vehicle

Außenspiegel	wing mirror
Auspuff	exhaust
Blinker	indicators, signals, (US: blinkers)

getönte Scheiben	tinted windows
Innenspiegel	inside mirror
Kofferraum	boot, (US: trunk)
Kofferraumklappe	boot lid, (US: trunk lid)
Kotflügel	wing, mudguard, (US: fender)
Motorhaube	bonnet, (US: hood)
Nebelschlussleuchte	rear fog light
Rücklicht	rear light(s)
Scheinwerfer	headlight(s)
Schiebedach	sliding roof, sun roof, moon roof
Stoßstange	bumper

b) Wichtigste Autoteile innen

b) The most important parts inside a motor vehicle

Bremse	brake
Gaspedal	accelerator (pedal)
Handbremse	handbrake
Hupe	horn
Kupplung	clutch
Lenkrad	steering wheel
Lenkrad- und Zündschloss	steering and ignition lock
Schalthebel	gear lever, (US: gear shift)
Sitzbezüge	upholstery
Tachometer	speedometer
Wählhebel (bei Automatik)	selection lever, gear lever

c) Fahrzeugtypen

c) Types of vehicles

Anhänger	trailer
Auflieger (Sattelschlepper)	semitrailer
Bus (Linienbus)	bus
Bus (Reisebus)	coach
Cabriolet	convertible
Großraumlimousine	minivan
Kleinbus	minibus

Kombi	estate car, (US: station wagon)
Lieferwagen	(delivery) van
Limousine	saloon, (US: sedan)
LKW	lorry, (US: truck)
Pickup	pickup
Sattelschlepper	articulated lorry/truck/vehicle
Wohnmobil	motorhome
Wohnwagen	caravan, (US: camper)
Zugmaschine (Sattelschlepper)	tractor

d) Sonstiges	**d) Other terms**
abgefahren (Reifen)	worn, bald
Baujahr	year
elektrische Fensterheber	electric windows
Funkfernbedienung	remote control
Gang	gear
Getriebe	gearbox, transmission
Klimaanlage	air conditioning (system)
Marke	make
Profil (Reifen)	tread
Reifen	tyre, (US: tire)
Winterreifen	snow tyre, (US: snow tire)
Zubehör	accessories
Zusatzausstattung	options, extras

Thema 13

Lkw- und Reisebuskontrolle

Szene 1 – Lkw-Kontrolle, Lenkzeiten

Personen: POK Volker Amann (VA), PK Jürgen Birkner (JB), englischer Lkw-Fahrer Chris Samuels (CS)

POK Amann und PK Birkner fahren auf der Bundesstraße 7 bei Viersen in Nordrhein-Westfalen einem englischen Sattelschlepper mit etwa 100 km/h (62 mph) hinterher.

Geschwindigkeit und Abstand haben sich seit anderthalb Kilometern (etwa einer Meile) nicht geändert.

Also beschließen sie, den Lkw anzuhalten und zu überprüfen.

VA: Guten Morgen, dies ist eine Verkehrskontrolle. Kann ich bitte Ihren Führerschein, Ihren Reisepass, die Zulassungsbescheinigungen Teil I für die Zugmaschine und den Auflieger und die Ladepapiere sehen?

CS: Guten Tag. Habe ich etwas falsch gemacht?

VA: Ja. Ich erkläre es Ihnen, wenn Sie mir die Papiere gegeben haben.

CS: Hier sind mein Führerschein und die Zulassungsbescheinigungen. Die anderen Papiere habe ich in

Checking trucks and coaches

Scene 1 – Checking trucks, driving times

Characters: POK Volker Amann (VA), PK Jürgen Birkner (JB), English truck driver Chris Samuels (CS)

POK Amann and PK Birkner are following an articulated truck from England on federal road 7 near Viersen in North Rhine-Westphalia at a speed of approximately 100 km/h (62 mph).

Their speed and the distance from the truck have not changed for the last one and a half kilometres (about 1 mile).

So they decide to stop and check the truck.

Good morning, this is a traffic check. May I see your driving licence, your passport, the vehicle certificates for the tractor and the semitrailer and the transport documents, please?

Hello, have I done something wrong, officer?

Yes, you have. I'll tell you more after you've given me the papers.

Here are my driving licence and the vehicle registration certificates. I'll have to look for the other papers in

meiner Mappe, einen Augenblick bitte!	my folder. Just a moment please.
VA: Herr Samuels, wir haben Sie angehalten, weil Sie zu schnell gefahren sind.	Mr Samuels, we stopped you for speeding.
CS: Bin ich wirklich zu schnell gefahren?	Was I really going too fast?
VA: Ja. Wollen wir mal sehen, wie schnell Sie gefahren sind. Bitte geben Sie mir die Tachoscheibe!	Yes, you were. Let‘s see how fast you were driving. Could I have your tachograph disk, please?
Auf den letzten 8 Kilometern sind Sie auf der Bundesstraße mit 101 km/h (63 mph) gefahren. Und zuvor fuhren Sie 121 km/h (75 mph) auf der Autobahn. Deshalb müssen wir die auf der Autobahn gefahrene Geschwindigkeit zugrunde legen.	Over the last 8 km you were doing 101 km/h (63 mph) on the federal road. And before that you did 121 km/h (75 mph) on the motorway. That‘s why we‘ll have to take action on account of your motorway speed.
Von den 121 km/h werden 6 km/h als Toleranz abgezogen. Also haben Sie die für Ihr Fahrzeug vorgeschriebene Höchstgeschwindigkeit von 80 km/h (50 mph) um 35 km/h (21 mph) überschritten.	6 km/h are deducted by way of tolerance from the 121 km/h you did. You therefore exceeded the maximum speed for your vehicle of 80 km/h (50 mph) by 35 km/h (21 mph).
CS: Das kann doch nicht wahr sein!	That can‘t be true.
VA: Außerdem haben Sie die Tachoscheibe nicht vollständig ausgefüllt.	Furthermore, you haven’t filled in the disk completely.
Ein Lkw-Fahrer muss die folgenden Eintragungen auf seiner Tachoscheibe machen:	A truck driver must fill in the following details on his tachograph disk:
Vor Antritt der Fahrt:	Before starting the journey:
– Name des Fahrers (Vor- und Zuname)	– Driver‘s name (first name and surname)
– Datum des Einlegens der Tachoscheibe	– Date on which the disk is inserted
– Abfahrtsort	– Place of departure
– Kennzeichen der Zugmaschine	– Numberplate of the tractor
– Kilometerstand bei Abfahrt	– Mileage at the time of departure

Am Ende der Fahrt:
- Ankunftsort
- Kilometerstand bei Ankunft
- Datum der Entnahme der Tachoscheibe.

Sie haben weder den Abfahrtsort noch den Kilometerstand/Meilenstand bei der Abfahrt eingetragen.

CS: Ich komme aus Dover, und der Meilenstand bei Abfahrt, hier auf diesem Zettel habe ich ihn notiert, war 134 567.

VA: Wie ich sehe, sind Sie gestern abend um 10.00 Uhr losgefahren. Ihre erste Pause, 20 Minuten, haben Sie heute morgen um 9.00 Uhr gemacht.

CS: Ich war um 10.30 Uhr auf der Fähre in Dover und bin erst um 01.30 Uhr in Calais weitergefahren. Während dieser Zeit habe ich auch Pause gemacht.

VA: Jetzt ist es 11.15 Uhr. Sie wissen doch, dass Sie nach viereinhalb Stunden Fahrzeit eine Pause von 45 Minuten einlegen müssen und nicht länger als zehn Stunden fahren dürfen.

Auch der Zeitgruppenschalter wurde nicht korrekt eingestellt. Haben Sie die Tachoscheiben dieser Woche und die letzte Scheibe der vergangenen Woche bei sich?

CS: Muss ich das?

VA: Ja, auf Grund europäischer Vorschriften müssen Sie alle Scheiben der laufenden Woche und die letzte Scheibe der vergangenen Woche mit sich führen.

At the end of the journey:
- Place of arrival
- Mileage on arrival
- Date on which the disk is removed.

When you left, you failed to fill in both the place of departure and the mileage.

I started in Dover. The mileage was 134,567 when I left. I made a note of it here on this slip of paper.

I see, you left at 10.00 p.m. last night. And you had your first break of 20 minutes at 9.00 a.m. this morning.

I boarded the ferry in Dover at 10.30 p.m.. And I continued my trip from Calais at 1.30 a.m., so I had a break at that time as well.

It is 11.15 a.m. now. You know that you have to have a break of 45 minutes after four and a half hours of driving, and that you aren't allowed to drive for more than ten hours.

And you didn't set the time category switch properly either. Do you have this week's disks and the last disk of the previous week with you?

Do I have to?

Yes, in accordance with European regulations, you're required to carry all the disks of this week and the last disk of the previous week with you.

CS: Ich habe nur die Scheibe, die ich Ihnen eben gegeben habe.

PK Birkner hat sich in der Zwischenzeit den Sattelzug etwas näher angesehen.

JB: Die Vorderreifen der Zugmaschine sind nicht in Ordnung. Sie sind auf einer Seite teilweise abgefahren. Ich glaube, es ist wegen zu großen Sturzes. Beide Räder scheinen stark negativen Sturz zu haben.

Die Reifen der Hinterräder sind ungleichmäßig abgefahren, wahrscheinlich weil sie nicht richtig ausgewuchtet sind.

Und die Reifen auf den beiden Hinterachsen des Hängers sind so weit durchgescheuert, dass man schon die Drähte des Stahlgürtels und der Textillagen sehen kann.

Die linke Blattfeder, der Blattfedernhalter und die Achsenbefestigung der Blattfedern haben Risse. Die Schieblehre zeigt, dass der Riss in der Blattfeder 6 mm breit ist.

VA: Das ist auch kein Wunder. Die Wiegekarte zeigt ein Gesamtgewicht von 50 Tonnen (55,115 short tons). Das zulässige Gesamtgewicht beträgt 40 Tonnen (44 short tons).

Herr Samuels, zuallererst muss ich Ihnen sagen, dass Sie nicht weiterfahren dürfen.

CS: Warum nicht?

VA: Weil das Fahrzeug überladen ist, die Reifen abgefahren sind und

I‘ve only got the disk I’ve just given you.

PK Birkner has had a closer look at the articulated truck in the meantime.

The front tyres of the tractor are not in order. The tread is partly worn on one side. I think it‘s because of excessive camber. Both wheels seem to have strong negative camber.

The tread of the rear tyres is worn unevenly, probably because they are not properly balanced.

And the tyres of the last two axles of the semitrailer are worn so much that you can see the radial threads and the stabilizer textile belts.

There are cracks in the left-hand leaf spring, the spring clip and the spring U bolt. My caliper gauge shows that the crack in the leaf spring is 6 mm wide.

That‘s not surprising. The weight ticket shows a total weight of 50 metric tons (55.115 short tons). The permissible maximum weight is 40 metric tons (44 short tons).

Mr Samuels, first of all I must inform you that are not allowed to proceed.

Why not?

Because your vehicle is overloaded, the tyres are worn and there are

die Blattfeder Risse hat. Wegen der fehlenden Tachoscheiben und der nicht eingehaltenen Pausen werde ich das Bundesamt für Güterverkehr (BAG) informieren.

Schließen Sie bitte die Türen ab! Wir nehmen den Schlüssel mit uns. Von der Dienststelle aus können Sie Ihre Firma anrufen und klären, was Sie als Nächstes zu tun gedenken.

Anmerkung:
Seit dem 01. Januar 2006 müssen neu zugelassene Lkw und Busse einen elektronischen Tachographen haben; eine Nachrüstpflicht für vorher zugelassene Fahrzeuge besteht nicht. Beim elektronischen Tachographen verfügt der kontrollierende Beamte über eine Chip-Karte, mit der er Zugang zum Tachographen des Lkw hat.

cracks in the leaf spring. On account of the missing disks and the insufficient rest periods I'll have to notify the Federal Road Transport Authority (BAG).

Please lock the doors. We'll take the key with us. You may call your company from our police station to find out what to do next.

Note:
As from 1st January 2006, newly registered trucks and buses must be fitted with an electronic tachograph; vehicle registered prior to this date need not be retrofitted. With electronic tachographs, the examining police officer uses a chip card which gives him access to the vehicle tachograph.

Szene 2 – Ladungskontrolle

Personen: PK Herbert Stollau (HS), POM'in Melanie Pirsch (MP), Fahrer eines Kleintransporters Jozef Walowice (JW)

Auf der B 112 in Eisenhüttenstadt in Brandenburg fällt der Streife ein Kleintransporter mit polnischen Kennzeichen auf, der auf seinem offenen Kipper mehrere Stahlfässer, Metallteile und Kleingegenstände transportiert.

Die Ladung ist weder verkehrssicher verstaut noch gegen Herabfallen besonders gesichert.

Das Fahrzeug wird angehalten.

HS: Polizei. Guten Tag. Wir haben Sie angehalten, weil Ihre Ladung nicht den deutschen Vorschriften entspricht.

Scene 2 – Checking the load

Characters: PK Herbert Stollau (HS), POM'in Melanie Pirsch (MP), van driver Jozef Walowice (JW)

On federal road 112 in Eisenhüttenstadt, Brandenburg, the police patrol notice a van with Polish numberplates, transporting several steel drums, metal parts and other small items on its open tipper.

The cargo is neither properly secured for road traffic nor fastened to prevent it from falling off.

The vehicle is stopped.

Police. Good afternoon. We've stopped you because your load does not comply with German regulations.

JW: Guten Tag. Was ist denn nicht in Ordnung?

Good afternoon. Anything wrong?

HS: Bitte geben Sie mir Ihren Führerschein und die Zulassungsbescheinigung Teil I! Steigen Sie bitte aus, ich zeige Ihnen das einmal!

Please give me your driving licence and vehicle registration document. And please get out of your vehicle so that I can show you.

Jozef Walowice übergibt die Dokumente und geht mit dem Beamten an die seitliche Bordwand.

Jozef Walowice hands over the documents and walks to the side with the officer.

PHM'in Pirsch macht währenddessen einige Digitalfotos.

In the meantime PHM'in Pirsch is taking some digital photographs.

HS: Diese vier Fässer stehen ohne jegliche Sicherung auf der Ladefläche. Die Holzbordwände sind nicht sehr hoch, und zudem sind hier Holzlatten gerissen und beschädigt.

These four drums are in an upright position on the load platform without any fastening. The wooden sides are not very high, and furthermore, the wooden planking is broken and damaged.

Diese Metallteile liegen ungesichert kreuz und quer auf der Ladefläche, ebenso Schaufel und Besen.

These metal parts are lying unsecured all over the load platform, and the shovel and broom are not fastened either.

Auf der Ladefläche ist aber noch so viel Zwischenraum, dass das alles verrutschen kann. Schlimmstenfalls können sogar die Gegenstände von Ihrem Fahrzeug herabfallen.

On the load platform, there are so many empty spaces that everything can slide. In the worst of cases, these objects might fall off your vehicle.

JW: Da kann schon nichts passieren. Die Sachen sind alle sehr schwer. Außerdem ist die Bordwand noch da. Ich fahre schon seit sieben Jahren so.

Well, nothing can happen. All these things are very heavy. And apart from that, there is the dropside. I've been driving like this for seven years.

HS: Woher kommen Sie denn?

Where do you come from?

JW: Ich wohne in Mieszkowice und sammle überwiegend Schrott ein. Ich bin in Frankfurt/Oder über die Grenze aus Polen gekommen und habe nun eine Tour bis nach

I live at Mieszkowice and collect mainly metal scrap. I crossed the border from Poland at Frankfurt/Oder and now have to drive to Guben. And I intend to go back via Gubin.

	Guben. Über Gubin will ich dann wieder zurück.	
HS:	Das ist noch ein ganzes Stück zu fahren. Und Sie laden noch mehr dazu.	That's still quite a long way to go. And you'll be loading more items.
MP:	Ich will Ihnen das einmal erklären:	Let me explain:
	Beim Transport treten beim Anfahren, Bremsen und Durchfahren von Kurven physikalische Kräfte auf, die auf die Ladung einwirken. Die Ladung kann verrutschen. Ist sie erst einmal außer Kontrolle geraten, kann es sein, dass sie das Transportfahrzeug beschädigt oder sogar vom Fahrzeug herunterfällt.	During the transport, when starting, braking and negotiating bends, physical forces are generated which affect the load. The load can slide. And once the load has got out of control, it may damage the vehicle or even fall off.
	Hören Sie denn nicht im Radio, wenn vor Ladungsteilen und Gegenständen auf der Fahrbahn gewarnt wird?	Don't you listen to the radio when they give warnings about cargo parts and objects on the carriageway?
JW:	Doch, jetzt wo Sie es sagen. Ich habe das schon öfters gehört. Und die Sachen sind alle von Fahrzeugen heruntergefallen?	Yes, now that you're telling me. I've heard it several times. And those objects all fell off vehicles?
MP:	Die allermeisten. Und das lag daran, dass die Ladung nicht richtig gesichert war.	Most of them. And the reason was that the load wasn't properly secured.
HS:	So kann es auch in Ihrem Fall passieren. Deswegen haben wir Sie angehalten. Sie müssen Ihre Ladung sichern. Vorher lassen wir Sie nicht weiterfahren.	That could also happen in your case. That's why we've stopped you, so that you can secure your load now We won't allow you to drive on until you've done so.
JW:	Wie mache ich das am besten?	What's the best way to do it?
MP:	Sie müssen Ihre Ladung so verstauen, dass zwischen der Ladung und der Bordwand kein Zwischenraum besteht. Sie können dazu Holzpaletten oder Luftsäcke verwenden.	You have to stow your load in such a way that there isn't any empty space between the load and the side. You may use wooden pallets or air cushions.

JW: Ich habe keine Paletten dabei, und Luftsäcke kann ich mir nicht leisten. Gibt es keine andere Möglichkeit?	I don't have any pallets with me, and I can't afford inflatable cushions. Is there no other way?
MP: Haben Sie Spanngurte dabei?	Have you got any tie-down straps with you?
JW: Ich habe im Führerhaus ein paar Gurte liegen. Wenn ich die um die Fässer lege, reicht das?	I've got some straps in the cab. If I put them round the drums, will that be enough?
MP: Nein. Vorausgesetzt, dass das Gurtgewebe nicht beschädigt und die Ablegezeit noch nicht erreicht ist, können Sie die Gegenstände niederzurren. Ich sehe, dass Sie an Ihrem Fahrzeug Zurrpunkte haben, wo die Gurte angesetzt werden können.	No. Provided that the fabric of the straps isn't damaged and the phase-out date has not yet been reached, you can fasten the items with straps. I see that you have tie-down rings on your vehicle where you can fasten the straps.
HS: Zuerst räumen Sie die Ladung auf und legen alles dicht zusammen an die Bordwand hinter dem Führerhaus! Die Fässer können Sie in einem Viererblock zusammenbinden, dazu können Sie auch einen älteren Gurt verwenden.	First you have to tidy up your load and put everything close to the bulkhead behind the driver's cab. You can tie the four drums together; for this you may use an older strap.
Schnüren Sie die Metalleinzelteile zu einem festen Bündel!	The scrap metal parts have to be tied into a bundle.
Sie müssen die Zurrgurte oben über die Fässer führen, an beiden Seiten an den Zurrpunkten der Ladefläche einhängen und mit einer Ratsche spannen. Das machen Sie auch mit den Metallteilen so!	The tie-down straps will have to go over the drums, fastened on both sides to the rings in the load platform and tightened with a ratchet. And you'll have to do the same with the metal parts.
Durch das Niederzurren wird die Ladung auf die Ladefläche gepresst und damit festgehalten, und Schaufel und Besen können Sie an der Bordwand festbinden.	By tying down the load, it will be pressed onto the load platform and thus secured. You can tie the shovel and the broom to the sides boards.
JW: Ah, ja, das sehe ich ein. Ich habe sogar noch ein stabiles Netz im	Ah, yes, I see. I even have a strong net in the equipment box which I

Materialkasten, das ich zusätzlich über die Metallteile legen und verspannen kann. Wäre das in Ordnung?	can put over the metal parts and pull tight. Would that be all right?
MP: Machen Sie das! Das ist ein sehr guter Gedanke.	Do that. That's an excellent idea.
Der Fahrer holt das Material, klettert auf die Ladefläche und beginnt mit den Arbeiten. Nach etwa zwanzig Minuten hat er die Ladung gesichert, und die Beamten sind zufrieden.	*The driver gets the material, climbs onto the load platform and starts his work. After about twenty minutes he has secured the load, and the police officers are satisfied.*
HS: Herr Walowice, als Fahrer sind Sie für den sicheren Transport verantwortlich. Aber auch der Verlader. Wer hat dann Ihre Ladung aufgeladen?	Mr Walowice, as the driver, you are responsible for the transport. So is the shipper. Who loaded your cargo?
JW: Das war ich selbst. Ich bin alleine unterwegs.	I did. I'm driving alone.
HS: Sie haben eine Ordnungswidrigkeit begangen, die mit einem Verwarnungsgeld von 35 Euro geahndet wird. Können Sie mir diese gleich bezahlen?	You've committed an infraction which entails a warning fine of 35 euros. Can you pay that on the spot?
JW: Da verdiene ich heute nichts. Aber es muss wohl sein. Hier bitte. Ich möchte aber eine Quittung haben.	That means I'm not going to make any money today. But it's got to be, I suppose. Here you are. But I'd like to have a receipt.
HS: Selbstverständlich. Hier haben Sie Ihren Führerschein und die Zulassungsbescheinigung Teil I zurück, und hier ist der Beleg.	Of course. Here are your driving licence and vehicle registration certificate, and here's your receipt.
MP: Denken Sie bitte daran, falls Sie neue Ladung dazunehmen, alles sicher zu verstauen!	Remember to fasten everything properly when you load new cargo.
JW: Ja, ja. Ich will nicht noch einmal bezahlen. Auf Wiedersehen.	Yes, yes, I will. I don't want to pay again. Good-bye.
MP: Gute Fahrt.	Have a nice trip.

Szene 3 – Kontrolle eines Reisebusses

Personen: POK Arthur Schottler (AS), PK Emil Thuring (ET), die Busfahrer Jerzy Horazd (JH), Rudy Obecnice (RO) und Viliam Prostibor (VP)

Am Mannheimer Busbahnhof, einem zentralen Reisebusknotenpunkt in Baden-Württemberg, überprüft die Polizei regelmäßig den technischen Zustand der Busse und die Fahrtauglichkeit der Busfahrer.

Ein tschechischer Reisebus wartet am Haltepunkt seiner Firma, als ein zweiter Bus eintrifft.

Ca. 30 Reisende steigen in den wartenden Bus um.

Die Beamten beobachten zunächst die Szene und schreiten dann zu einer Kontrolle. Auf ihr Verlangen händigt der Fahrer ihnen die Papiere aus.

AS: Sie sind Jerzy Horazd. Woher kommen Sie?

JH: Ich fahre für das Unternehmen Karlovy aus Prag und habe unsere Reisegäste abgeholt. Ich komme gerade aus Saarbrücken. Dies ist ein Bus unseres deutschen Geschäftspartners.

AS: Wie lange sind Sie schon unterwegs?

JH: Ich habe heute Morgen um 08.00 Uhr die Tour in Saarlouis begonnen. Dann hatte ich einen Zwischenstopp in Völklingen und etwa 15 Minuten Aufenthalt. Die Fahrt ging weiter nach Saarbrücken. Dort habe ich eine Pause von 30 Minuten eingelegt. Ein Kollege hat

Scene 3 – Checking a coach

Characters: POK Arthur Schottler (AS), PK Emil Thuring (ET), bus drivers Jerzy Horazd (JH), Rudy Obecnice (RO) and Viliam Prostibor (VP)

At Mannheim coach terminal, a hub for coach lines in Baden-Württemberg, police regularly check the technical condition of the vehicles and the drivers' fitness to drive.

A Czech coach is waiting at its company's coach stop when another coach arrives.

About 30 passengers change into the waiting coach.

The officers first observe the scene and then start a check. When asked, the driver hands over the documents.

You are Jerzy Horazd. Where do you come from?

I drive for the Karlovy bus company from Prague and I picked up our passengers. I've just arrived from Saarbrücken. This coach belongs to our German partner.

How long have you been driving?

I started my tour at Saarlouis at 8 o'clock this morning. Then I had a stop at Völklingen of about 15 minutes. After that I drove on to Saarbrücken. There I had a break of 30 minutes. A colleague brought passengers from Homburg, Neunkirchen and St. Ingbert.

Reisegäste von Homburg, Neunkirchen und St. Ingbert gebracht.	
POK Schottler vergleicht die Angaben des Fahrers mit den Aufzeichnungen der Tachoscheibe.	*POK Schottler compares the driver's statements with the recordings on the tachograph disk.*
AS: Wann sind Sie in Saarbrücken losgefahren?	When did you leave Saarbrücken?
JH: Das war gegen 11.00 Uhr. Ich konnte meinen Zeitplan ziemlich genau einhalten. Dann bin ich direkt nach Mannheim durchgefahren. Hier ist meine Endstation.	This was at about 11 a.m.. I was able to observe my schedule pretty well. Then I drove non-stop direct to Mannheim. This is the end of my trip.
In etwa fünf Stunden kommt ein Bus aus Prag. Dann nehme ich wieder Reisegäste mit auf die Rückfahrt ins Saarland.	In about five hours a coach from Prague will arrive. Then I'm going to take passengers on my trip back to the Saarland.
AS: Ich sehe, dass Sie ein Lenkzeitsplitting vorgenommen haben. Das ist in Ordnung so. Bitte noch die Tachoscheibe von gestern!	I see that you split your driving time. That's all right. Please let me see yesterday's tachograph disk.
Alle Aufzeichnungen sind korrekt.	*All recordings are correct.*
Die Ruhezeiten wurden eingehalten.	*All breaks have been observed.*
Der Fahrer legt eine Arbeitserlaubnis vor.	*The driver produces his work permit.*
Danach wenden sich die Beamten dem anderen Reisebus zu.	*Then the officers turn to the other coach.*
An der Aufschrift erkennen sie, dass es sich ebenfalls um das Unternehmen Karlovy handelt.	*From the inscription they can see that it also is from the Karlovy company.*
Der Bus hat tschechische Kennzeichen.	*The coach has Czech licence plates.*
ET: Guten Tag, die Herren. Polizeikontrolle. Wir überprüfen den technischen Zustand Ihres Busses und möchten auch Gewissheit haben, dass Sie für die Fahrt ausgeruht sind. Sie haben etwa fünfzig Fahrgäste, für deren Sicherheit Sie verantwortlich sind.	Good afternoon, gentlemen. Police check. We're checking the technical condition of your coach, and we'd also like to make sure that you are well-rested for the trip. You have about fifty passengers and you're responsible for their safety.

RO: Guten Tag. Wir kennen solche Kontrollen schon. Die sind wichtig, denn wir wissen, dass es in unserem Gewerbe eine Menge schwarzer Schafe gibt. Viele wollen schnell Geld verdienen, fahren ununterbrochen und mit alten Fahrzeugen. Bei uns ist das nicht so.	Good afternoon. We know about these checks. They are important because we know that there are many black sheep in our line of business. Many want to make a lot of money quickly, they drive without any breaks and use old vehicles. That's not the case with us.
ET: Woher kommen Sie?	Where have you come from?
RO: Wir haben im Hotel Garni übernachtet. Angekommen sind wir gestern Abend. Vor etwa einer halben Stunde sind wir dort losgefahren, und hier steigen unsere Fahrgäste ein.	We spent the night at the Hotel Garni. We arrived last night. We started about half an hour ago and are now waiting here for our passengers.
Unser Kollege hat Ihnen schon erklärt, wie wir pendeln. In etwa 30 Minuten wollen wir los. Ich hoffe, dass wir mit Ihrer Kontrolle den Fahrplan einhalten können.	Our colleague has already told you how we rotate. We want to start in about 30 minutes. I hope that we can keep our schedule despite your check.
ET: Dann fangen wir direkt an. Bitte die Führerscheine und die Zulassungsbescheinigung Teil I! Dazu die persönlichen Kontrollbücher und die Fahrtenblätter!	Then let's start right now. Could I please see the driving licences and the vehicle registration certificate? And also your personal logbooks and the trip sheets.
Während PK Thuring sich die Unterlagen ansieht, geht POK Schottler durch den Bus und überprüft die Sicherheitsvorkehrungen.	*While PK Thuring is checking the documents, POK Schottler is walking through the coach, checking the safety features.*
Er achtet dabei besonders auf die Feuerlöscher und deren letztes Prüfdatum, die Notausstiege und die Nothämmer.	*He pays special attention to the fire extinguishers and their last inspection date, the emergency exits and the emergency hammers.*
Anschließend steigt er aus und fordert den Busfahrer zu einem Betriebstest auf:	*Then he leaves the coach and asks the driver for an operational test:*
AS: Bitte das Bremspedal mehrmals treten, das Abblendlicht und die Warnblinkanlage einschalten!	Please apply the brake repeatedly, turn on the dimmed lights and the emergency warning lights.

Dann die Türen öffnen und schließen und die Innenraumbeleuchtung einschalten!

Danach geht er um den Reisebus herum und kontrolliert die Bereifung und, soweit von außen einsehbar, den Zustand der Achsen und der Bremsleitungen.

AS: Vielen Dank für Ihre Mitarbeit. Die technischen Dinge sind nach meiner Meinung in Ordnung.

ET: Die Aufzeichnungen der Tachoscheibe auch. Sie fahren zu zweit?

RO: Ja. Mein Kollege Viliam und ich wechseln uns während der Fahrt ab. Wir fahren nach Prag. Kennen Sie Prag?

ET: Eine schöne Stadt. Beachten Sie, dass jeder von Ihnen mindestens acht* Stunden Ruhezeit einlegen muss!

Da für Sie die Zwei-Fahrer-Regelung gilt, möchte ich bitte das Zwei-Fahrer-Kontrollgerät sehen.

VP: Das Gerät ist hier in die Konsole eingebaut.

ET: Es müssen immer zwei Schaublätter eingelegt sein. Beim Fahrerwechsel sind sie zu tauschen. Bitte zeigen Sie mir doch die Schaublätter hierzu!

Auch diese Schaublätter sind ordnungsgemäß ausgefüllt.

Then please open and close the doors and switch on the interior lights.

Then he walks around the coach and checks the tyres and, as far as can be seen from the outside, the condition of the axles and hydraulic pipes and hoses.

Thank you for your cooperation. In my opinion, the coach is technically in order.

The recordings on the tachograph disk are all right, too. Are both of you driving?

Yes, my colleague Viliam and I take turns during the trip. We're going to Prague. Do you know Prague?

A beautiful city. Don' forget that each of you must have a rest period of at least eight hours.

As the two-driver regulation applies to you, I'd like to see the two-driver tachograph.

Here, the device is built into the console.

It must always contain two tachograph disks. When you're taking turns, the disks have to be changed. Please show me the corresponding disks.

These disks are filled in correctly, too.

---

* Anfang 2006 hat das Europäische Parlament neue Lenk- und Ruhezeiten beschlossen, die voraussichtlich im April 2007 europaweit in Kraft treten. Im vorliegenden Beispiel erhöht sich die vorgeschriebene Ruhezeit von acht auf neun Stunden.

* At the beginning of 2006, the European Parliament laid down new driving and rest period statuses which will probably come into force throughout Europe in April 2007. In the above example, the stipulated rest period will increase from eight to nine hours.

ET: Wir haben nichts zu beanstanden. Das ist einmal eine erfreuliche Erfahrung.	We don't have any complaints. That's good news, for once.
Ich stelle Ihnen jetzt eine Kontrollbescheinigung aus und trage auf den Tachoscheiben die Entnahmezeit für unsere Überprüfungen ein. Und mit ein wenig Glück kommen sie noch pünktlich an den Start. Eine gute Reise!	I'll now give you a check note and write the time of our check onto the tachograph disks. And with a little luck you can start on time. Have a nice trip!

Weitere Ausdrücke

Gewichtsüberschreitung	excess weight
Ladepapiere	cargo documents
Toleranz	margin of error
Tonne	tonne, metric ton (= 1 000 kg) short ton (= 907 kg) long ton (= 1 016 kg)
zulässiges Gesamtgewicht	admissible maximum weight

Thema 14

Kontrolle von Gefahrguttransporten

Personen: PK Helmut Clemenzer (HC), englischer Fahrer Martin Jarkiewiczon (MJ) mit Wohnsitz in Deutschland

Der Transport von Gefahrgutstoffen auf deutschen Straßen unterliegt strengen Regelungen und Auflagen für die Fahrer und den technischen Zustand der Fahrzeuge.

Gefahrgut ist gefährliches Gut.

Das bedeutet, dass die Öffentlichkeit und damit jeder Einzelne in einem Notfall schnellstmöglich größtmöglichen Schutz vor den freiwerdenden Stoffen erhalten muss.

Hierbei ist es wichtig, chemische Reaktionen zu kennen.

Insbesondere für die Rettungskräfte beim Annähern, Einatmen und Berühren sind Verhaltensmaßnahmen in Bezug auf das Gefahrgut eine unverzichtbare Grundlage für Einsatztaktik und Ausrüstung.

Die Feuerwehren halten besondere Gefahrstoffzüge bereit.

Fahrer von Gefahrguttransporten werden besonders geschult und haben weiterreichende Verpflichtungen als ihre Kollegen auf normalen Lkw.

Sie müssen besondere Papiere mitführen.

Checking trucks which carry hazardous cargo

Characters: PK Helmut Clemenzer (HC), English driver with a permanent address in Germany Martin Jarkiewiczon (MJ)

The transport of hazardous cargo on German roads is subject to strict legal regulations and conditions for the driver and the technical condition of the vehicles.

Hazardous cargo is dangerous cargo.

This means that, in an emergency situation, the general public, that is every individual, must be protected from escaping substances as fast and safely as possible.

In this context, it is very important to know about chemical reactions.

Especially for rescue teams, when approaching, inhaling or touching chemical substances, rules of conduct with regard to hazardous substances are an indispensable basis for tactics and equipment.

The fire brigades have special units to deal with dangerous substances.

Drivers of trucks with hazardous cargo are specially trained and have more far-reaching obligations than their colleagues driving ordinary trucks.

They have to carry special documents.

Das Transportfahrzeug muss für das Gefahrgut technisch ausgerüstet sein.

The transport vehicle must be technically equipped for the hazardous cargo.

An der Zugmaschine und dem Anhänger/Auflieger müssen mehrere orangefarbene Warntafeln angebracht sein.

Several orange warning panels must be fixed to the tractor unit and the trailer/semitrailer.

In der oberen Hälfte steht die Gefahren-Kennzahl, (früher: Kemler-Zahl), in der unteren Hälfte steht die UN-Nummer (= Stoffnummer) des Stoffes.

In the upper half of each panel, there is the index number of the dangerous substance, and in the lower half there is the UN number of the substance.

PK Clemenzer ist Angehöriger eines Gefahrgutkontrolltrupps.

PK Clemenzer is a member of a hazardous cargo control group.

Auf einem Parkplatz der A 3 bei Leverkusen-Opladen wird ein Gefahrguttransporter angehalten und kontrolliert.

On a rest area on the A 3 near Leverkusen-Opladen, a truck carrying hazardous cargo is stopped and checked.

Es handelt sich um einen Tankwagen, der Phenylamin (60/1547) transportiert.

It is a tanker which is carrying phenylamin (60/1547).

Zugmaschine und Tankauflieger haben deutsche Kennzeichen.

The tractor and semi-trailer tanker have German licence plates.

HC: Guten Tag, Verkehrskontrolle, geben Sie mir bitte Ihren Führerschein und die Zulassungsbescheinigungen Teil I der Zugmaschine und des Anhängers!	Good morning. This is a vehicle check. Please give me your driving licence and the vehicle registration certificates for the truck and the trailer.
MJ: Bitteschön.	Here you are.
HC: Was befördern Sie und wohin fahren Sie?	What's your load and where are you going?
MJ: Ich transportiere Phenylamin nach Leicester in England.	I'm carrying phenylamin to Leicester, England.
HC: Über Rotterdam?	Via Rotterdam?
MJ: Nein, über Zeebrugge.	No, via Zeebrugge.
HC: Zeigen Sie mir bitte Ihre Bescheinigung über die Schulung für Fahrer im Gefahrguttransport!	Please show me your training certificate for high-risk transport operations.
MJ: Die ADR-Bescheinigung?	The ADR document?

HC: Ja. Weiter möchte ich die Zulassungsbescheinigung für Fahrzeuge zur Beförderung bestimmter gefährlicher Güter sehen.

MJ: Hier sind sie.

HC: Sie sagten, dass Sie Phenylamin geladen haben. Geben Sie mir bitte das Beförderungspapier mit der Bestätigung der Ladung und der Lademenge sowie die schriftlichen Weisungen (früher Unfallmerkblatt) für das Gefahrgut!

MJ: Hier sind die Papiere. Die schriftlichen Weisungen sind aber schon ziemlich alt.

Er übergibt ein zusammengeheftetes Bündel Papiere, das mehrfach gefaltet und fast unleserlich ist.

HC: Das ist nicht Ihr Ernst!

MJ: Ich habe bei der Firma schon mehrfach deswegen Bescheid gesagt. Die wollen ein neues besorgen.

HC: Wir kommen nun zur Überprüfung Ihrer Sicherheits- und persönlichen Schutzausrüstung. Zeigen Sie bitte die beiden Feuerlöscher, die Warnzeichen und die Warnlampen! Ich möchte auch Ihre Schutzbrille, die Schutzhandschuhe, die Schaufel und den Spaten sehen.

MJ: Die Feuerlöscher, die Schaufel und der Spaten sind außen am Führerhaus angebracht. Hier habe ich die Warnlampen, die funktionieren sogar. Schutzbrille und Handschuhe habe ich hier im Führerhaus.

Yes, the ADR document. I'd also like to see the special licence for vehicles which carry certain hazardous substances.

Here they are.

You said that you had a cargo of phenylamin. Please give me the transport document certifying the cargo and the quantity loaded as well as the transport emergency card.

Here are the documents. The transport emergency card is quite old.

He hands over a bundle of papers stapled together which is folded several times and almost illegible.

You must be joking!

I've told the company about it repeatedly. They say they intend to get a new one.

We'll check your safety and personal protection equipment now. Please show me the two fire extinguishers, the warning signs and warning lamps. And I'd also like to see your goggles, the protective gloves, the shovel and the spade.

The fire extinguishers, the shovel and the spade are attached to the outside of the cab. Here are the warning lamps, they do work. The goggles and gloves are here in the driver's cab.

HC: Zeigen Sie mir nun die Unterlegkeile und den Werkzeugkasten für Notreparaturen!

Now please show me the wheel wedges and the tool-box for emergency repairs.

MJ: Hier bitte, ich habe sie unter meinem Sitz.

Here you are. They are under my seat.

HC: Bitte die eingelegte Tachoscheibe und die letzten der Vorwoche!

Please show me the inserted tachograph disk and those from last week.

Martin Jarkiewiczon entnimmt aus dem Tachograf die Tachoscheibe, findet aber nicht die abgelegten Tachoscheiben der Vorwoche.

Martin Jarkiewiczon takes the disk out of the tachograph, but can't find the filed disks from the previous week.

MJ: Normalerweise liegen die alten Tachoscheiben in dieser Mappe hier. Die von letzter Woche sind nicht dabei. Tut mir leid, ich kann sie nicht finden.

Normally the old tachograph disks are in this folder here. Last week's disks aren't here. I'm sorry, I can't find them.

HC: Ich werde wegen der unleserlichen Weisungen eine Anzeige gegen Sie vorlegen, wobei auch die fehlenden Tachoscheiben der Vorwoche erwähnt werden.

I'm afraid I'll have to file charges against you because of the illegible instructions. The charges will also cover the missing disks from the previous week.

MJ: Muss das denn wirklich sein? Jetzt bin ich eben erst 40 km gefahren und schon habe ich mir eine Anzeige eingefangen.

Do you really have to do that? I've only done about 40 km and I'm already being charged.

HC: Ich muss nicht nur Sie anzeigen. Wegen der unleserlichen Weisungen werde ich auch Anzeige gegen den Verantwortlichen in Ihrer Firma erstatten.

You're not the only one to be charged. Because of the illegible instructions I'll also file charges against whoever is to blame in your company.

Wie heißt denn Ihr Chef?

What's the name of your boss?

MJ: Das ist Frau Meyer-Hamilton.

That's Mrs Meyer-Hamilton.

HC: Ich gebe Ihnen einen Rat. Mit diesem unleserlichen Bündel Papier werden Sie eventuell in Zeebrugge Schwierigkeiten bei der Ausreise und ebenso bei der Einreise nach England bekommen.

I'll give you a good piece of advice. With this illegible bundle of paper you might have problems when leaving Zeebrugge and possibly also when entering England.

	Fahren Sie lieber 40 km zurück zu Ihrer Firma und besorgen sich neue und leserliche Unterlagen! Haben Sie ein Mobiltelefon dabei?	It would be better to drive the 40 km back to your company and get new and legible papers. Have you got a mobile phone with you?
MJ:	Ja.	Yes, I have.
HC:	Dann ist es vielleicht billiger, und es geht auch schneller, wenn Sie die Firma anrufen und von dort jemand mit dem Pkw die neue Bescheinigung bringt. Sagen Sie ruhig dazu, dass Sie sich in einer Polizeikontrolle befinden.	Then it might be cheaper and faster to call your company and somebody in your firm can come by car and bring the new certificate. Tell them that you are being checked by the police.
MJ:	Da wird meine Chefin sich aber freuen.	My boss won't be happy about this.
HC:	Da diese Kontrolle sehr umfangreich war und ziemlich lange gedauert hat, stelle ich Ihnen jetzt eine Kontrollbescheinigung aus, die Sie bei einer eventuellen weiteren Kontrolle vorzeigen können. Diese neue Kontrolle wird dann erheblich kürzer ausfallen.	As this check was very extensive and took quite some time, I'll make out a confirmation note. You can show this note should there be another check today. This other check will then be much shorter.
	Sie bekommen eine Betroffenenanhörung zugesandt, in der Sie sich zur Sache schriftlich äußern können.	I'll send a form for you to fill in as the charged person, on which you can make a written statement.
	Dieses Formular mit Ihrer Äußerung wird dann an das Bundesamt für Güterverkehr (BAG) weitergeleitet, das wahrscheinlich einen Bußgeldbescheid gegen Sie erlassen wird.	This form with your comments will then be forwarded to the Federal Road Transport Authority, which will probably send you a penalty ticket.
	Gute Weiterfahrt mit den neuen schriftlichen Weisungen!	Have a good journey with your new set of written instructions.

Weitere Ausdrücke

ADR-Bescheinigung	ADR certificate = Accord Européenne Relatif en Transport International des Marchandises Dangereuses par Route
feuergefährlich	(in)flammable
Gefahrentafel	hazard information panel
Ladeverzeichnis	manifest
Schutzausrüstung	protective device, protective gear, protection equipment
windsichere Handlampe	wind-proof hand lamp

Thema 15

Diebstahl aus einem Fahrzeug

Personen: PK Markus Proll (MP), englischer Tourist Chris Elliot (CE)

Chris Elliot aus Preston verbringt seinen Urlaub in Görlitz in Sachsen im Hotel Atlantis.

Am Abend stellt er fest, dass in seinen Pkw eingebrochen wurde.

Er ruft bei der Polizei an und wird gebeten, mit seinem Fahrzeug zur Dienststelle zu kommen, wo die Spurensicherung stattfinden und die Anzeige aufgenommen werden soll.

MP: Guten Abend, kann ich Ihnen helfen?

CE: Ja, mein Auto wurde aufgebrochen. Ich habe vor einer halben Stunde telefonisch mit einem Beamten gesprochen und mein Fahrzeug mitgebracht. Es steht draußen auf dem Parkplatz.

MP: Bevor wir nach draußen gehen und ich mir Ihren Pkw anschaue, sagen Sie mir doch bitte, was Sie festgestellt haben!

CE: Die Scheibe der Beifahrertür wurde eingeschlagen. Die Glassplitter liegen noch auf dem Beifahrersitz und im Fußraum. Aus der Mittelkonsole wurde das Radio herausgerissen. Die Konsole ist beschädigt, und abgeschnittene Kabel hängen heraus.

Theft from a vehicle

Characters: PK Markus Proll (MP), English tourist Chris Elliot (CE)

Chris Elliot from Preston is on holiday in Görlitz, Saxony; he is staying at the Atlantis Hotel.

In the evening, he notices that his car has been broken into.

He phones the police and is requested to come to the police station with his vehicle where the evidence is to be secured and the charge to be filed.

Good evening, can I help you?

Yes, my car has been broken into. Half an hour ago, I spoke to an officer on the phone, and I've brought my vehicle. It's in the parking lot in front of your police station.

Before we both go outside and I have a look at your car, please tell me what you noticed.

The window of the passenger door was smashed. The splinters of glass are still on the passenger seat and the floor in front of it. The radio was ripped out of the centre console. The console is damaged, and cut-off cables are hanging out.

Außerdem lag meine Lederjacke auf dem Rücksitz. Ich hatte meine Digitalkamera in die Innentasche der Jacke gesteckt, so dass sie von außen nicht zu sehen war.	Apart from that, my leather jacket was on the back seat. I had my digital camera in the inside pocket, so it couldn't be seen from the outside.
MP: Herr Elliot, ich belehre Sie hiermit, dass Sie die Wahrheit sagen müssen und keine falschen Angaben machen dürfen, ansonsten würden Sie sich strafbar machen. Diese Belehrung erhalten Sie nachher auch noch schriftlich.	Mr Elliot, I herewith caution you that you have to tell the truth and must not make any false statements, otherwise you'd be committing an offence. You'll get this caution in writing later.
CE: Ich habe das verstanden.	I've understood that.
MP: Um was für ein Fahrzeug handelt es sich denn?	What kind of car is it?
CE: Ich fahre einen blauen Ford Mondeo. Die Fahrzeugpapiere kann ich Ihnen gleich geben.	I drive a blue Ford Mondeo. I can give you the vehicle papers right now.
Der Beamte klemmt sich die Fahrzeugpapiere auf eine Kladde.	*The officer clips the vehicle documents onto a clipboard.*
Danach gehen beide vor die Dienststelle, um sich den Pkw anzusehen.	*Then they both go outside the police station to have a first look at the car.*
Auf dem Weg zum Fahrzeug:	*On the way to the car:*
MP: Wie lange bleiben Sie in Deutschland?	How long do you intend to stay here in Germany?
CE: Ich bleibe noch drei Tage in Görlitz, dann fahre ich wieder zurück nach England.	I'll be staying in Görlitz for another three days before returning to England.
Nachdem PK Proll den Pkw kurz inspiziert hat, sitzen sich die beiden im Büro gegenüber.	*After PK Proll has had a brief look at the car, the two sit opposite each other in the office.*
MP: Wo hatten sie Ihren Pkw geparkt?	Where did you park your car?
CE: Das Auto stand auf dem Parkplatz direkt vor dem Hotel Atlantis, eigentlich hätte jemand den Aufbruch bemerken müssen.	The car was parked in the parking lot right in front of the Atlantis Hotel; actually, someone should have noticed the break-in.

MP: Wann haben Sie Ihr Fahrzeug abgestellt und wann haben Sie den Aufbruch festgestellt?

CE: Ich habe mein Auto gegen 18.00 Uhr abgestellt. Die Zentralverriegelung hat funktioniert. Auf Personen habe ich nicht geachtet.

Als ich dann gegen 22.00 Uhr vom Abendessen zurückkam und aus dem Pkw meine Lederjacke holen wollte, sah ich, dass die Beifahrerscheibe eingeschlagen war.

Der Beamte beginnt mit der schriftlichen Anzeigenaufnahme und formuliert den Tathergang. Ergänzend fragt er nach:

MP: Haben Sie zufällig irgendwelche Unterlagen über das Radio und die Kamera dabei? Und können Sie mir bitte die Jacke genau beschreiben?

CE: Das Radio ist ein Blaupunkt Kingston. Ich habe es vor einem Jahr für über 600 Pfund nachträglich einbauen lassen. Die Unterlagen habe ich zu Hause.

Von der Kamera weiß ich nur, dass es eine HP ist. Ich habe allerdings die Bedienungsanleitung dabei, vielleicht finden Sie da alle nötigen Angaben.

Die Lederjacke ist schwarz, eine echte Armani. Die Größe ist „Large". Und mein Name ist im Kragen mit roten Buchstaben eingraviert

MP: Haben Sie irgendeinen Hinweis, wer der Täter sein könnte?

CE: Nein. Ich habe in der Hotelrezeption nachgefragt. Dort wusste man

When did you park your car, and when did you notice that your car had been broken into?

I parked my car at about 6.00 p.m.. The central locking system worked properly. I didn't pay any attention to any persons.

When I came back from dinner at about 10.00 p.m. and wanted to get my leather jacket from the car, I saw that the passenger window had been smashed.

The officer starts to make the report of the incident and notes the facts. In addition, he asks:

Have you, by any chance, got any documents for the radio and the digital camera? And I'd also like to get a description of the leather jacket.

The radio is a Blaupunkt, type Kingston. I had it installed last year, which cost me 600 pounds. I've got the documents at home.

As for the camera, I only know that it's an HP. But I have the manual with me, perhaps you can find all the necessary details there.

The leather jacket is black, it's a genuine Armani. The size is "Large". And my name is engraved in the collar in red letters.

Do you have any idea who could have done this?

No, I don't. I asked at the hotel reception. But they didn't know

von nichts. Also habe ich von dort sofort die Polizei angerufen.

Bevor ich hierher gefahren bin, habe ich mich in der näheren Umgebung umgeschaut, aber da ist mir nichts Besonderes aufgefallen. Soweit ich gesehen habe, wurde auf dem Hotelparkplatz auch nur mein Fahrzeug aufgebrochen.

MP: Können Sie uns sonst noch irgendwelche Informationen geben?

CE: Nein, leider nicht.

Der Beamte druckt den Sachverhalt aus und legt ihn Herrn Elliot vor:

MP: Herr Elliot, wenn alles richtig formuliert ist, würden Sie dann bitte hier unterschreiben? Vielen Dank.

Sie erhalten von mir einen Ausdruck darüber, dass Sie Anzeige erstattet haben. Darauf stehen auch die Anschrift unserer Dienststelle und die Vorgangsnummer als Bestätigung und zur Vorlage bei Ihrer Versicherung.

CE: Wie geht es jetzt weiter?

MP: Ich begleite Sie jetzt noch einmal zu Ihrem Wagen. Dort mache ich Fotos und sichere eventuell vorhandene Spuren. Ich will auch im Hotel nachfragen. Vielleicht ergeben sich noch andere Hinweise.

Möglicherweise sind in der näheren Umgebung auch noch andere Autos aufgebrochen worden und es gibt weitere Spuren. Falls wir Erfolg haben sollten, werden Sie von uns oder der zuständigen Staatsanwalt verständigt.

CE: Vielen Dank.

anything there. From there I immediately called the police .

Before I left for your station, I had a look around, but I didn't notice anything. As far as I could see, only my car had been broken into in the hotel's parking lot.

Can you give us any further information?

I'm sorry, I can't.

The officer prints out the statement and presents it to Mr Elliot:

Mr Elliot, if everything has been worded correctly, would you please sign here? Thanks a lot.

I'll give you another printout about your preferring charges, which contains the address of our police station and the case number as confirmation and to present to your insurance company.

How do we proceed now?

I'm going to accompany you to your car once again where I'll take some photographs and secure possible evidence. And I'll ask people at the hotel. Maybe some other leads can be established.

Perhaps other vehicles have been broken into in the area, and there are other traces of evidence. If we are successful, either we or the prosecutor's office in charge will inform you.

Thanks a lot.

Weitere Redewendungen

Sind Sie an einer Strafverfolgung nicht interessiert, so verzichten Sie auf die Stellung eines Strafantrages. Eine solche Erklärung ist unwiderruflich.	If you are not interested in preferring charges, you can waive the right to institute criminal proceedings. Such a waiver is irrevocable.
Auf eine eventuelle zivilrechtliche Schadensregulierung wirkt sich der Strafantrag nicht aus.	Application for the institution of criminal proceedings has no bearing on possible civil claims for damages.
Erklärung über die Stellung eines Strafantrages:	Statement concerning the application to institute criminal proceedings:
Ich stelle als Geschädigter Strafantrag.	As the aggrieved party, I hereby apply for the institution of criminal proceedings
Ich verzichte auf die Stellung eines Strafantrages.	I waive my right to institute criminal proceedings.
Ich behalte mir die Stellung eines Strafantrages vor.	I reserve the right to institute criminal proceedings.
Die Frist von drei Monaten habe ich selbstständig zu wahren.	I'm responsible for meeting the deadline of three months.

Weitere Ausdrücke

Beweis(material)	evidence
Pkw-Aufbruch	(aggravated) theft from a car
Sachbeschädigung	damage to property
Strafanzeige ausfüllen	fill in (US: fill out) a charge sheet
strafbar	punishable
Tathergang	sequence of events
Vernehmung	hearing, interrogation, interview
Verzichterklärung	waiver

Thema 16

Ladendiebstahl

Personen: PHM David Solle (DS), POM Klaus Fritzen (KF), Kaufhausdetektiv Roman Krawentok (RK), Stephen Marks (SM) aus Gloucester, England

Detektiv Roman Krawentok, der in einem Kaufhaus in der Innenstadt von Magdeburg in Sachsen-Anhalt regelmäßig die Kundschaft beobachtet, hält einen britischen Staatsbürger in seinem Büro fest.

PHM Solle und POM Fritzen werden dorthin entsandt.

RK: Guten Morgen, meine Herren.

DS: Guten Morgen. Bitte sagen Sie uns, was vorgefallen ist!

RK: Ich halte diesen Herrn hier fest. Er wollte einen Ladendiebstahl begehen, und ich habe ihn an der Kasse angesprochen. Er ist mir ohne Probleme in mein Büro gefolgt.

Er stand kurze Zeit unter Aufsicht eines Mitarbeiters, denn ich habe in der Schuhabteilung seine alten Schuhe geholt. Es geht um diese neuen Schuhe, die dort drüben stehen und die der Mann auf meine Aufforderung hin ausgezogen hat.

DS: Was ist geschehen?

RK: Ich war auf meinem Rundgang. In der ersten Etage, in der Schuhabteilung, bemerkte ich diesen

Shoplifting

Characters: PHM David Solle (DS), POM Klaus Fritzen (KF), store detective Roman Krawentok (RK), Stephen Marks (SM) from Gloucester, England

Detective Roman Krawentok, who regularly watches customers in a department store in the city centre of Magdeburg, Saxony-Anhalt, is detaining a British citizen in his office.

PHM Solle and POM Fritzen have been sent there.

Good morning, gentlemen.

Good morning. Please tell us what happened.

I'm detaining this man here. He was about to commit a shoplifting offence, and I confronted him at the checkout. He didn't cause any trouble and followed me into my office.

For a short time, he was watched by a staff member while I went to get his old shoes from the shoe department. It has to do with these new shoes over there in the corner and which the man took off when I told him to do so.

What happened?

I was doing my round when I noticed this man on the first floor in the shoe department. He was acting suspi-

Mann. Er verhielt sich verdächtig, und ich begann, ihn zu beobachten.	ciously, and so I began to keep an eye on him.
DS: Was machte ihn verdächtig?	What prompted you to suspect that he was up to something?
RK: Er ging mehrmals ganz langsam am Regal mit den teuren Herrenschuhen entlang und blickte sich dabei nach allen Seiten um. Auch als er verschiedene Schuhe in die Hand nahm, konzentrierte er sich mehr auf seine Umgebung als auf die Schuhe selbst.	He walked past the shelf with the expensive gents' shoes very slowly several times and kept looking around. Moreover, when he picked up various shoes, he appeared to be more interested in his surroundings than in the shoes themselves.
Ich stellte mich hinter ein Regal mit Damenschuhen und konnte genau sehen, was der Mann dann machte.	I then hid behind a shelf with ladies' shoes and could see exactly what this man was doing.
DS: Und was machte er?	And what was he doing?
RK: Er nahm sich das Paar Schuhe, das dort drüben steht, aus einem Schuhkarton. Es war am Ständer für teure Auslaufmodelle. Dann setzte er sich auf einem Anprobeschemel, zog seine alten Schuhe aus und die neuen an. Dabei zerriss er das Preisetikett.	He took that pair of shoes over there out of a shoebox. It was on the rack of expensive models that are being discontinued. Then he sat down on a fitting stool, took off his old shoes and put on the new ones. As he did so, he tore off the price tag.
Dann zog er von den beiden Laufflächen die Aufkleber mit dem Strichcode ab. Aber in einem Schuh war noch ein Diebstahlalarm-Chip, den er übersehen hat.	Then he tore the bar code labels off the soles. But inside one shoe there was a theft alarm clip which he had overlooked.
Er ging dann ein paar Schritte den Gang entlang und tat so, als würde er die Schuhe anprobieren. Dabei drehte er sich immer wieder auffällig um und blickte um sich.	Then he took a few steps in the aisle pretending to test these shoes. But I noticed once again that he continuously turned and looked around suspiciously.
Mir war klar, dass ein Diebstahl stattfinden würde, das alles war so typisch. Ich wusste nur noch nicht,	It was clear to me that a shoplifting offence was going to take place, everything was very typical. Only I

	wie er es machen würde, denn eine Tasche hatte er nicht dabei, und er trug auch keine Jacke.	didn't yet know how he was going to do it, because he didn't have a bag with him, and he wasn't wearing a jacket either.
DS:	Und wie hat er es gemacht?	And how did he do it?
RK:	Es klingt beinahe banal. Er ging an den Schemel zurück, nahm seine alten Schuhe und stellte sie auf den Boden, weit unter den untersten Regalboden, so dass sie fast nicht mehr zu sehen waren.	It sounds simple enough. He went back to the stool, took his old shoes and put them on the floor, far beneath under the lowest shelf so that they could hardly be seen.
	Dann ging er zügig und auf direktem Wege zur Rolltreppe und fuhr ins Erdgeschoss. Ich folgte ihm.	Then the man walked quickly straight to the escalator and went down to the ground floor. I followed him.
	Dort suchte er sofort den nächsten Ausgang und ging durch die Diebstahlwarneinrichtung. Dabei ertönte ein lautes Signal. Er erschrak und schaute nach hinten.	There he immediately looked for the nearest exit and walked through the theft-alarm. Then there was a high-pitched sound. The man got a fright and looked behind him.
	Ich war zu diesem Zeitpunkt direkt hinter ihm und forderte ihn auf stehen zu bleiben. Ich sagte ihm auch wer ich bin und bat ihn, in mein Büro mitzukommen.	I was right behind him at that moment and ordered him to stay where he was. I also told him who I was and asked him to come into my office.
	Wie schon gesagt, tat er das widerstandslos. Wir bringen jeden Ladendiebstahl zur Anzeige. Deshalb habe ich die Polizei angerufen.	As I've already said, he did so without causing any problems. We bring charges against every shoplifter. That's why I called the police.
DS:	Was kosten die Schuhe?	How much are these shoes?
RK:	Dieses Paar Marken-Lederschuhe kostet 105 Euro.	This pair of brand-name leather shoes costs 105 euros.
DS:	Also handelt es sich um ein Offizialdelikt und somit entfällt die Stellung eines Strafantrages durch den Geschädigten. Bei so teuren Schuhen sind wir gesetzlich verpflichtet, eine Anzeige vorzulegen.	So it's an indictable offence, and so there's no need for the aggrieved party to institute criminal proceedings. These shoes are so expensive that we're bound by law to prefer charges.
RK:	Ich habe meinen Berichtsbogen bereits für Sie ausgefüllt.	I've already filled in my report form for you.

PHM Solle wendet sich an den Festgehaltenen:	*PHM Solle turns to the detained person:*
DS: Wie heißen Sie?	What's your name?
SM: Mein Name ist Stephen Marks.	My name is Stephen Marks.
DS: Herr Marks, Sie werden eines versuchten Ladendiebstahls beschuldigt. Der Versuch ist genau so strafbar wie die vollendete Tat. Hätte der Detektiv Sie nicht aufgehalten, wären Sie jetzt mit den neuen Schuhen weg.	Mr Marks, you are accused of attempted shoplifting. The attempt is as punishable as the accomplished offence. If the detective hadn't stopped you, you'd have got away with the new shoes.
Sie haben ja gehört, wie der Detektiv den Sachverhalt geschildert hat.	You heard what the detective told me about what happened.
Ich belehre Sie, dass Sie als Beschuldigter keine Angaben zu machen brauchen und einen Rechtsanwalt beauftragen können. Sie können das Verfahren jedoch erleichtern, wenn Sie mir zu dem Vorwurf Rede und Antwort stehen. Haben Sie das verstanden?	I have to inform you that, as the accused, you have the right to remain silent and you have the right to retain a lawyer. However, you can make things easier if you answer the accusation. Do you understand?
SM: Ja, ich habe das verstanden und will dazu etwas sagen. Es tut mir leid. Es stimmt, was der Detektiv gesagt hat. Wie soll ich das auch bestreiten? Ich gebe zu, dass ich die Schuhe mitnehmen und meine alten zurücklassen wollte.	Yes, I understand, and I'd like to make a statement. I'm sorry. What the detective said is true. How can I deny it? I admit that I wanted to take the shoes and leave my old ones behind.
Ich habe einfach nicht so viel Geld, um mir ein Paar so teure Schuhe kaufen zu können. Ich weiß nicht, wie das passieren konnte. So bin ich normalerweise nicht.	I simply don't have enough money to be able to buy such an expensive pair of shoes. I don't know what came over me. Normally I'm not like that.
DS: Wir müssen Sie jetzt durchsuchen, um sicher zu sein, dass Sie nicht noch andere Dinge mitgenommen haben. Außerdem möch-	We'll have to search you now to make sure that you haven't taken any other things. Furthermore, I'd like to check if you really don't have

te ich kontrollieren, ob Sie wirklich nicht genügend Geld dabei haben, was wir in unserem Bericht der Staatsanwaltschaft mitteilen werden.

enough money on you. This fact is very important for the prosecutor's office, and therefore I have to include it in my report.

SM: Wenn es sein muss, ich habe aber nichts mehr mitgenommen.

If you have to, but I haven't taken anything else.

PHM Solle durchsucht Herrn Marks, findet aber nichts weiter.

PHM Solle searches Mr Marks, but does not find anything else.

Die Vernehmung findet ohne den Kaufhausdetektiv in dessen Büro statt.

The questioning takes place in the store detective's office, but without him being present.

POM Fritzen ruft die Dienststelle an und lässt überprüfen, ob Herr Marks gesucht wird oder ob er schon einmal als Ladendieb aufgefallen ist.

POM Fritzen checks with control by phone if there is an alert out for Mr Marks or if he has been convicted of shoplifting before.

Das ist nicht der Fall.

There are no records on Mr Marks.

DS: Herr Marks, Sie haben zugegeben, dass Sie die Schuhe stehlen wollten. Unterschreiben Sie bitte noch! Was machen Sie in Deutschland? Wo wohnen Sie zur Zeit? Bitte geben Sie mir Ihren Pass!

Mr Marks, you admitted that you intended to steal the shoes. Would you please sign here? What are you doing in Germany? Where are you staying at the moment? Please give me your passport.

SM: Tut mir leid, den habe ich in meinem Hotelzimmer gelassen. Ich wohne im City Hotel.

I'm sorry, but I left it in my hotel room. I'm staying at the City Hotel.

DS: Dann müssen wir anschließend mit Ihnen ins Hotel, um Ihre Personalien zu überprüfen.

Then we'll have to go to your hotel afterwards to check your personal data.

Die Beamten wissen, dass es sich bei der Person nicht unbedingt um einen Ersttäter handeln muss.

The officers know that this person need not necessarily be a first-time offender.

Die Überprüfung der Personalien im Hotelzimmer bietet die Möglichkeit, sich nach möglichem Diebesgut umzusehen.

Checking the personal data in the hotel room will give the police an opportunity to have a look for possibly stolen goods.

DS: Wir werden dann von Ihnen eine Sicherheitsleistung verlangen, da

Then we'll have to get bail from you, as you are a foreigner with a perma-

Sie als Ausländer mit Wohnsitz im Ausland für das Verfahren nicht unmittelbar zur Verfügung stehen.

nent address abroad, and you aren't immediately available for proceedings.

So, Herr Marks, dann wollen wir jetzt gemeinsam zu Ihrem Hotel. Bitte denken Sie daran, dass Sie festgenommen sind!

So, Mr Marks, let's go to your hotel together. Please remember that you have been arrested.

Also machen Sie keine Dummheiten und versuchen auch nicht, wegzulaufen! Sonst muss ich Ihnen die Handfessel anlegen. Vom Hotel aus fahren wir zu unserer Dienststelle.

So, don't do anything foolish like trying to run away. Otherwise I'll have to handcuff you. From the hotel we'll go to our police station.

SM: Was passiert, wenn ich nicht zahlen kann?

What happens if I can't pay?

DS: In diesem Fall müssen wir Sie in Gewahrsam nehmen und Sie kommen innerhalb von sechs Wochen vor Gericht.

In that case we'll have to detain you and you'll be tried within six weeks.

Thema 17

Verlust von Eigentum, Diebstahl von Papieren und Ausweisen

Personen: KK Stephan Klein (SK), englische Touristin Janet Brown (JB)

Janet Brown wird während eines Einkaufsbummels in Kassel in Hessen die Handtasche gestohlen.

Bei der Anprobe einer Bluse lässt sie ihre Handtasche für einen kurzen Augenblick unbeaufsichtigt in der Umkleidekabine zurück.

Ein Dieb nutzt diesen Leichtsinn.

Um den Diebstahl anzuzeigen, geht sie zum Polizeipräsidium.

Auf der dortigen Wache teilt sie der anwesenden Polizeibeamtin mit, was ihr geschehen ist.

Sie wird an die Kriminalwache verwiesen, da sich in der Handtasche auch ihr Reisepass befunden hatte.

Dort spricht sie mit dem diensthabenden Kriminalbeamten KK Klein:

JB: Guten Tag, ich bin Janet Brown aus York in England.

SK: Was kann ich für Sie tun?

JB: Ich bin bestohlen worden. Meine Handtasche ist weg, und mein Geld und mein Pass auch. Ich bin zur Zeit auf Besuch bei meiner Freundin Brigitte Jakobi, Wiener Straße 345, hier in Kassel.

Loss of property, theft of papers and documents of identification

Characters: KK Stephan Klein (SK), English tourist Janet Brown (JB)

When on a shopping spree in Kassel, Hesse, Janet Brown has her handbag stolen.

While trying on a blouse, she leaves her handbag unattended in the fitting room for a moment.

A thief takes advantage of this carelessness.

In order to report the theft, she goes to the police headquarters.

There she informs the duty sergeant of what has happened to her.

She is sent to the criminal investigation department watchroom (CID watchroom), as the stolen handbag also contained her passport.

There she sees the detective on duty, KK Klein:

Hello, I'm Janet Brown from York in England.

What can I do for you?

I've been robbed. My handbag has been stolen, with all my money and my passport. I'm staying with my friend Brigitte Jakobi, 345, Wiener Strasse, here in Kassel.

SK: Einen Moment bitte! Ehe Sie fortfahren, möchte ich bitte Folgendes von Ihnen wissen: In Ihrer Tasche war Ihr Pass? Auch andere amtliche Dokumente wie z.B. Ihr Führerschein? Sind Bank- oder Kreditkarten weggekommen? Hatten Sie Reiseschecks in Ihrer Tasche?	Just a moment, please. Before you go on, I'd like to know the following details: You had your passport in your handbag? Also other official documents like your driving licence, for example? Were bank or credit cards stolen? Did you have traveller's cheques in your handbag?
JB: Nein, ich habe keine Reiseschecks dabei. Aber im Geldbeutel waren meine Bankkarte und meine Kreditkarte. Jetzt, wo Sie danach fragen, ja, meinen Führerschein hatte ich auch dabei.	No, I don't have any traveller's cheques with me. But my EC card and my Eurocard were in my purse. Now that you're asking me, I also had my driving licence with me.
SK: Hatten Sie sich die Geheimnummern notiert und war die Notiz in Ihrer Handtasche?	Did you write down the PIN numbers and was the note in your handbag?
JB: Nein, die Nummern weiß ich auswendig.	No, I know the numbers by heart.
SK: Dann lassen Sie bitte gleich die Karten sperren! Ich rufe die zentrale Sperrnotruf-Nummer 116116 an. Von dort aus werden Sie mit allen Institutionen verbunden, bei denen Sie eine Karte haben, und Sie können Ihr Anliegen vortragen.	Then you'll have to stop your cards immediately. I'll call the central card stopping agency 116116, who will connect you with all the financial institutions who issued you with a card, and you'll be able to inform them accordingly.
Wenn das alles geschehen ist, wollen wir uns in aller Ruhe über den Vorfall unterhalten. Dort können Sie übrigens auch anrufen, wenn Sie Ihr Handy verloren haben oder es Ihnen gestohlen wurde.	When all this has been done, we'll talk about the incident in peace. By the way, you can also call there in case you've lost your mobile phone or you had it stolen.
JB: Vielen Dank. Sie sind sehr hilfsbereit.	Thanks a lot. You're being very helpful.
Später:	*Later:*
SK: Frau Brown, wo wurde Ihnen die Handtasche gestohlen?	Ms Brown, where did the theft take place?

JB:	Es war im Bekleidungshaus Fischer. Ich hatte meine Handtasche in einer Umkleidekabine auf den Stuhl gelegt. Dann habe ich mir eine Bluse angezogen und mich im großen Spiegel der Anprobe angeschaut. Der Spiegel hing etwas um die Ecke zu meiner Umkleidekabine.	It was in Fischer's clothing store. I had put my handbag on the chair in a fitting room. Then I put on a blouse and had a look at myself in the large mirror in the fitting area. The mirror was around the corner from the fitting room.
SK:	Waren da noch mehr Leute?	Were there other people around?
JB:	Ich sah da noch ein paar Frauen und zwei Mädchen.	I saw some women and two girls.
SK:	War da auch eine Verkäuferin?	Was there a sales assistant, too?
JB:	Ja, aber sie betreute eine Kundin und steckte ihren Rock um. Deshalb konnte sie nicht auf die andere Kundschaft achten.	Yes, but the lady was dealing with a customer, re-pinning her skirt. So she couldn't pay attention to other customers.
	Als ich in die Umkleidekabine zurückkam, zog ich erst wieder meine eigene Bluse an und wollte dann gehen. Erst da bemerkte ich, dass meine Handtasche nicht mehr auf dem Stuhl lag.	When I came back into the fitting room, I first put on my own blouse again and then wanted to go. Only then did I notice that my handbag was no more on the chair.
SK:	Haben Sie woanders nachgeschaut?	Did you look anywhere else?
JB:	Da ich sicher war, dass ich die Tasche auf den Stuhl gelegt hatte, habe ich nur noch vor der Kabine nachgeschaut. Da war aber nichts.	As I was sure that I had put my handbag on the chair, I only had a look outside the fitting room. There wasn't anything.
	Ich bin dann gleich zur Verkäuferin gegangen und habe ihr von dem Vorfall erzählt. Ich war ganz aufgeregt.	I then went to the sales assistant at once and told her about the incident. I was quite upset.
SK:	Was hat sie veranlasst?	What did she do about it?
JB:	Sie bat mich zu warten und lief zu einem Haustelefon. Kurz darauf kam eine Frau, die sich mir als Hausdetektivin vorstellte.	She asked me to wait and ran to a store phone. Shortly afterwards, a lady came and introduced herself as the store detective.

Ich schilderte ihr den Vorfall. Sie schaute in den Kabinen und Abfallbehältnissen nach.	I told her about the incident. She had a look in the fitting rooms and waste bins.
Dann schrieb sie meinen Namen auf und empfahl mir, sofort zur Polizei zu gehen. Ich war von dem Diebstahl so erschüttert, dass ich gar nicht auf die Idee kam, die Polizei rufen zu lassen. Deshalb verließ ich das Geschäft und kam hierher zur Polizei.	Then she wrote down my name and suggested that I inform the police immediately. I was so shocked about the theft that I didn't think of having the police called. That's why I left the store and came here to the police.
Ach ja, die Detektivin hat mir den Weg noch beschrieben. Ich brauchte etwa 20 Minuten, bis ich hier ankam.	Oh, yes, the detective explained the way to me. It took me about 20 minutes to arrive here.
SK: Wann hat der Diebstahl denn stattgefunden?	When did the theft take place?
JB: Das war gegen 11.00 Uhr. Ganz genau weiß ich das nicht mehr. Vielleicht hat die Kaufhausdetektivin die Zeit aufgeschrieben.	At about 11 o'clock. I can't remember exactly. Perhaps the store detective noted the time.
SK: Wie lange lag die Tasche unbeaufsichtigt in der Kabine?	How long did you leave your handbag unattended in the fitting room?
JB: Ein bis zwei Minuten.	One to two minutes.
SK: Ist Ihnen jemand aufgefallen, der sich in der Nähe Ihrer Kabine aufgehalten hat? War die Kabine nebenan besetzt?	Did you notice anybody near your fitting room? Was the next fitting room occupied?
JB: Ja. Der Vorhang war zugezogen, und ich sah ein Paar Füße. Außerdem hörte ich, wie ein Kleiderbügel geschoben wurde.	Yes. The curtain was drawn, and I saw a pair of feet. I also heard a clothes hanger being moved about on the rail.
Aber so richtig aufgefallen ist mir niemand. Ich könnte nicht einmal mehr sagen, wie die Personen in der Anprobe ausgesehen haben.	But I really can't remember anybody in particular. I couldn't even tell what the people in the fitting area looked like.
SK: Wie weit sind die Umkleidekabinen vom Ausgang entfernt?	How far is the exit from the fitting rooms?
JB: Vielleicht zehn Meter.	About ten metres.

SK: Könnte es sein, dass Sie vielleicht schon einige Zeit vorher beobachtet wurden? Nehmen wir einmal an, es handelt sich bei dem Dieb um eine Frau, was aufgrund der Örtlichkeit wahrscheinlich ist. Haben Sie etwas bemerkt?

JB: Wer denkt denn schon an so was? Ich wollte mir eine Bluse als Souvenir kaufen, und habe mich ganz darauf konzentriert. Da habe ich nicht so sehr auf die anderen Leute geachtet. Außerdem begegnen einem in einem Geschäft viele Leute. Nein, mir ist nichts aufgefallen.

SK: Waren Sie zuvor schon in anderen Geschäften?

JB: Ich war in zwei Geschäften, habe aber nichts gekauft.

SK: Wann haben Sie Ihr Portemonnaie zuletzt benutzt?

JB: Vor etwa einer Stunde, als ich mein Taxi bezahlte. Aber auch da ist mir niemand aufgefallen.

Die Handtasche und das Portemonnaie werden genau beschrieben; der Inhalt wird detailliert (auch mit Stückelung des Geldes) aufgeführt.

Nachdem die Anzeige schriftlich in deutscher Sprache formuliert wurde, übersetzt Stephan Klein den Text für Janet Brown mündlich ins Englische.

*Hierzu benutzt er auch das Fachwörterbuch **„IT'S ALL PART OF THE JOB“.***

Außerdem stehen dem Beamten entsprechende Vordrucke in englischer Sprache im Dienstcomputer zur Verfügung.

Perhaps somebody had been watching you some time before? Let's assume that the thief is a woman, which is probable because of the location. Did you notice anything?

Who would think of something like that. I just wanted to buy a blouse as a souvenir and concentrated on that; so I didn't have a close look at anybody else. Apart from that, you meet many people in a store. No, I didn't notice anything.

Had you been in other stores before that one?

I was in two shops, but I didn't buy anything.

When did you last use your purse?

About an hour ago when I paid for the taxi. But I didn't notice anybody there, either.

The handbag and the purse are described in detail, as are the contents (including notes and coins).

After the report has been taken down in German, Stephan Klein translates the text into English for Janet Brown.

*For this he also uses the specialist dictionary **"IT'S ALL PART OF THE JOB".***

Apart from that, the officer downloads ready-to-use forms in English from the service computer.

Janet Brown ist mit der Niederschrift einverstanden und bestätigt dies mit ihrer Unterschrift.

Stephan Klein vermerkt auf der Anzeige, dass er selbst die Übersetzung vorgenommen hat. (In schwierigen Fällen wird dies von einem Dolmetscher erledigt).

Dann gibt er Janet Brown ein Formblatt in deutscher und englischer Sprache, in dem die noch fehlenden Daten der entwendeten Dokumente vermerkt werden sollen.

Sie wird gebeten, den ausgefüllten Bogen zum Polizeipräsidium zurückzusenden.

PK Klein erläutert einzelne Fragen auf dem Bogen in englischer Sprache.

Mit Hilfe dieser Daten können die gestohlenen Papiere im Polizeicomputer zur Fahndung ausgeschrieben werden.

Janet Brown bekommt schließlich eine Bestätigung der Anzeige ausgehändigt.

Diese Bestätigung benötigt sie, um einen neuen Pass zu bekommen, außerdem gilt sie als Nachweis für ihre Versicherung.

SK: Die Anzeige ist damit aufgenommen. Es kommt oft vor, dass es die Diebe nur auf das Geld abgesehen haben und die leere Geldbörse bald gefunden wird. Ich bin mir sicher, dass Ihre Handtasche noch im Bekleidungshaus liegt. Ich rufe auch gleich dort an und bitte um eine intensive Nachschau.

Janet Brown verifies the correctness of the statement by signing it.

Stephan Klein makes a note that he himself translated the text. (In difficult cases this is done by an interpreter).

Then he gives Janet Brown a form in German and English on which information about the missing documents is still to be entered.

She is requested to return the completed form to police headquarters.

PK Klein explains certain questions on the form in English.

It is possible to feed this information into the police computer in order to initiate a search for the stolen documents.

Finally Janet Brown is handed a confirmation of the report.

She needs this confirmation to get a new passport, and as evidence for her insurance company.

Now we've completed the report. Thieves often only want the money and the purse is found again soon. I'm sure that your handbag is still in the store. I'm going to call there at once and ask them for a thorough search.

	Soweit möglich, schicke ich auch eine Kriminalstreife dorthin, die sich beteiligen wird. Über die Geschäftsführung muss auch das Reinigungspersonal informiert werden.	If possible, I'll also send a CID patrol who can take part in the search. And the management should inform the cleaning staff.
	Ich habe Ihre Mobiltelefonnummer in der Akte vermerkt. Ich melde mich sofort, wenn etwas gefunden wird.	I've noted your mobile phone number in the file. I'm going to call you as soon as anything is found.
JB:	Ich habe aber noch einige Fragen. Kann ich ohne Pass nach England zurückfliegen?	But I have some more questions. Can I go back to England without a passport?
SK:	Ohne Pass oder ein Passersatzpapier können Sie wohl kaum zurückfliegen. Ich schlage vor, dass Sie sich mit dem britischen Konsulat in Düsseldorf in Verbindung setzen. Dort kann man Ihnen sicherlich weiterhelfen.	You'll hardly be able to fly back without a passport or a temporary passport. I suggest that you contact the British consulate in Düsseldorf. They'll certainly be able to help you.
	Ich suche noch schnell die Telefonnummer heraus und schreibe sie Ihnen auf. Dort müssen Sie auf jeden Fall die Bescheinigung über die Erstattung der Anzeige vorlegen. Ich gebe Ihnen noch meine Visitenkarte. Wenn Fragen bestehen, kann man mich anrufen.	I'll just look for their phone number and write it down for you. There you'll have to show them the paper showing that charges have been preferred. And I'll also give you my card. If there are any questions, they can call me.
JB:	Bargeld habe ich ja auch nicht mehr, und ohne Bankkarte nützen mir auch hundert Geldautomaten nichts.	I don't have any cash, either, and without a bank card even a hundred cash dispensers are of no use.
SK:	Nun, da kann Ihnen doch Ihre Gastgeberin sicher helfen. Sie können sie von hier aus anrufen.	Well, I daresay your hostess will be able to help you. You can call her from here.
JB:	Das nehme ich gerne an. Ich bedanke mich für Ihre Bemühungen.	That's a good idea. Thank you for your efforts.
SK:	Gern geschehen, dafür sind wir da.	Don't mention it. It's all part of the job.

Thema 18

Einbruch, Besuch des Bezirksbeamten

Personen: Bezirksbeamter PHK Gunther Worms (GW), Reginald Prewster (RP)

PHK Worms ist Bezirksbeamter in einer ländlichen Gemeinde in der Nähe von Aachen in Nordrhein-Westfalen und sucht Reginald Prewster auf, in dessen Wohnung vier Wochen zuvor eingebrochen wurde.

Herr Prewster ist britischer Fotograf und Journalist, der seit mehreren Jahren in Deutschland lebt.

GW: Guten Tag, Herr Prewster. Ich bin PHK Worms, der für Sie zuständige Bezirksbeamte. Ich komme zu Ihnen, weil vor vier Wochen bei Ihnen eingebrochen wurde.

RP: Ja, guten Tag, Herr Worms, bitte kommen Sie herein! Ich bin überrascht, dass sich die Polizei immer noch dafür interessiert.

GW: Leider kommen in diesem Bezirk Einbrüche häufig vor, und nur selten können wir die Täter fassen. Ich besuche deshalb ungefähr einen Monat nach der Tat jeden Geschädigten in meinem Bezirk. Ich möchte erfahren, ob Ihnen noch etwas eingefallen ist, was zur Klärung der Tat beitragen könnte.

RP: Was sollte mir noch eingefallen sein?

Burglary, the community beat officer's visit

Characters: community beat officer PHK Gunther Worms (GW), Reginald Prewster (RP)

PHK Worms is the community beat officer in a rural community near the city of Aachen, North Rhine-Westphalia, and calls on Reginald Prewster, whose flat was burgled four weeks earlier.

Mr Prewster is a British photographer and journalist and has lived in Germany for several years.

Good morning, Mr Prewster. I'm PHK Worms, the community beat officer for this area. I've come to see you about the burglary which took place four weeks ago.

Oh yes. Good morning, Mr Worms, please come in. I'm surprised the police are still interested in the burglary.

Unfortunately, we get many burglaries in this area, but we seldom catch the thieves. That's why I call on all the victims in my area about a month after the event. I'd like to find out if you've thought of anything else which could throw some light on the matter.

What else could I possibly remember?

GW: Vielleicht erinnern Sie sich jetzt an Dinge, an die Sie bisher nicht gedacht haben. Können wir die ganze Sache noch einmal durchgehen? Wann haben Sie den Einbruch bemerkt?	Perhaps you've remembered something in the meantime you hadn't thought of before. Could we go over the whole matter once more? When did you notice the burglary?
RP: Ich kam nach einem Wochenendurlaub im Teutoburger Wald am Sonntag gegen 18.00 Uhr nach Hause und bemerkte, dass die Türen und Schubladen meines Schreibtisches, der im Wohnzimmer steht, offen waren.	I returned from a weekend holiday in Teutoburger Wald at about 6.00 p.m. on Sunday and I noticed that the doors and drawers of my sitting room desk were open.
Ich war darüber sehr verwundert, denn der Schreibtisch ist mein „Heiligtum". Nicht einmal meine Frau rührt ihn an. Beim Nachschauen stellte ich fest, dass mein Fotoapparat fehlte.	I was quite surprised because the desk is my "holy of holies". Not even my wife is allowed to touch it. When I checked, I noticed that my camera was missing.
GW: Was haben Sie dann gemacht?	What did you do then?
RP: Ich schaute mich im Zimmer um und sah sofort, dass die Terrassentür offen stand. Beim genauen Hinschauen bemerkte ich es dann: jemand hatte sie, wahrscheinlich mit einem Brecheisen, aufgehebelt. Dann habe sofort ich die Polizei gerufen.	I looked around the room and saw at once that the terrace door was open. When I had a closer look, I noticed that someone had prized it open, probably with a jemmy. Then I called the police immediately.
GW: Was haben meine Kollegen getan?	What did my colleagues do?
RP: Sie haben sich alles genau angesehen und nach Spuren gesucht. Sie haben Fingerabdrücke gefunden und Fotos gemacht.	They examined everything closely and looked for traces. They found some fingerprints and took photographs.
Aber ich habe nichts mehr von ihnen gehört, also war ich der Meinung, dass die ganze Angelegenheit erledigt ist.	But I haven't heard from them since. So I thought that was the end of the matter.

GW: Vielleicht haben Sie noch etwas festgestellt, an das Sie bisher nicht gedacht haben?	Perhaps you noticed something else which you only remembered later.
RP: Nein, leider nicht, ich war ja an dem Wochenende, als der Einbruch geschah, verreist.	No, I'm sorry. I was away for the weekend when the burglary took place.
GW: Vielleicht haben Nachbarn irgend etwas gesehen oder bemerkt?	Maybe your neighbours saw or noticed something?
RP: Ich habe natürlich mit meinen Nachbarn gesprochen, auch Tage später noch, aber niemand hat sich an etwas Besonderes erinnert.	Of course I spoke to my neighbours about it, also some days later, but nobody remembers anything in particular.
GW: Können Sie denn zu der Kamera noch etwas nachtragen?	Can you add any details about the camera?
RP: Ja, da fällt mir etwas ein. Die Kamera hatte ein Merkmal, das vielleicht bedeutsam sein könnte.	Oh, come to think of it, there was something about the camera which might be useful.
GW: Ja, und das ist?	Oh! What's that?
RP: Auf dem Boden waren die Buchstaben „NB“ in einem Kreis eingeritzt. Das ist aber nicht mein Monogramm, denn ich habe die Kamera ja gebraucht gekauft.	There were the initials “NB” scratched in a circle at the bottom. But that's not my monogram, as I bought the camera second-hand.
GW: Das ist eine wichtige und hilfreiche Information. Dieses Merkmal tragen wir in die Sachfahndung ein. Es ist ja eine sehr teuere Kamera, und mit diesem Merkmal kann sie eventuell gefunden werden.	That's an important and useful piece of information. We'll enter this detail in our search files. After all, it's still a very expensive camera, and this feature might help us find it.
RP: Wo könnte man die Kamera denn finden?	Where do you think one could find the camera?
GW: Einbrecher stehlen selten für den eigenen Bedarf. Sie wollen alles zu Geld machen. Und dabei nehmen sie auch Wertverlust in Kauf. Es ist deshalb wahrscheinlich, dass der Täter die Kamera in einem Leihhaus versetzt hat.	Burglars seldom steal for them selves. They just want to make money. And so they are prepared to sell things for less thou/they are worth. So it's probable that the thief took the camera to a pawnshop.

Ich werde die Kollegen der Fahndung informieren. Sie gehen regelmäßig in die Leihhäuser und An- und Verkaufsgeschäfte und schauen nach gestohlenen Dingen.

I'll inform my colleagues in the investigation department. They go to pawnshops and second-hand shops regularly to look for stolen items.

RP: Es wäre schön, wenn ich meine Kamera wieder bekäme. Ich hänge sehr an ihr, weil ich mit ihr viele schöne Aufnahmen gemacht habe. Während meiner ganzen journalistischen Laufbahn war sie immer ein wertvoller Begleiter.

It would be nice if I got my camera back. I'm very attached to it because I've taken many very nice photos with it. It was a valuable companion throughout my career as a journalist.

GW: Ich werde sehen, was wir tun können. Vielleicht hilft uns der Zufall weiter oder wir haben ganz einfach Glück. Sollte Ihnen noch etwas einfallen, rufen Sie mich bitte an!

I'll see what we can do. Perhaps there is a chance or we'll just be lucky. If you think of anything else, please give me a ring.

Sie können mich aber auch jeden Mittwoch von 16.00 bis 18.00 Uhr im Rahmen einer Bürgersprechstunde persönlich auf meiner Dienststelle erreichen. Hier, meine Visitenkarte.

I can be reached at my office every Wednesday between 4 and 6 p.m. as there's a citizens' advice session then, or you could call me during that time. Here's my card.

RP: Das ist ein guter Service. Leider wusste ich davon bisher nichts.

That's a good service. What a pity I didn't know anything about it before.

GW: Das ist auch neu. Wir versuchen, dem Bürger trotz beschränkter Mittel den bestmöglichen Service zu bieten.

As a matter of fact, it's quite new. We're trying to give citizens the best possible service although our funds are limited.

RP: Ich werde das in meinem Bekanntenkreis weitererzählen. Haben Sie herzlichen Dank für Ihren Besuch!

I'll tell all my friends about it. Thank you for coming.

Weitere Redewendungen

Die Tür wurde aufgebrochen.

The door was forced open.

Die Tür wurde mit einem Nachschlüssel aufgeschlossen.

The door was opened with a duplicate key.

Der Fensterrahmen wurde aufgebohrt.

A hole was drilled through the window frame.

Das Fenster stand auf Kippe.

The window was tilted.

Der Täter kletterte an der Dachrinne auf den Balkon.

The burglar climbed along the gutter to the balcony.

Die Tür wurde mit einem Schraubendreher geknackt.

The door was prized open by means of a screwdriver.

Thema 19

Zechbetrug

Personen: Pub-Besitzer Sean Docherty (SD), PK Patrick Horn (PH), PK'in Eva Meisser (EM), Gast Wolfgang Lind (WL)

In der Altstadt von Bremen ist Sean Docherty Besitzer des immer gut besuchten „Irish Pub“ mit typisch irischer Atmosphäre.

Das Lokal wird sehr gerne besucht, und während der Darbietung einer Irish-Folk-Gruppe herrscht besonders großer Andrang, deshalb werden die Gäste zwischendurch abkassiert.

Der Gast Wolfgang Lind ist gerade beim vierten Pint Guiness und hat zwei Sandwiches mit irischem Cheddar-Käse gegessen.

Als Sean Docherty an seinen Tisch kommt und den Betrag von 32 Euro kassieren will, kann er nicht bezahlen.

Er gibt an, dass er kein Geld dabei habe.

Daraufhin bittet Sean Docherty ihn an den Ausschanktresen und ruft telefonisch die Polizei.

Kurze Zeit später erscheint eine Streife.

SD: Guten Abend. Mein Name ist Sean Docherty; ich bin der Besitzer dieses Pubs. Ich habe einen Gast, der nicht zahlen kann. Was soll ich tun? Ich komme aus Dub-

Evading payment in a pub

Characters: publican Sean Docherty (SD), PK Patrick Horn (PH), PK'in Eva Meisser (EM), customer Wolfgang Lind (WL)

Sean Docherty is the landlord of the popular “Irish Pub”, known for its typical Irish atmosphere, in the old part of Bremen.

The pub is a popular venue. During the performance of an Irish folk group it is overcrowded, and that's why customers are asked to pay at regular intervals.

Customer Wolfgang Lind is having his fourth pint of Guiness and has had two Irish cheddar cheese sandwiches.

When Sean Docherty comes to his table to cash the amount of 32 euros, Lind is unable to pay.

He states that he has no money on him.

Thereupon Sean Docherty asks him to come to the bar and calls the police.

A short time later, a patrol arrives at the pub.

Good evening. My name is Sean Docherty. I'm the landlord of this pub. I have a guest who is unable to pay. What am I to do? I'm from Dublin and I've only been here for one

lin und bin erst seit einem Monat hier. So etwas ist bisher nicht vorgekommen.	month. Something like this hasn't happened before.
EM: Wo ist denn dieser Gast?	Now where is this customer?
SD: Er sitzt dort drüben auf dem Hocker am Tresen. Es ist der Mann mit dem karierten Hemd. Sie können ihn vor hier aus nur von hinten sehen.	He's sitting over there on the stool in front of the bar. He's the man with the checked shirt. You can only see his back from here.
Die drei gehen zu dem Gast. Als er sich umdreht, erkennt PK Horn in ihm einen alten Bekannten, der in der Vergangenheit schon häufig als Zechpreller aufgefallen ist.	*The three walk up to the customer. As he turns around, PK Horn recognizes him as an old friend who has been caught refusing to pay his bill time and time again.*
PH: Hallo Herr Lind. Mal wieder unterwegs?	Hello, Mr Lind. Doing the rounds again?
WL: Guten Abend, Herr Wachtmeister. Ja, ich habe mir dieses Lokal angeschaut.	Good evening, constable. Yes, I've had a look at this pub.
PH: Und getrunken und gegessen. Dann war wie immer der Geldbeutel leer. Stimmt's?	And you've been eating and drinking. As usual, your wallet was empty. Correct?
WL: Ich habe gar keinen Geldbeutel dabei. Na ja – und Geld habe ich auch keins.	I don't even have a wallet on me. Hm, well, and I don't have any money on me either.
PK Horn wendet sich an Herrn Docherty:	*PK Horn turns to Mr Docherty:*
PH: Das ist ein alter Bekannter von uns. Er geht immer in Gaststätten, in denen er noch nicht oder schon längere Zeit nicht mehr gewesen ist. Deshalb konnten Sie ihn nicht kennen, und er wurde bei Ihnen anstandslos bedient.	This is an old buddy of ours. He always goes to pubs where he hasn't been before or where he hasn't been for some time, therefore you couldn't have known him, and he was served without any problem.
Erstaunlich ist jedoch, dass er immer bis zum Eintreffen der Polizei wartet. Was hat er denn zu zahlen?	It's rather strange, though, that he always waits for the police to arrive. How much does he have to pay?
SD: 32 Euro.	32 euros.

EM: Herr Lind, wohnen Sie noch in Nähe der Marienkirche?

Mr Lind, do you still live close to St. Mary's Church?

WL: Ja, da hat sich nichts geändert. Immer noch die gleiche Wohnung. Damit Ihr mich leicht finden könnt!

Yes, nothing has changed in that respect. Still the same flat. So you can find me easily.

PK'in Meisser begibt sich zum Streifenwagen vor dem Lokal und lässt über Funk die Anschrift überprüfen und eine Fahndungsabfrage durchführen.

PK'in Meisser goes to the patrol car in front of the pub and has the address checked over the radio. She also checks if there is an alert out for him.

Die Adresse stimmt noch, eine aktuelle Fahndungsnotierung liegt nicht vor.

The address is still correct, and there is no alert.

Die Beamtin kehrt in den Pub zurück.

The officer returns to the pub.

EM: Herr Docherty, ich schreibe Ihnen Namen und Anschrift dieses Mannes auf. Dann können Sie ihm eine Rechnung schicken. Wir wissen, dass er bezahlt, wenn er wieder Geld hat. Er könnte es überweisen, bringt es aber meistens persönlich vorbei.

Mr Docherty, I'm going to write down that man's name and address for you. Then you can send him a bill. We know that he will pay when he's got money again. He could transfer it through his bank, but in most cases he brings it in person.

WL: So ist es! Ich bin noch keinem etwas schuldig geblieben.

That's right. I've never owed anybody any money.

PH: Herr Lind, lassen Sie mich doch bitte nachschauen, ob Sie wirklich kein Geld dabei haben! Ich möchte mal in Ihre Taschen greifen. Es wäre doch wirklich schade, wenn Sie Geld dabei hätten und wir dies Herrn Docherty vorenthalten würden.

Mr Lind, please let me have a look to see if you really haven't got any money on you. I'd like to reach into your pockets. It would be a real pity if you had some money on you and we would withhold payment to Mr Docherty, wouldn't it?

WL: Mach mal! Sie werden schon nichts finden, Herr Wachtmeister.

Go ahead. I can tell you now, you won't find anything, constable.

PK Horn durchsucht die Kleidung von Wolfgang Lind, kann aber keinerlei Bargeld finden.

PK Horn searches Wolfgang Lind's clothes, but cannot find any cash.

EM: Herr Docherty, Sie können gegen den Herrn Strafantrag wegen Zechbetruges stellen. Sie können

Mr Docherty, you can prefer charges against this gentleman for evading payment. But you can also waive your

	aber auch darauf verzichten. Der Verzicht ist nicht widerrufbar.	right to institute criminal proceedings. Such a waiver is irrevocable.
	Sie können sich die Stellung eines Strafantrages auch vorbehalten. Das heißt, dass Sie innerhalb von drei Monaten selbständig den Antrag stellen können, ohne dass wir Sie deswegen noch einmal ansprechen werden.	You can also reserve the right to institute criminal proceedings. That means you can apply for the institution of criminal proceedings by yourself without us contacting you again in the matter.
PH:	Das sind Ihre Möglichkeiten in diesem Verfahren. Unabhängig davon werden wir der Staatsanwaltschaft eine Strafanzeige vorlegen, weil Herr Lind ständig die Zeche prellt.	These are your alternatives in this procedure. Regardless of that, we're going to prefer charges with the prosecutor's office, because Mr Lind has repeatedly failed to pay his bills.
	Er weiß, dass er kein Geld hat und konsumiert dennoch. Das ist Betrug.	He knows that he doesn't have any money, but nevertheless he eats and drinks. That's a case of fraud.
	Ab einem bestimmten Zeitpunkt wird er für dieses Verhalten von Amts wegen bestraft werden, weil besonderes öffentliches Interesse an einer Strafverfolgung besteht, um andere zu schützen. Da nützt es ihm auch nichts mehr, wenn er den Schaden wieder gutmacht.	As of a certain date, he will be punished by law for these actions since there is a public interest in criminal prosecution in order to protect others. It doesn't matter if he pays later or not.
EM:	Herr Docherty, bitte geben Sie mir noch einen Beleg über die Speisen und Getränke, die Herr Lind konsumiert hat, für unsere Ermittlungsakte!	Mr Docherty, please tell me what this gentleman ate and drank, and give me a till slip for our investigation file.
SD:	Hier haben Sie den Kassenzettel. Und hier die Karte meines „Irish Pub", da steht auch meine Privatanschrift drauf. Ich behalte mir vor, Strafantrag zu stellen, aber das will ich noch einmal überschlafen.	Here's the till slip. And here's the card of my "Irish Pub", which has also got my private address on it. I reserve the right to prefer charges, I'd like to think it over for another day.
EM:	Vielen Dank. Hier habe ich ein Strafantragsformular.	Thank you very much. Here's a form for instituting criminal proceedings.

Sean Docherty wendet sich an Wolfgang Lind:

SD: Sie haben ab sofort in meinem Pub Hausverbot. Das schreibe ich Ihnen auch noch einmal und schicke es zusammen mit der Rechnung. Wenn Sie Ihre Schulden persönlich bezahlen wollen, mache ich eine Ausnahme.

PH: Herr Lind, Sie verlassen jetzt mit uns das Lokal! Und wir wollen Sie heute Abend nicht noch einmal als Zechpreller irgendwo antreffen!

WL: Ist schon in Ordnung, Herr Wachtmeister. Aber wenn ich mir das so recht überlege, habe ich eigentlich doch noch ganz schönen Durst.

PH: Herr Lind, ich warne Sie. Keine Dummheiten mehr! Haben Sie das verstanden?

WL: Ich hab' alles verstanden. Los, lasst uns jetzt gehen!

EM: Eigentlich ist er ein umgänglicher Kerl. Zumindest macht er keinerlei Schwierigkeiten uns gegenüber. Auf Wiedersehen, Herr Docherty. Wenn ich noch Fragen habe, rufe ich an oder komme vorbei.

SD: Auf Wiedersehen und vielen Dank.

Sean Docherty turns to Wolfgang Lind:

From now on, you're banned from my pub. I'll give you that in writing, too, and will send it to you along with the bill. If you want to pay your debts in person, I'll make an exception just for once.

Mr Lind, you'll leave the pub with us now. And we don't want to meet you anywhere again tonight evading payment of your bill.

That's all right, constable. But if I think of it, I'm still quite thirsty.

Mr Lind, I warn you. No more foolishness. Is that clear?

Clear as a bell. Well, let's go now.

Actually he is a chap who is quite easy to get along with. At least he doesn't cause any trouble for us. Good-bye, Mr Docherty. Should I still have any questions I'll call or drop in.

Good-bye and thanks a lot.

Thema 20

Schlägerei, Vandalismus

Szene 1 – Schlägerei

Personen: PK Roland Pauly (RP), PHM Harald Antoni (HA), englische Touristen Norman Wood (NW) und Tony Stringer (TS)

Jeden September findet in Bad Dürkheim in Rheinland-Pfalz das größte Weinfest Deutschlands statt, der „Dürkheimer Wurstmarkt".

Auf dem Festgelände findet man viele Schaugeschäfte und Fahrbetriebe, das berühmte „Pfälzer Weindorf" (= Weinverkaufsstände in Form von nachgebauten Winzerhäuschen in Fachwerkstruktur) und mehrere große Festzelte.

Die Polizei hat auf dem Platz eine Wache eingerichtet, die rund um die Uhr geöffnet ist.

Dort stehen zwei Einsatzgruppen der Polizei bereit, die im Bedarfsfall von der Security Police der US-Streitkräfte unterstützt werden.

Jede Gruppe besteht aus sechs bis sieben Beamten und einem Gruppenführer.

Gäste aus aller Welt unterschätzen die Wirkung des Weines, der in Schoppen, d.h. Halblitergläsern, ausgeschenkt wird, und so kommt es unter der Alkoholeinwirkung oft zu Streit und Schlägereien.

Die Beteiligten erleiden oft Prellungen und Platz- und Schnittwunden, und

A fight, vandalism

Scene 1 – A fight

Characters: PK Roland Pauly (RP), PHM Harald Antoni (HA), English tourists Norman Wood (NW) and Tony Stringer (TS)

Every September the largest wine fair in Germany takes place at Bad Dürkheim, Rhineland-Palatinate, the so-called "Dürkheim Sausage Market".

On the fairground, there are a great many fair stands and rides, the famous Palatine wine village (= half-timbered booths resembling wine-growers' houses selling wine) and several large marquees.

Police have set up a station on the fairground which is open round the clock.

Two teams are on standby and are, if necessary, supported by the Security Police of the US Armed Forces.

Each team consists of six to seven officers and a team leader.

Visitors from all over the world underestimate the effects of the wine, which is served in "Schoppen", i.e. half-litre glasses, and start quarrelling and fighting under the influence of alcohol.

Those involved often suffer lacerations, cuts and bruises, and quite a

manch einer muss zur Ausnüchterung in den Polizeigewahrsam oder in ein Sanitätszelt.

number of people have to be taken to sober up either in police custody or in a first-aid tent.

Gegen 23.00 Uhr meldet der Wirt eines Festzeltes eine größere Schlägerei.

At about 11 p.m., the manager of one of the marquees reports a big brawl.

Mehrere Personen schlagen aufeinander ein und bewerfen sich mit Gläsern.

Several persons are hitting each other and throwing glasses at each other.

Der Wachhabende entsendet die erste Einsatzgruppe zum Festzelt, die zweite Gruppe hält sich in Bereitschaft.

The desk officer of the fairground police station deploys the first group to the marquee, the second group are on standby.

Der Sanitätsdienst wird informiert.

The ambulance service are informed.

Im Inneren, nahe der Musikbühne, sind mehrere Bänke und Tische umgefallen, mindestens fünf Personen schlagen aufeinander ein.

Inside the marquee, close to the stage, several beer garden tables and benches have been overturned, and at least five persons are engaged in a fight.

Überall liegen Glasscherben herum, was den Einsatz erschwert.

Splinters of glass are all over the place, making police action more difficult.

Andere Gäste sind aufgesprungen und haben einen freien Raum gebildet.

Other guests have jumped up and formed a circle.

Trotz alldem läuft der Festbetrieb weiter: die Band spielt, und an anderen Stellen werden die Gäste bewirtet.

Despite all this, the festival goes on as usual: the band are playing and guests are being served in other areas.

Das Vorkommnis ist für viele eine willkommene Abwechslung.

This incident is a welcome change for many people.

Als die Einsatzgruppe das Festzelt betritt, wird sie von angetrunkenen Gästen lautstark beklatscht und mit „Die Bullen kommen!“ begrüßt.

When entering the marquee, the task group are applauded loudly by drunk guests and welcomed "The coppers are coming."

„Jetzt geht's los! Jetzt geht's los!“

"Here we go! Here we go!"

Dieses Geschrei spiegelt die Erwartungshaltung derjenigen wieder, die hoffen, dass jetzt richtige „Action“ geboten wird.

These chants reflect the expectations of those who hope that now real "action" will take place.

Zielgerichtet gehen die Beamten auf die an der Schlägerei Beteiligten zu, greifen konsequent ein und trennen die Personen.	*The officers walk straight up to those involved in the fight, intervene resolutely and separate them.*
Soweit es die Situation zulässt, werden sie gefesselt.	*As far as the situation permits, these persons are tied up.*
Vier Männer und eine Frau werden sofort zu Fuß zur Festplatzwache verbracht.	*They are four men and a woman, who are at once taken on foot to the fairground police station.*
Die Schadensaufnahme und Zeugensuche erfolgen durch zwei Beamte aus dieser Gruppe.	*Two officers from the team make a note of the damage and look for witnesses.*
Das Festzeltpersonal reinigt anschließend sofort den Ort der Schlägerei und stellt die Bänke und Tische wieder auf.	*Marquee staff immediately clean the area where the fighting took place and set up the tables and benches again.*
So geht nach kurzer Zeit der Betrieb ohne Störung weiter.	*So normal activity continues a short time later without any disturbance.*
Im Gebäude der Festplatzwache werden die fünf Personen räumlich getrennt.	*In the building of the fairground police station, the five persons are separated.*
Dabei stellt sich heraus, dass zwei englische Touristen darunter sind.	*In the process, it emerges that two English tourists are among them.*
PK Pauly und PHM Antoni befragen sie:	*PK Pauly and PHM Antoni question them:*
RP: Sind Sie verletzt? Ich sehe bei Ihnen eine blutende Schürfwunde am linken Ohr. Haben Sie Schmerzen?	Are you hurt? I can see a graze on your left ear which is bleeding. Does it hurt?
NW: Nein, ich habe gar nicht gemerkt, dass ich am Ohr blute.	No, I haven't even noticed that my ear is bleeding.
RP: Und Sie?	And what about you?
TS: Ich blute am Finger. Wahrscheinlich habe ich mich an einer Glasscherbe geschnitten. Außerdem habe ich einen Schlag hierher bekommen. Mein Kinn schmerzt und meine Nase tut weh.	My finger is bleeding. I probably cut myself on a piece of glass. Apart from that, I was hit here. My chin and my nose hurt.

RP:	Sanitäter werden sich gleich um Sie kümmern. Wie ist das passiert?	Paramedics will take care of you in a minute. How did it happen?
NW:	Mein Freund Tony und ich kommen aus Liverpool. Wir sind zum ersten Mal in Deutschland, weil wir unbedingt einmal auf dieses Volksfest wollten. Wir haben an der Bühne gesessen.	My friend Tony and I come from Liverpool. We are in Germany for the first time because we really wanted to be at this fair. We were sitting close to the stage.
	Neben uns waren andere Leute. Dann kamen zwei Männer und eine Frau und haben sich auf die Bank gegenüber gesetzt.	There were people next to us. Then two men and a woman came and sat down on the bench opposite us.
	Die waren schon angetrunken und sehr aufdringlich. Der eine Mann hat einfach mein Weinglas genommen und daraus getrunken, mich dabei angelächelt und irgendetwas gelallt, was ich nicht verstanden habe.	They were already quite drunk and a real nuisance. One man simply took my glass of wine, drank from it, laughed at me and blabbered something which I didn't understand.
TS:	Wir haben ja auch was getrunken. Aber betrunken sind wir nicht. Wir wollten nur die Musik hören und, na ja, noch etwas mehr trinken. Das geht ja alles sehr gesellig zu.	Of course, we've also been drinking. But we aren't drunk. We just wanted to listen to the music, and, well, drink a little bit more. It's quite sociable here.
NW:	Der andere Mann, der mit der Lederjacke, hat sich dann über den Tisch gelehnt und mir mein Weinglas abgenommen. Er hat es leergetrunken und dann wieder hingestellt.	Then, the other man in the leather jacket leaned across the table and took my wine glass from me. He emptied it and then put it back.
	Das hat der Frau, die wohl seine Freundin ist, und dem anderen Mann gefallen. Sie haben sehr gelacht.	The woman, who seems to be his girlfriend, and the other man must have thought it was funny. They laughed loudly.
TS:	Und dann haben die auch noch mein Glas leergetrunken. Da habe ich gesagt, dass das so nicht geht.	And then they emptied my glass. So I told them that wouldn't do.

Der zweite Mann lachte nur, rülpste und schlug mir plötzlich ins Gesicht.	The second man only laughed, belched and punched me in the face suddenly and quite unexpectedly.
HA: Welcher Mann hat Sie geschlagen?	Which man punched you?
TS: Das war der mit dem Jeanshemd und der Baseballmütze. Der Mann mit der Lederjacke hat dann das Weinglas umgeworfen. Es rollte über den Tisch, fiel auf den Boden und zersplitterte. Für das Glas habe ich Pfand bezahlt.	That was the man in the denim shirt and the baseball cap. The man in the leather jacket then knocked over the wine glass. It rolled across the table, fell to the ground and broke. I paid a deposit for that glass.
Da sagte Norman, dass er das Geld für das Glaspfand haben wolle.	Then Norman told him that he wanted the money for the deposit.
NW: Daraufhin hat mich der mit der Lederjacke gepackt und auf den Tisch gezogen. Ich sah nur noch, wie der andere Mann Tony ins Gesicht geschlagen und er sich gewehrt hat.	After that the man with the leather jacket grabbed me and pulled me onto the table. I only saw how Tony was punched in the face again and that he then resisted.
TS: Ich habe zurückgeschlagen und den Mann am Hals getroffen. Die Frau hat dann ein Weinglas nach mir geworfen, mich aber nicht getroffen. Das Glas zersplitterte auf dem Tisch.	I then hit back and hit the man in the neck. The woman then threw a wine glass at me, but she missed. The glass broke on the table.
Durch das Gerangel zwischen Norman mit dem einen Mann ist der Tisch umgekippt.	During the fight between Norman and the man, the table was overturned.
Der andere wollte mich wieder schlagen, da habe ich einfach auf ihn eingedroschen. Ich bin auf die Bank gestiegen, um besser ausholen zu können. Ich weiß das nicht mehr so genau, auf jeden Fall ist die Bank auch umgefallen.	The other man wanted to punch me again, so I just hit him where I could. I stepped onto the bench to be able to raise my hand better. I can't remember exactly, but in any case the bench overturned, too.
Die anderen Leute um uns herum haben Platz gemacht. Viele waren	The other people around us got out of the way. Many of them were drunk

auch betrunken und haben die beiden Männer noch angefeuert.	and they even spurred the two men on.
Ich merke jetzt, dass mir die Hand ganz schön weh tut. Ich habe sie mir bestimmt geprellt. Ich bin Rechtshänder und habe mit der rechten Faust zugeschlagen. Die Frau hat mich an den Haaren gezogen.	I now realize that my hand hurts pretty badly. I'm sure I've bruised it. I'm a right-hander and punched with my right fist. The woman pulled at my hair.
NW: Mitten in diesem Tumult sind dann Sie gekommen. Das war Glück für uns. Wir sind Schlägereien nicht gewohnt.	You came in during this brawl. We were really lucky that you arrived. We're not used to fights.
RP: In einem Festzelt muss man immer mit so etwas rechnen. Sie haben nun mal Ihre eigenen Erfahrungen gemacht. Ich habe Ihre Schilderungen stichwortartig auf diesem Protokoll festgehalten.	In such a marquee, something like this is bound to happen. You've now experienced it for yourself. On this form, I've made short notes of what you've told me.
Wenn die Sanitäter Sie versorgt haben, bringe ich Sie zu den Kollegen der Kriminalpolizei, die den Sachverhalt aufnehmen. Sie werden Ihnen alles Weitere erklären.	After the paramedics have taken care of you, I'll take you to our CID colleagues, who will write down the sequence of events. They will explain everything about this procedure.
PHM Antoni hat unterdessen seine Kollegen, die sich um die beiden Männer und die Frau kümmern, über die Aussage der beiden Touristen informiert.	*In the meantime, PHM Antoni has informed his colleagues, who are taking care of the two men and the woman, about the statements of the two tourists.*
Auch diese drei werden an die Kriminalbeamten überstellt.	*The three are also being handed over to the CID officers.*
Später erfahren PK Pauly und PHM Antoni, dass die beiden Männer in Polizeigewahrsam genommen wurden, weil sie ihre Personalien nicht genannt und sich der Durchsuchung widersetzt hatten. Die Frau wurde entlassen.	*Later, PK Pauly and PHM Antoni learn that the two men have been taken into police custody because they refused to give their personal data and resisted being searched. The woman was released.*
Auch bei der Blutprobe leisteten die Männer Widerstand.	*The men also resisted when their blood samples were being taken.*

Als PK Pauly und PHM Antoni wieder den Wachraum betreten, kommt gerade die zweite Einsatzgruppe von einem anderen Einsatz zurück.

Kurz darauf hört man die Stimme des Wachhabenden:

„Erste Gruppe fertig machen! Schlägerei im Festzelt!"

When PK Pauly and PHM Antoni enter the control room again, the second group comes back from another deployment.

A short time later, the desk officer's voice can be heard:

"First group get ready. There is a fight on in the marquee."

Szene 2 – Vandalismus

Personen: PK'in Theresia Brandner (TB), PK Alois Münzer (AM), englische Jugendgruppe mit Kevin (K), Benny (B), Joshua (J), Danny (D) und Betreuer Gregory Porter (GP), Jugendherbergsvater Franz Ludwig (FL)

Eine Jugendgruppe aus Chichester macht einen Skikurs in Garmisch-Partenkirchen in Bayern.

Sie macht sich nachts, nach einem Discobesuch, auf den Rückweg zur Jugendherberge.

Von den vielen Alkopops angetrunken und übermütig geworden, bewerfen sie sich in einer Parkanlage mit Schneebällen.

Dabei beschädigen sie eine Laterne.

K: Los, werfen wir auch die anderen Lampen aus!

D: Aber da geht doch das Glas der Lampen kaputt!

B+J: Los, Danny! Sei kein Feigling! Du triffst ja sowieso nicht.

Die Gruppe läuft durch den Park und zielt auf die Leuchten.

Scene 2 – Vandalism

Characters: PK'in Theresia Brandner (TB), PK Alois Münzer (AM), group of English youngsters with Kevin (K), Benny (B), Joshua (J), Danny (D) and their leader Gregory Porter (GP), youth hostel warden Franz Ludwig (FL)

A youth group from Chichester are on a skiing holiday in Garmisch-Partenkirchen, Bavaria.

In the late evening, having been at a disco, they walk back to their youth hostel.

Drunk from the many alcopops, they are in high spirits, and in a park they throw snowballs at each other.

In doing so, they damage a park lamp.

Let's go, let's turn off the other lights, too!

But then the lamp glass will break.

Come on, Danny! Don't be a coward! After all, you'll miss the lamp anyway.

The group run through the park, throwing snowballs at the park lamps.

Bei manchem Treffer scheppert es nur, aber zweimal zersplittert das Glas, und das Licht geht aus.	*Some hits only make a noise, but twice the glass breaks, and the light goes out.*
Damit wird es auf einem Stück des Weges dunkel.	*So part of the path is in darkness.*
Dies erheitert die Jugendlichen und macht sie wagemutiger.	*The youths laugh at this and they become more daring.*
B: Seht mal! Ich treffe sogar den Abfallbehälter dort!	Look! I can even hit the rubbish bin over there!
Er läuft zu dem Abfallbehälter und tritt heftig dagegen.	*He runs towards the rubbish bin and kicks it hard.*
Gleichzeitig wirft er einen Schneeball nach seinen Freunden.	*At the same time, he throws a snowball at his friends.*
Der Behälter löst sich aus der Befestigung und rollt auf den Boden.	*The bin comes off its fastenings and rolls onto the ground.*
Dort greift Benny danach und wirft ihn hoch in die Luft, bis er auf eine Parkbank kracht.	*There Benny grabs it, throws it high into the air until it crashes on a park bench.*
D: Los Leute, hören wir auf und gehen! Wir müssen uns sowieso gleich in der Jugendherberge bei unserem Betreuer melden.	Come on, boys, let's stop this and leave. We've got to report to our leader at the youth hostel in a few minutes.
B: Unser Danny! Typisch Angsthase. Sei doch froh, dass wir einen Tag für uns hatten und alleine was unternehmen konnten!	Oh Danny! Don't be a chicken. You should be glad that we had a day without supervision and could do what we wanted.
Noch einmal entfacht eine heftige Schneeballschlacht, die Jugendlichen wälzen sich im Schnee und laufen dann weiter, dem Parkausgang zu.	*Once again a snowball fight begins, the youths roll around in the snow and then run on towards the exit of the park.*
Während des Herumtollens werden sie von einer Polizeistreife beobachtet, die auf der Umgehungsstraße des Parks mit einem VW-Bus Streife fährt.	*While romping around, they are watched by a police crew on patrol in the street alongside the park in their VW minibus.*
Die beiden Beamten stellen die Jugendlichen am Parkausgang zur Rede:	*The two officers stop the youths at the exit of the park:*
AM: Polizei! Bleibt stehen! Was war das für ein Auftritt im Park? Heh?	Police! Stop! What was going on in the park? Eh?

Die Jugendlichen sind schlagartig ruhig. Danny hat Angst.	*Immediately the youths are silent. Danny is scared.*
D: Ich hab' euch gleich gesagt, dass das nicht gut geht.	I told you that nothing good would come of it.
J: Entschuldigen Sie, aber wir haben doch nur Spass gemacht und sind herumgetollt.	Sorry, but we were only having a little bit of fun and were romping around.
TB: Und die kaputten Lampen? Wenn wir nachschauen, finden wir bestimmt noch mehr, oder?	And the broken lamps? If we have a closer look, we'll certainly find more, won't we?
B *(kleinlaut):* Ich habe einen Abfallbehälter kaputt gemacht. Der ist aber nur aus seiner Halterung herausgesprungen und liegt dort hinten.	*(sheepish)* I broke a rubbish bin. But it only came off its fastenings, and it's over there on the ground.
AM: So, dann alle mal einsteigen!	Well, everybody get into the car.
Nachdem sie kurz durchsucht wurden, setzen sich die Jugendlichen in den Fond des VW-Busses.	*After a short search, the youths sit down in the back of the VW minivan.*
AM: Wo wollt Ihr eigentlich hin?	Where were you going to?
K: Wir sind in einer Skifreizeit hier und wohnen in der Jugendherberge. Dort ist auch unser Betreuer. Wir sind auf dem Weg dorthin.	We're here on a skiing trip and are staying at the youth hostel. Our leader is there, too. We're on our way there.
Die Beamten bringen die Jugendlichen bis zur Jugendherberge, lassen sie aber noch im Fahrzeug sitzen.	*The officers take the youths to the youth hostel, but the latter have to remain in the vehicle.*
PK Münzer geht zum Herbergsvater und bittet um Auskunft:	*PK Münzer walks up to the warden and asks for information:*
AM: Guten Abend. Haben Sie eine englische Jugendgruppe im Haus?	Good evening. Do you have an English youth group in the house?
FL: Oh! Die Polizei bei uns? Guten Abend. Ja, wir haben eine englische Gruppe hier. Da, in der Sesselgruppe wartet ihr Betreuer.	Oh! Police in our hostel? Good evening. Yes, we have an English group with us. There, in the armchair, is their leader.
AM: Danke.	Thank you.
PK Münzer geht zu dem Betreuer.	*PK Münzer walks up to the leader.*

AM: Guten Abend. Mein Name ist Münzer. Ich bin von der Polizei Garmisch-Partenkirchen. Befinden Sich in Ihrer Gruppe Jugendliche mit Namen Kevin, Benny, Joshua und Danny?	Good evening. My name is Münzer, I'm from the Garmisch-Partenkirchen police. Are there any youngsters called Kevin, Benny, Joshua and Danny in your group?
GP: Ja, die Jungs gehören zu meiner Gruppe. Ist etwas passiert?	Yes, these boys belong to my group. Has anything happened?
AM: Die vier sitzen draußen im Streifenwagen. Sie haben Alkohol getrunken und waren dann mal eben im Park unterwegs, um ein paar Lampen zu beschädigen. Wir schauen noch genau nach, es müssten noch mehr Dinge kaputt sein.	The four are outside in the patrol car. They've been drinking alcohol, and then they went into the park to damage some lamps. We still have to take a closer look, some more things are likely to be broken.
GP: Das ist mir sehr peinlich. Wissen Sie, wir haben nämlich abgesprochen, dass sie an ihrem freien Tag, also ohne mich, sich anständig verhalten sollen. Ganz besonders habe ich den Jungs das Alkoholverbot eingetrichtert. Und nun das. Ist der Schaden hoch?	That's very embarrassing. You know, we agreed that they should behave properly on their free day without me. And I made it very clear that they weren't allowed to drink alcohol. And now this. Is there a lot of damage?
AM: Das wissen wir noch nicht. Aber wie ist es möglich, dass Sie als Betreuer nicht dabei waren?	We don't know yet. But how come that you, as their leader, weren't with them?
GP: Alle vier sind 17 Jahre alt, und es ist nicht ihre erste gemeinsame Skifreizeit. Die Eltern kennen sich untereinander. Sie haben eine Erklärung unterschrieben, dass ihre Söhne auch einmal ohne Betreuer unterwegs sein dürfen. Nun, dieser Tag war heute.	All four are 17, and it is not their first skiing trip together. Their parents know each other. They signed a paper saying that their sons were allowed to go out unsupervised once. And that was today.
Allerdings habe ich darauf bestanden, dass sie mit Schließung der Pforte um 23.00 Uhr hier in der Herberge sind. Pünktlich sind sie ja, aber die Umstände?	But I insisted that they be back at 11 p.m., when the hostel closes its doors. They are certainly punctual, but what about the rest?

AM: Ich gehe sie jetzt holen. Sie sind draußen bei meiner Kollegin. Dann werde ich die Personalien von Ihnen allen feststellen. Bleiben Sie noch länger?

GP: Ja, wir sind erst drei Tage hier und bleiben noch eine Woche. Wie kann ich den Schaden bezahlen? Gibt es eine Anzeige?

AM: Morgen früh wird sich unser Jugendsachbearbeiter mit Ihnen in Verbindung setzen und die weiteren Schritte besprechen. Bis dahin wissen wir auch mehr über die Sachschäden.

Wir müssen eine Anzeige vorlegen. Die Schadensregulierung geschieht über die Stadtverwaltung Garmisch-Partenkirchen. Und die Vorgehensweise der Staatsanwaltschaft erfahren Sie morgen.

GP: In Ordnung. Vielen Dank!

I'll go and get them. They are outside with my colleague. Then I'll write down everybody's personal data. Are you staying longer?

Yes, we've only been here for three days and we're staying for another week. How can I pay for the damage? Will they be charged?

Tomorrow morning, our youth officer will come to see you and talk about further measures. By then, we'll know more about the property damage.

We have to prefer charges. The city administration of Garmisch-Partenkirchen will deal with the damage. And tomorrow you'll hear more about how the state prosecutor's office will deal with the matter.

All right. Thanks a lot.

Thema 21

Drogen

Szene 1 – Fahrzeugkontrolle im Rahmen der Bekämpfung der Betäubungsmittelkriminalität

Personen: PHK Philipp Sawatzki (PS), PK Hans-Jürgen Peters (HP), Fahrzeuginsassen Bill Jones (BJ), Fred Miller (FM) und Christopher Chambers (CC) aus dem Bereich Greater Manchester

Alljährlich findet an der Rennstrecke Nürburgring in der Eifel das Rockkonzert „Rock am Ring“ statt.

Die Veranstaltung hat großen internationalen Zuspruch.

Je nach Art der dargebotenen Musik, der auftretenden Gruppen und der Art der Durchführung der Veranstaltung muss davon ausgegangen werden, dass viele Besucher versuchen, Betäubungsmittel in den eigentlichen Konzertbereich einzubringen.

Um dies zu verhindern, führt die Polizei Vorkontrollen durch.

Handel und Konsum von Betäubungsmitteln sollen weitgehend unterbunden werden.

Im Vorfeld hat die Kriminalpolizei den Hinweis eines Szeneangehörigen erhalten, wonach ein Kleinbus mit britischen Kennzeichen eine größere Menge Kokain anliefern soll.

Drugs

Scene 1 – Vehicle check as part of the fight against drugs

Characters: PHK Philipp Sawatzki (PS), PK Hans-Jürgen Peters (HP), motorists Bill Jones (BJ), Fred Miller (FM) and Christopher Chambers (CC) from the Greater Manchester area

Every year the rock concert "Rock am Ring" takes place on the Nürburgring race circuit in the Eifel region.

The event attracts a large number of visitors from many countries.

Depending on the type of music performed, as well as on the performing groups and the way the event is organized, it must be assumed that many visitors will attempt to smuggle drugs into the concert area proper.

In order to prevent this, the police conduct advance checks.

The police aim to largely prevent dealings in and consumption of drugs.

In the run-up to the event, the CID have received a tip from a member of the drug scene according to which a minibus with British numberplates is supposed to deliver a major quantity of cocaine.

Bei einer Vorkontrolle wird ein Kleinbus entdeckt und angehalten.	*In the course of an advance check, a minibus is detected and stopped.*
HP: Guten Tag. Wir führen eine Polizeikontrolle durch. Wohin fahren Sie?	Good afternoon. We're conducting a traffic check. Where are you going?
BJ: Wir fahren zum Konzert.	We're going to the concert.
HP: Auf welcher Strecke sind Sie hierher gekommen?	What route have you come by?
BJ: Wir sind mit dem Zug durch den Eurotunnel gekommen und haben dann die Autobahn genommen. Die einzelnen Städtenamen sind mir nicht so bekannt. Wir haben uns nach dem Navigationssystem gerichtet. Jetzt sind wir hier.	We took the shuttle train through the Eurotunnel, and then we used the motorway. I don't know the names of all the cities. We used our navigation system. Now we are here.
HP: Haben Sie irgendwelche Drogen dabei?	Are you in possession of any drugs?
BJ: Nein, natürlich nicht.	No, of course not.
HP: Ich muss Sie bitten, den Bus zu verlassen. Dabei nimmt jeder das Gepäck mit nach draußen, das ihm gehört!	I must ask everyone to leave the bus and to take their luggage with them.
Beim Aussteigen wird jeder Insasse von einem Beamten empfangen, der sich um ihn kümmert.	*When they get off the bus, each of them is taken care of by an officer.*
Im Bus bleibt eine Reisetasche zurück.	*One travel bag remains in the bus.*
Auf die Frage nach dem Besitzer meldet sich niemand.	*When asked about the owner, nobody comes forward.*
Daraufhin öffnen die Beamten die Tasche und finden einen britischen Reisepass und 175 einzeln abgepackte Garfieldtrips.	*So the bag is opened and searched by the officers. A British passport and 175 individually wrapped Garfield trips are found.*
Das Lichtbild im Pass zeigt eindeutig einen der Businsassen.	*The photograph in the passport clearly shows one of the bus passengers.*
HP: Gehört Ihnen diese Tasche?	Does this bag belong to you?
FM: Nein. Ich weiß nicht, wem die Tasche gehört.	No, I don't know whose bag it is.
HP: Wie kommt dann Ihr Pass in diese Tasche?	How did your passport get into this bag then?

FM: Ich weiß nicht. Den muss mir jemand gestohlen und in diese Tasche gesteckt haben.

HP: Stellen Sie sich bitte mit dem Gesicht zum Bus, legen Sie die Hände an den Bus und spreizen Sie die Beine! Ich durchsuche Sie jetzt.

FM: Ich will aber nicht durchsucht werden. Ich habe nichts gemacht. Ich bin britischer Staatsbürger und will den britischen Konsul sprechen.

HP: Sie können später mit dem britischen Konsulat in Düsseldorf telefonieren. Jetzt werden Sie durchsucht. Wenn Sie sich weigern, müssen wir die Durchsuchung gegen Ihren Willen durchsetzen.

Bei der Durchsuchung werden gefunden:

- *weitere 86 einzeln verpackte Garfieldtrips in einem Einschubfach im rechten Ärmel seiner Jacke,*
- *ca. 20 Gramm Haschischbrocken in einem Fach der mitgeführten Tasche, und*
- *ca. 2 Gramm weißes Pulver in einer Tüte im Taschenmesserfach seiner Jeanshose.*

Ein Diensthundeführer setzt seinen Rauschgiftspürhund am und im Fahrzeug und an den Gepäckstücken an.

Das Tier zeigt durch die noch frischen Gerüche an, weitere Betäubungsmittel, auch das vermutete Kokain, werden aber nicht gefunden.

PK Peters wendet sich an Fred Miller:

HP: Sie sind vorläufig festgenommen wegen Verdachts des Verstoßes

I don't know. Someone must have stolen it and put it into this bag.

Please turn around, facing the bus, put your hands on the bus and spread your legs. I'm going to search you now.

But I don't want to be searched. I haven't done anything. I'm a British citizen and I wish to speak to the British consul.

You can phone the British consulate in Düsseldorf later. First you'll be searched. If you resist, we'll have to use force.

During the search the following items are found:

- *86 more individually wrapped Garfield trips in a pocket of the right sleeve of his jacket,*
- *about 20 grams of hashish pieces in a pocket of the bag, and*
- *about 2 grams of a white powder in a paper bag which was in the knife pocket of his jeans.*

A dog handler (US: canine officer) has his drug-sniffing dog sniff the inside and outside of the vehicle and the bags.

The dog responds to the scents which are still fresh, but no further substances, including the suspected quantity of cocaine, are found.

PK Peters turns to Fred Miller:

You're under temporary arrest because you're suspected of having

gegen das Betäubungsmittelgesetz.

committed an offence under the Narcotics Act.

Wir nehmen Sie jetzt mit zur Dienststelle. Dort stellen wir Ihre Personalien genau fest und überprüfen sie, außerdem werden Sie auch erkennungsdienstlich behandelt. Wir leiten gegen Sie ein Strafverfahren ein.

We're going to take you to our police station now. There your identity will be checked and established, and you'll be photographed and fingerprinted. We'll institute criminal proceedings against you.

FM: Wieso das denn? Die Trips habe ich von meinem Arzt bekommen. Ich bin in einem Therapieprogramm in England. Da ich das Konzert besuchen wollte, hat mir mein Arzt soviel verschrieben, wie ich für die vier Tage benötige, damit ich nicht auf Entzug komme. Ich will sofort meinen Anwalt in Manchester anrufen.

Why? I got that dope from my doc. Back home in England, I'm on a therapy programme, and because of the concert, my doc prescribed as much as I need for these four days so that I won't suffer from withdrawal symptoms. I want to make a phone call to my solicitor in Manchester right now.

HP: Von unserer Dienststelle aus können Sie Ihren Anwalt oder das Konsulat in Düsseldorf anrufen.

You can phone your solicitor or the consulate in Düsseldorf from the police station.

FM: Kann ich mich nicht dagegen wehren? Welche Rechte habe ich überhaupt?

Is there anything I can do about it? What rights, if any, do I have?

HP: Das erkläre ich Ihnen alles auf der Dienststelle.

I'll explain all that at the police station.

FM: Wenn Ihr mich nicht sofort mit meinem Anwalt telefonieren lasst, gehe ich nicht mit auf die Dienststelle. Ich bin britischer Staatsbürger, und Ihr müsst mich vorher mit meinem Anwalt reden lassen.

If you don't let me talk to my solicitor right away, I'll refuse to go to your station. I'm a British citizen and you've got to let me talk to my solicitor first.

HP: Ich habe Ihnen schon gesagt, dass Sie mit Ihrem Anwalt sprechen können. Dazu müssen wir aber zunächst zu unserer Dienststelle. Wenn Sie sich wehren, machen Sie es nur schlimmer.

I've already told you that you can speak to your solicitor. But for that, we'll have to go to our police station first. If you resist, you'll only make matters worse.

Fred Miller wird zur Dienststelle verbracht.

PK Peters erklärt ihm die weitere Vorgehensweise:

HP: Ich schreibe jetzt zuerst Ihre Personalien auf. Sie sind verpflichtet, sie anzugeben. Anschließend muss ich den Sachverhalt niederschreiben. Dazu brauchen Sie aber nichts zu sagen und können jederzeit einen Anwalt Ihrer Wahl hinzuziehen. Wenn Sie aber Angaben machen, werden Sie aufgeschrieben und zur Ermittlungsakte genommen.

Wir lassen Ihre Identität anhand des Lichtbildes in Ihrem Reisepass, der Passnummer und anhand Ihrer Fingerabdrücke durch die Kollegen in England überprüfen.

Sie werden bis zum vollständigen Abschluss unserer Ermittlungen im Polizeigewahrsam genommen. Die Ermittlungsakte legen wir umgehend der Staatsanwaltschaft vor.

Der Staatsanwalt wird anordnen, Sie dem Ermittlungsrichter vorzuführen. Er wird auch einen Haftbefehl gegen Sie beantragen. Wird dieser Haftbefehl erlassen, werden Sie in die Justizvollzugsanstalt Koblenz eingeliefert.

Vor Ihrer Vorführung beim Richter erhalten Sie Gelegenheit, mit Ihrer Botschaft oder dem Konsulat zu telefonieren. Einen Anwalt können Sie schon jetzt anrufen.

Fred Miller is taken to the police station.

PK Peters explains the further procedure to him:

First I'll take down your personal data. You're obliged to give them. Afterwards I'll have to write down the details of the case. But you need not say anything, and you can get a lawyer of your choice at any time. However, if you make a statement, it will be recorded and filed.

Our English colleagues will check your identity with the help of the photograph in the passport, the passport number and your fingerprints.

You'll remain in police custody until our investigations have been completed. The file will be forwarded to the prosecutor's office at once.

You'll be brought before the magistrate by order of the public prosecutor. The prosecutor will apply for an arrest warrant. If this arrest warrant is issued, you will be taken to Koblenz prison.

Prior to appearing before the magistrate, you'll be given an opportunity to make a phone call to your embassy or the consulate. You may call a solicitor right now.

	Zwischenzeitlich werden die Überprüfungen an der Kontrollstelle fortgesetzt.	*Meanwhile the check is continued at the checkpoint.*
	Alle Insassen werden durchsucht, ebenso die von ihnen mitgeführten Sachen.	*All passengers are searched, as is their luggage.*
	Bei Christopher Chambers werden 12 Gramm Marihuana sichergestellt.	*Christopher Chambers is found in possession of 12 grams of marihuana, which is secured.*
PS:	Wo haben Sie das Marihuana her?	Where did you get the marihuana from?
CC:	Ich habe es auf einem Rastplatz von einem Unbekannten gekauft. Wo das genau war, kann ich nicht sagen.	I bought it from a stranger at a rest area. I can't remember exactly which rest area it was.
PS:	Was haben Sie dafür bezahlt?	How much did you pay for it?
CC:	Nicht viel, es war billig.	Not much, it was cheap.
PS:	Dann sagen Sie mir doch, was es gekostet hat!	Then tell me how much you paid for it.
CC:	Ich habe 20 Euro bezahlt.	I paid 20 euros.
PS:	Für wen ist das Marihuana bestimmt?	For whom did you buy the marihuana?
CC:	Das ist nur für mich. Ich wollte es nicht verkaufen. Es sollten nur ein paar Joints werden. Wenn jemand auch einmal hätte ziehen wollen, hätte er das natürlich tun können. Aber ich hätte kein Geld dafür genommen.	Only for myself. I didn't intend to sell it. I had only planned to get a few joints out of it. If anybody had wanted to have a puff, he could have done so, of course. But I wouldn't have taken any money.
PS:	Ich stelle das Marihuana sicher und nehme es in amtliche Verwahrung.	I herewith secure the marihuana and take it into official custody.
CC:	Das will ich aber nicht.	But I don't want you to.
PS:	Dann beschlagnahme ich das Rauschgift. Ihnen wird ein richterlicher Beschlagnahmebeschluss zugestellt. Sie müssen jetzt mit uns zur Dienststelle kommen.	Then the dope will be confiscated. You'll get a requisition order issued by the court. I'm afraid you'll have to come with us to the police station now.

	Dort wird Christopher Chambers vernommen, und der Sachverhalt wird festgehalten.	*At the police station, Christopher Chambers is questioned and all the details are recorded.*
	Dann setzt der Staatsanwalt eine Sicherheitsleistung in Höhe von 300 Euro fest.	*Then the prosecutor fixes bail at 300 euros.*
PS:	Ich habe gerade mit dem Staatsanwalt telefoniert, er hat eine Sicherheitsleistung in Höhe von 300 Euro festgesetzt.	I've just been on the phone to the prosecutor, who has fixed bail at 300 euros.
CC:	Das verstehe ich nicht.	I don't understand that.
PS:	Gegen Sie wird ein Strafverfahren wegen des Verdachts des Einfuhrschmuggels und des illegalen Besitzes von Betäubungsmitteln eingeleitet.	Proceedings will be instituted against you on suspicion of illegally importing and illegal possession of drugs.
	Um das Strafverfahren gegen Sie zu sichern, müssten wir Sie über die Staatsanwaltschaft einem Ermittlungsrichter vorführen, der Haftbefehl erließe. Sie müssten dann bis zur Hauptverhandlung in Untersuchungshaft bleiben.	In order to secure the due course of proceedings, we'd have, through the public prosecutor, to bring you before a magistrate; the magistrate would issue an arrest warrant. You'd then have to be remanded in custody pending trial.
	Da aber bei diesem Delikt wahrscheinlich nur eine Geldstrafe zu erwarten ist, kann die Staatsanwalt auf eine Vorführung verzichten, wenn das Verfahren durch Hinterlegen eines Geldbetrages, der die Verfahrenskosten und die zu erwartende Geldstrafe abdeckt, gesichert wird. Das sind in Ihrem Fall 300 Euro.	But since this offence will probably be punished with a fine, the prosecutor can waive bringing you before a magistrate if you leave an amount of money which covers the cost of the proceedings and the fine to be expected. In your case, this means 300 euros.
CC:	Dann bin ich ja in der Verhandlung nicht dabei und kann mich nicht verteidigen.	That means I won't be present at the trial and I have no chance of defending myself.
PS:	Sie erhalten rechtzeitig eine Ladung zur Hauptverhandlung. Sie können sich aber auch davon entbinden lassen.	You'll get a summons for the trial in due course. But you may also waive your right to appear.

CC: Und wenn ich freigesprochen werde?

PS: Dann erhalten Sie das Geld zurück.

CC: Mein Geld reicht nicht. Ich kann dann das Konzert nicht mehr besuchen.

PS: Wenn wir Sie festnehmen müssen, sehen und hören Sie vom Konzert auch nichts.

CC: Lassen Sie mich mit meinen Freunden reden. Wenn wir alle zusammenlegen, reicht das Geld vielleicht.

What happens if I'm acquitted?

Then the money will be returned to you.

I don't have that much money on me. And I wouldn't be able to go to the concert.

If you have to go to prison, you wouldn't be able to enjoy the concert either.

Let me talk to my friends. If we pool our money, we might perhaps scrape enough money together.

Szene 2 – Personenkontrolle an einem Drogenumschlagplatz

Personen: PK Oliver Beck (OB), PK Denis Cauler (DC), niederländischer Matrose in der Binnenschifffahrt Jan van Wyk (JW)

In einem Park im Zentrum Duisburgs in Nähe des Innenhafens wird seit einiger Zeit offen mit Kleinstmengen von Drogen gedealt.

Die Rauschmittel werden oft direkt vor Ort konsumiert.

Die Szene hat immer nur kleinere Mengen dabei, um Eigengebrauch vorzutäuschen.

Nach einem Verkauf werden Depots aufgesucht, um sich neu einzudecken.

Bewohner des Stadtteils haben sowohl die Polizei als auch die Kommune über die Zustände informiert.

Scene 2 – Checking persons in a drug-dealing area

Characters: PK Oliver Beck (OB), PK Denis Cauler (DC), Dutch bargeman Jan van Wyk (JW)

In a park in the centre of Duisburg, quite close to the inner harbour, small amounts of drugs have been traded openly for some time.

Often the drugs are consumed there and then.

The addicts always have only small quantities of drugs on them to pretend they are only for their own consumption.

When they have sold some, they go to caches to get new supplies.

Residents of the district have informed the police as well as the city administration about this state of affairs.

Mit Zivilstreifen zu Fuß versucht die Polizei, Straftaten zu entdecken und die Szene zu verdrängen.

Police foot patrols are watching the scene in order to detect offences and to force the drug scene to move away.

Kurz nach 13.00 Uhr fällt PK Beck ein Mann auf einem Kinderspielplatz auf.

Shortly after 1 p.m., PK Beck notices a man at a children's playground.

Er beobachtet ihn und sieht, wie er ein kleines Päckchen an einen Jugendlichen übergibt.

He watches him and witnesses how a small packet is handed over to a minor.

Das geschieht blitzschnell.

The handing-over happens very fast.

Dennoch sieht er, wie der Jugendliche einen Geldschein in die Hand des Mannes schiebt.

Yet the officers sees that the adolescent shoves a banknote into the man's hand.

PK Beck informiert über das Mobiltelefon seinen Kollegen PK Cauler, der sich in unmittelbarer Nähe befindet.

PK Beck informs his colleague PK Cauler, who is quite close, on his mobile phone.

In gegenseitiger Absprache will PK Cauler den jugendlichen Käufer angehen, während PK Beck den Mann weiterhin beobachtet.

They both agree that PK Cauler should address the young buyer while PK Beck continues to watch the man.

Als sich der Jugendliche und PK Cauler auf einem Parkweg entgegenkommen, packt der Beamte ihn am Arm, weist sich als Polizeibeamter aus und nimmt ihn fest.

When the youngster and PK Cauler meet on one of the paths in the park, the officer grabs his arm, identifies himself as a police officer and arrests him.

Der Jugendliche versucht vergeblich loszurennen.

The youngster tries, in vain, to run away.

Er wird gefesselt.

He is handcuffed.

Als ihn PK Cauler durchsucht, findet er ein Bubble (= Heroinplombe) in der rechten Hosentasche, hält es dem Jugendlichen vor die Augen und stellt es anschließend sicher.

When searching him, the officer finds a heroin bubble in the right trouser pocket, holds it in front of the young man's eyes and secures it afterwards.

Danach informiert er seinen Kollegen, und sie beschließen, nun auch den Verkäufer festzunehmen.

After the arrest, PK Cauler informs his colleague, and they decide to arrest the seller as well.

PK Beck geht auf das Spielplatzgelände, nähert sich dem Dealer, als dieser

PK Beck walks to the playground area and approaches the dealer, the

in die entgegengesetzte Richtung weggeht und dabei immer schneller wird.

latter walking away in the opposite direction, accelerating his pace.

PK Beck sprintet dem Mann hinterher, während von vorne sein Kollege mit dem Jugendlichen erscheint.

PK Beck runs after the man while his colleague appears in front of him, together with the youth.

Sie nehmen den Mann fest.

They arrest the man.

OB: Polizei. Ich habe eben beobachtet, wie Sie an diesen Jugendlichen etwas verkauft haben. Ich habe den Verdacht, dass es sich um Rauschgift handelt.

Police. I've just watched you selling something to this young man. I suspect that it was dope.

JW: Lassen Sie mich los! Ich bin Holländer.

Let go of me. I'm Dutch.

OB: Ich beschuldige Sie des Handels mit Betäubungsmitteln. Dieser Jugendliche hat gerade ein Bubble von Ihnen gekauft.

I charge you with dealing drugs. This youngster bought a bubble of heroin from you.

Ich durchsuche Sie jetzt. Ich bin sicher, ich finde das Geld, vielleicht noch mehr.

I'm going to search you now. I'm sure I'll find the money, perhaps even more.

JW: Gehen Sie von mir weg! Fassen Sie mich ja nicht an!

Get away from me. Don't you touch me.

Der Mann fuchtelt mit den Armen.

The man waves his arms about.

Zwei geschickte Griffe und er liegt auf dem Boden.

Two expert movements, and he is lying on the ground.

Dort wird er gefesselt.

There he is handcuffed.

Bei der anschließenden Durchsuchung findet PK Beck 400 Euro, alles in 10-Euro-Scheinen.

During the following search, PK Beck finds 400 euros, all in ten-euro bills.

Er findet aber keine Drogen.

But he does not find any drugs.

OB: Sie sind festgenommen. Ich habe eine Streife bestellt, die Sie zur Dienststelle bringt. Wenn die Kollegen da sind, durchsuche ich Sie noch einmal gründlicher.

You're under arrest. I've requested a patrol car which will take you to the police station. After my colleagues have arrived, I'm going to search you again, this time more thoroughly.

JW: Leck mich am Arsch!

Kiss my ass!

OB: Sie sollten sich ruhig verhalten und mich nicht verärgern!

Keep calm and don't annoy me.

JW: Was willst Du denn vor mir, kleiner Bulle? Ich bin von einem Schiff, das im Innenhafen liegt, und morgen bin ich schon wieder in Holland. Dafür wird mein Kapitän von der Haarlem schon sorgen. Ihr könnt mir gar nichts anhaben.	What do you want from me, little copper? I'm from a barge which is in the inner harbour, and tomorrow I'll be back in Holland. My captain of the Haarlem will see to that. You have absolutely nothing on me.
Bis der Streifenwagen eintrifft, befragt PK Cauler den Jugendlichen; er gibt an, dass er 17 Jahre alt ist.	*PK Cauler uses the time until the arrival of the patrol car to question the young man, who, when asked about his age, says that he is 17.*
PK Cauler erklärt ihm, dass er nun ein paar Schwierigkeiten haben werde, woraufhin der Jugendliche einräumt, 10 Euro für das Rauschmittel bezahlt zu haben.	*PK Cauler explains to him that now he will have some problems, so the youth admits to having paid 10 euros for the drug.*
Er klärt ihn auch über seine Rechte auf, und der Jugendliche wiederholt seine Angaben.	*He informs the youth about his rights, and the latter repeats his statements.*
Mittlerweile ist der Funkstreifenwagen eingetroffen, und die Beamten werden über die Festnahmen unterrichtet.	*In the meantime, the patrol car has arrived, and the officers are informed about the arrest.*
PK Beck wendet sich an Jan van Wyk:	*PK Beck turns to Jan van Wyk:*
OB: Stehen Sie auf! Ich durchsuche Sie jetzt noch einmal.	Get up. I'm going to search you again.
Er dreht die Jackenhälften von Jan van Wyks Blouson nach außen, stülpt die Taschen um und findet einen weiteren Bubble.	*He turns the jacket and the pockets of Jan van Wyk's bomber jacket inside out and finds another bubble.*
Auf der Dienststelle muß Jan van Wyk sich anschließend vollständig ausziehen, so dass seine Kleidung genau durchsucht werden kann.	*At the police station, Jan van Wyk has to take off all his clothes so that they can be searched thoroughly.*
Die üblichen Maßnahmen schließen sich an.	*The usual procedures follow.*
Die Kriminalpolizei und die Wasserschutzpolizei wollen auch Teile des Schiffes durchsuchen.	*The CID and the river police intend to search parts of the barge, too.*

Dabei werden auch die Zollfahndung und ein Diensthundeführer mit seinem Drogenspürhund mitwirken.

Vor Ort bleiben die Zivilbeamten mit dem Jugendlichen zurück.

DC: Wir fahren jetzt gemeinsam zu unserer Dienststelle. Unser Auto steht ganz in der Nähe. Wenn Du keine Schwierigkeiten mehr machst, können wir Dir auch die Handfessel wieder abnehmen.

Aber jetzt sagst Du erst einmal, wie Du heißt und wo Du wohnst. Über alles andere reden wir in unserem Büro.

The customs investigation department and a dog handler with his drug-sniffing dog will also take part.

The plain-clothes officers stay behind with the youngster.

Now we're going back together to our police station. Our car is parked nearby. If you don't make any trouble, we can take off your handcuffs again.

But first of all, tell us your name and where you live. And we'll talk about everything else in our office.

Thema 22

Sexualdelikte

Szene 1 – Vergewaltigung

Personen: PK'in Frauke Augusta (FA), KHK'in Petra Krause (PK), Opfer Susan Walker (SW)

Berlin, 23.34 Uhr

Nach einem Notruf wegen Vergewaltigung und dem darauf folgenden Polizeieinsatz wird eine leicht verletzte junge Frau in Begleitung einer Notärztin ins Krankenhaus eingeliefert.

Zur gleichen Zeit wird der Tatort nach Spuren abgesucht, und es läuft eine Personenfahndung.

Frauke Augusta als Streifenführerin der Schutzpolizei übergibt den Tatort an die Kriminalbeamtin Petra Krause.

FA: Es gab eine Vergewaltigung im Tiergarten. Das Opfer ist eine junge Frau. Sie ist dabei leicht verletzt worden. Sie wurde mit dem Rettungswagen und notärztlicher Begleitung ins Krankenhaus gebracht.

Während die Tatortaufnahme stattfindet, trifft KHK'in Krause in der Notaufnahme ein, spricht mit der Ärztin und wendet sich dann an das Opfer:

PK: Guten Abend. Bitte kommen Sie etwas zur Ruhe! Wir alle versuchen Ihnen zu helfen.

SW: Ich bin überfallen und vergewaltigt worden.

Sexual offences

Scene 1 – Rape

Characters: PK'in Frauke Augusta (FA), KHK'in Petra Krause (PK), victim Susan Walker (SW)

Berlin, 23.34 p.m.

After an emergency call and the subsequent response of the police, a young woman, who is slightly injured, is brought to hospital, accompanied by a female emergency doctor.

At the same time, other officers are searching the scene, and there is an alert out for a person.

Frauke Augusta, leader of a uniformed patrol, passes the facts on to CID officer Petra Krause.

There has been a rape in the Tiergarten park. The victim is a young woman. She's been slightly injured. An ambulance took her, together with an emergency doctor, to hospital.

While the police are working the crime scene, KHK'in Krause arrives at the emergency ward, talks to the doctor and then addresses the victim:

Good evening. Please calm down. We're all trying to help you.

I've been assaulted and raped.

PK: Bitte kommen Sie mit, wir reden in einem ruhigen Zimmer darüber!	Would you please come along with me? We'll talk it over in a quiet room.
Nach dem Ortswechsel:	*In the other room:*
PK: Wenn Sie Schmerzen haben, sagen Sie es bitte! Die Ärztin ist ja noch hier.	If you're in pain, please tell us. The doctor is still here.
SW: Danke, es geht schon.	Thank you. I think I'm all right.
PK: Möchten Sie sich mit mir allein unterhalten, oder wünschen Sie, wie es Ihr Recht ist, jemanden hinzuzuziehen, vielleicht eine Person Ihres Vertrauens?	Would you like to talk to me alone, or would you like to have somebody with you, a confidant(e), perhaps?
SW: Nein, danke.	No, thank you.
PK: Dann schildern Sie bitte, was passiert ist! Ich möchte mit Ihrer Hilfe so viel wie möglich über den Täter und den Tathergang erfahren.	Then please tell me what happened. With your help, I'd like to know as much as possible about the offender and the offence.
Schließlich wollen wir, dass dieser Mann gefasst wird. Ich muss leider einige sehr genaue Einzelheiten wissen. Sind Sie damit einverstanden, dass ich unser Gespräch aufzeichne?	After all, we all want to catch this man. I'm afraid you'll have to give me some very precise details. Do you agree to me recording our talk?
SW: Ja, Sie können alles auf Band aufnehmen.	Yes, you can record everything on tape.
PK: Haben Sie den Mann schon einmal gesehen? Sind Sie schon einmal mit ihm zusammengetroffen?	Had you seen that man before? Had you already met him?
SW: Ich bin seit zwei Tagen als Touristin hier und wohne im Hotel Europa. Ich bin ohne Begleitung. Dieser Mann ist mir noch nicht aufgefallen.	I've been here as a tourist for two days, and I'm staying at the Hotel Europa. I'm on my own. I hadn't noticed that man before.
PK: Würden Sie den Mann wieder erkennen?	Would you recognize that man?
SW: Ja. Er war mit seinem Gesicht ganz nah an meinem und küsste mich. Gleichzeitig drückte er mir	Yes. His face was very close to mine, and he kissed me. At the same time, he strangled me with both hands

	mit beiden Händen immer wieder den Hals zu. Mit blieb öfters die Luft weg.	again and again. At times I couldn't breathe properly.
PK:	Ich möchte Sie nun so wenig wie möglich unterbrechen. Schildern Sie mir einfach Ihr Erlebnis und Ihre Eindrücke! Wenn Sie möchten, können wir immer wieder eine Pause einlegen.	From now on, I don't want to interrupt you unless it's absolutely necessary. Please just tell me what happened and your impressions. If you want to, we can have a break whenever you'd like to.
SW:	Also, es war ein schlanker Mann, ich schätze ihn auf ca. 30 Jahre. Sein Gesicht war unauffällig, nur ein dunkler Schnurrbart fiel mir auf.	Well, he was a slim man, I think he was about 30 years old. His face was quite normal, but I noticed a dark moustache.
	Seine Hände waren sehr groß und schwielig, und der Mann hatte Kraft. An mehr kann ich mich eigentlich gar nicht erinnern.	His hands were very large and calloused and the man was strong. I can't remember anything else really.
	Das ist jetzt 40 Minuten her. Ich ging auf einem gut beleuchteten Weg im Tiergarten. Das war nicht weit weg von der Siegessäule.	That was 40 minutes ago. I walked on a well-lit path through Tiergarten park. It wasn't far from the Siegessäule.
	Als ich in Höhe des Kinderspielplatzes war, bemerkte ich diesen Mann zum ersten Mal; er stand an einer Schaukel und schaute mir nach.	When I was alongside the children's playground, I noticed that man for the first time, he was standing next to a swing and followed me with his eyes.
	Ich bin dann schon etwas schneller gegangen, und als ich mich umdrehte, war der Mann nicht mehr da. Bis zum Parkausgang waren es nur noch wenige hundert Meter, und ich kam an einer Buschgruppe vorbei.	I did walk a little bit faster then, and when I turned round, the man wasn't there any more. It was only a few hundred metres to the exit of the park, and I was walking past a group of shrubs.
	Ich erschrak, als der Mann plötzlich vor mir aus den Büschen trat und sofort sehr grob meinen Hals zudrückte. Sein ganzer Körper drängte sich gegen mich.	I got a fright when the man suddenly came out of the shrubs in front of me and at once squeezed my neck very roughly. His whole body pressed against mine.

Reflexartig wehrte ich mich und griff dem Mann in die langen Haare. Ich glaube auch, dass ich mit meinen Fingernägeln seinen Arm zerkratzt habe. Auf meinem T-Shirt sind Blutflecken.

In a kind of reflex action, I resisted and grabbed the man's long hair. I also think that I hurt his arm with my fingernails because he was bleeding. There are blood stains on my T-shirt.

PK: Hat der Mann irgendetwas zu Ihnen gesprochen?

Did the man say anything?

SW: Ja, er sagte aber nur Worte wie: „Ruhig sein! Nicht schreien! Ausziehen!"

Yes, but he said only words like "Quiet! Don't shout! Strip!"

PK: Was können Sie zu seiner Sprache und Sprechweise sagen?

What kind of language was it?

SW: Deutsch. Soweit ich mich auskenne, war es hiesiger Dialekt. Ich merkte, dass der Mann erregt war. Er küsste mich auf die Lippen.

Es ging ihm nicht schnell genug. Plötzlich ließ er kurz los, zerrte mich zu Boden und warf sich auf mich. Dabei griff er wieder an meinen Hals und ich bekam nur wenig Luft. Ich hatte große Angst.

Dann spürte ich seine Hand an meinem Schambereich und ich merkte, wie er meinen Slip herunterzerrte.

German. As far as I know, it was the local dialect. I noticed that the man was aroused. He kissed me on the lips.

It wasn't fast enough for him. Suddenly he let go of me for a moment, pulled me to the ground and threw himself upon me. As he did so, he squeezed my neck again and I only just managed to breathe. I was very frightened.

Then I felt his hand in my genital area and I realized that he was pulling down my panties.

PK: Haben Sie sich zur Wehr gesetzt?

Did you resist?

SW: Ich konnte nur unterdrückt schreien. Dadurch drückte er nur enger zu.

I only managed to utter a stifled scream but, because of that, he squeezed my neck even more.

PK: Und dann?

And then?

SW: Dann ging alles sehr schnell. Das war sehr schlimm, und ich erinnere mich gar nicht mehr so genau.

Then everything happened very fast. It was very bad, I can't remember exactly.

PK: Das tut mir sehr leid für Sie. Aber bitte beantworten Sie noch meine Frage: Kam es zum Geschlechtsverkehr?

I'm very sorry. But I have to ask you another question: Did you have intercourse?

SW: Ich war zunächst ganz starr und presste die Beine zusammen. Seine Hand und sein Körpergewicht zwangen mich aber dazu, meine Gegenwehr aufzugeben.	First I was quite still and pressed my legs together. But his hand and the weight of his body forced me not to resist any longer.
Ich weiß nicht mehr, wann er sein Glied herausgeholt hat, aber ich spürte deutlich, wie er rücksichtslos in mich eindrang. Ich habe sein Keuchen und Stöhnen jetzt noch in den Ohren.	I can't remember when he pulled out his penis, but I clearly felt him ruthlessly penetrating me. I can still hear his panting and groaning.
Ich war wie abwesend, wollte nichts davon hören und keine Gefühle zeigen. Ich hatte Angst und wünschte, dass es schnell vorbei sein würde.	I was absent as it were, I didn't want to hear anything and show any feelings. I was afraid and only hoped that it would be over very quickly.
PK: Kam es zum Samenerguss?	Did he ejaculate?
SW: Das habe ich nicht gespürt, vielleicht habe ich auch gar nicht darauf geachtet. Ich weiß es nicht.	I didn't feel it, but perhaps I didn't even pay attention to it. I don't know.
PK: Haben Sie aktiv mitmachen müssen? Hat der Täter irgendwelche Handlungen von Ihnen verlangt?	Did you have to participate actively? Did the offender demand any activity from you?
SW: Nein, nein. Er war nur mit sich selbst beschäftigt und nahm auf mich keine Rücksicht. Dann war es auf einmal vorbei. Er ließ von mir ab und rannte in Richtung Spielplatz weg.	No, no. He was busy with himself and didn't show any consideration for me. Then it was suddenly over. He let go of me and ran towards the children's playground.
PK: Wann haben Sie die Polizei gerufen?	When did you call the police?
SW: Sofort. Die deutsche Notrufnummer 110 ist in meinem Handy gespeichert. Ich habe auch um Hilfe geschrieen. Einige Leute sind gekommen. Mit denen haben die Polizisten gesprochen.	At once. The German emergency number 110 is saved in my mobile phone. I also shouted for help. Some people came. The police officers talked to them.
PK: Ich möchte, dass Sie mir den Mann noch einmal sehr konzentriert beschreiben.	Would you please describe the man to me once again, giving as many details as possible?

(Personenbeschreibung siehe Thema 27).	*(Description of persons see unit 27).*
Tragen Sie jetzt noch dieselbe Kleidung?	Are you still wearing the same clothes?
SW: Ja.	Yes, I am.
PK: Sie haben sich nicht umgezogen oder geduscht?	You haven't changed your clothes or had a shower?
SW: Nein. Die Polizei und die Ärztin waren sehr schnell da. Ich wurde gleich untersucht. Dann sind wir hierher gefahren.	No. The police and the doctor arrived very soon. I was examined immediately. Then we came here.
PK: Ich muss Ihre Kleidung sicherstellen und auf Spuren untersuchen lassen. Und Sie müssen auch hier von einem Arzt gynäkologisch untersucht werden.	I must secure your clothes and have them examined for traces. And you'll have to be examined gynaecologically by a doctor here.
SW: Muss das sein?	Is that really necessary?
PK: Leider sind diese Untersuchungen als Beweis erforderlich. Zur Spurensicherung und -auswertung muss durch einen Arzt ein Abstrich genommen werden. Gleichzeitig können Sie auf Verletzungen untersucht werden.	Unfortunately, these examinations are necessary as evidence. To secure and evaluate traces, a swab has to be taken by a doctor. At the same time, you can be examined for injuries.
Der Arzt wird Ihre Schamhaare auskämmen, die Partikel unter Ihren Fingernägeln sicherstellen und nach ausgerissenen Kopfhaaren des Täters schauen. Möglicherweise findet er auch noch Speichelreste. Bitte haben Sie hierfür Verständnis! Das können wir auch nicht aufschieben.	The doctor will comb out your pubic hair, secure particles from under your fingernails and look for pulled-out head hairs. He might even find some saliva residue. I ask for your understanding why we do this and why we have to do it immediately.
Die Kriminaltechnik bietet mit den molekulargenetischen Untersuchungen und dem DNA-Identifizierungsmuster einen eindeutigen Sachbeweis, und wir können somit den Täter eindeutig bestimmen.	Criminal technology with molecular-genetic examinations and the DNA identification system offer fool-proof physical evidence, and we can thus clearly identify the offender.

Ich mache jetzt Fotos von Ihrem Hals, Ihren Händen und ein Gesamtfoto von Ihrem jetzigen Aussehen und Ihrer Kleidung. Später muss ich dann noch mögliche andere Verletzungen dokumentieren, was sehr intim werden kann.

Ich wünsche Ihnen hierzu noch einmal alle Kraft. Wir holen in Ihrem Hotel Ersatzkleidung, wenn Sie das möchten. Vorübergehend bekommen Sie Krankenhauskleidung. Wenn Sie mit allen Untersuchungen fertig sind, holen wir Sie ab und bringen Sie ins Hotel, es sei denn, die Ärztin vertritt die Meinung, dass Sie lieber im Krankenhaus bleiben sollten. Aber das zeigt sich noch. Morgen sehen wir dann weiter.

I'm now going to take some photographs of your neck and your arms, and a full photograph of your present appearance and your clothes. Later, I must document other possible injuries, which might be very intimate.

I hope you're strong enough for this. We'll get some other clothes at your hotel if you wish. Temporarily you'll get hospital clothing. After all examinations have been completed, we'll pick you up and take you to your hotel, if the doctor doesn't think that you had better stay in hospital. But we'll see. We'll carry on tomorrow.

Szene 2 – Illegale Prostitution

Personen: Bezirksbeamter POK Heinrich Roschotzky (HR), in Düsseldorf lebender Ire Patrick O'Connor (PO)

Der irische Mieter Patrick O'Connor begegnet in seinem Stadtteil Grafenberg dem Bezirksbeamten der örtlichen Polizeiinspektion und erzählt ihm, was er vor kurzem beobachtet hat:

PO: Guten Tag. Sie sind doch hier der Bezirksbeamte? Ich möchte Ihnen gerne etwas mitteilen.

HR: Guten Tag. Was wollen Sie mir sagen?

Scene 2 – Illegal prostitution

Characters: community officer POK Heinrich Roschotzky (HR), Irishman Patrick O'Connor (PO) who lives in Düsseldorf

Irish tenant Patrick O'Connor meets the home beat officer of the local police station in his borough of Grafenberg and tells him of some observations which he has recently made:

Good afternoon. You are the district officer here, aren't you? I'd like to tell you something.

Good afternoon. What would you like to tell me?

PO:	Ich bin mir nicht ganz sicher, aber was ich da beobachtet habe, ist für mich anrüchig und nicht normal. Außerdem bekommt man so etwas nur im Fernsehen zu sehen. Ich glaube nämlich, dass sich in unserem Haus illegal Frauen aufhalten und einen Puff aufgezogen haben.	I'm not quite sure, but what I've noticed strikes me as rather shady and not normal. Furthermore, you only see something like that on TV. I think that some women live illegally in our house and operate a whore-house.
HR:	Dann erzählen Sie mal!	Then please tell me.
PO:	Ich wohne in der Limburgstraße 42 in der zweiten Etage, gleich hier um die Ecke. Über mir wohnen zwei junge Mädchen.	I live on the second floor in Limburgstrasse 42, just around the corner. Two young girls live in the flat above mine.
	So wie die aussehen, kommen sie aus dem Osten. Die wohnen noch nicht sehr lange da, arbeiten nicht, sind aber immer sehr gut angezogen, so aufgetakelt. Und sie bekommen oft Herrenbesuch.	The way they look they are from eastern Europe. They haven't lived there very long, they don't go to work, but they are always well-dressed, kind of tarted up. And they often receive male visitors.
HR:	Wie oft?	How often?
PO:	Sehr oft. Es sind immer andere Männer unterschiedlichsten Alters, meist etwas älter. Sie kommen immer tagsüber und bleiben eine halbe Stunde bis zu einer Stunde, manchmal auch etwas länger.	Very often. The gentlemen are different ones each time and are of various ages, mostly a little bit older. They usually come during the day and stay for half an hour or an hour, sometimes longer.
HR:	Und woher wissen Sie das?	How do you know?
PO:	Nun, ich bin Rentner und bekomme fast alles mit, was im Haus passiert Die Wände sind sehr hellhörig.	Well, I'm an old-age pensioner and I hear almost everything that happens in the house. The walls are very thin.
HR:	Erzählen Sie weiter!	Tell me more.
PO:	Bis vor einem halben Jahr haben dort andere Mädchen gewohnt. Auch die hatten ständig Männerbesuch. Damals habe ich angefangen, über diese Frauen nachzudenken.	Some other girls lived there until about half a year ago. But they too received male visitors all the time. Then I started to think about these women.

Einmal am Tag, so gegen 15.00 Uhr, kommt immer der gleiche Mann. Er parkt einen modernen Sportwagen vorm Haus. Und er hat offensichtlich einen Schlüssel zu der Wohnung.	Once a day, at about 3 p.m., the same man comes. He parks a modern sports car in front of the house. Apparently he has a key to the flat.
HR: Woher wissen Sie das?	How do you know?
PO: Wenn er kommt, höre ich nie die Klingel zur Wohnung. Einmal hat er die Mädchen beim Weggehen laut angebrüllt, ich weiß nicht in welcher Sprache, aber es klang osteuropäisch.	When he comes, I never hear the bell to the flat. Once, when going away, he shouted loudly at the girls, I don't know in what language, but it sounded like an eastern European language.
Ein anderes Mal habe ich durch meinen Türspion geschaut. Der Mann hat beim Hinuntergehen etwas eingesteckt, was aussah wie Pässe.	Another time, I looked through my spyhole. When walking down, the man put something into his pocket which looked like passports.
HR: Wissen Sie, wem die Wohnung gehört?	Do you know who owns the flat?
PO: Nein. Bei diesem Wohnblock handelt es sich zum größten Teil um Eigentumswohnungen, die vermietet sind. Ich kenne nur meinen Vermieter.	No. Most of these flats are privately owned apartments which are rented out. I only know my landlord.
HR: Nun denn. Herzlichen Dank für Ihre Informationen. Ich stimme Ihnen zu, dass Ihre Wahrnehmungen außergewöhnlich sind und damit das Interesse der Polizei wecken.	Well. Thanks a lot for your information. I agree with you that your observations are out of the ordinary, and so the police will be interested.
Bitte behalten Sie zunächst unseren Kontakt für sich, sonst würden Sie die weiteren Ermittlungsschritte womöglich gefährden! Auf jeden Fall werden wir als Polizei wieder mit Ihnen in Kontakt treten.	Please keep our meeting to yourself at the moment, otherwise possible investigations might be endangered. In any case, we, the police, will contact you again.
Bitte geben Sie mir doch noch Ihren Namen, Ihre Anschrift und Telefonnummer!	Would you please give me your name and address and tell me when and where you can be reached?

Nach Erledigung der nötigen Formalitäten:	*After the necessary formalities have been completed:*
HR: Nochmals vielen Dank und auf Wiedersehen.	Thanks a lot again and good-bye.
PO: Auf Wiedersehen.	Good-bye.

Weitere Ausdrücke

Freier	punter
Gebüsch	shrubs
Menschenhandel	trade/trafficking in human beings
Pornofilm	adult/blue movie
pornographisches Buch	adult book
Prostituierte	prostitute, whore, tart, broad, hooker
Täter	wrongdoer, offender
Vergewaltiger	rapist
Zuhälter	pimp
Zuhälterei	pimping

Thema 23

Einreisekontrolle

Personen: POK'in Alexandra Hartmann (AH) von der Bundespolizei (früher Bundesgrenzschutz), Thailänderin Kili Meeling (KM)

Die thailändische Staatsangehörige Kili Meeling kommt aus Bangkok am Frankfurter Flughafen an und geht zur Einreisekontrolle.

Sie ist 20 Jahre alt und sieht gut aus.

Sie legt ihren Reisepass vor, in dem sich ein Schengen-Visum mit der Anmerkung „nur zu Besuchsreise, Erwerbstätigkeit nicht gestattet" befindet.

Zu ihren Reisegründen, Aufenthaltsort und -dauer kann sie keine plausible Auskunft geben.

Sie legt aber eine Verpflichtungserklärung vor.

Danach verpflichtet sich ein deutscher Staatsangehöriger, alle Kosten, die im Zusammenhang mit der Reise und ihrem Aufenthalt stehen, zu übernehmen.

Die Polizei hat ermittelt, dass dieser Deutsche Kili Meeling abholen will.

Er ist in den polizeilichen Dateien einschlägig als Zuhälter und Menschenhändler bekannt.

Bei der Durchsuchung ihres Gepäcks werden überwiegend Kleidungsstücke und Gegenstände gefunden, die auf

Immigration check

Characters: POK'in Alexandra Hartmann (AH) of the federal police (formerly federal border guard), Thai woman Kili Meeling (KM)

Thai national Kili Meeling arrives from Bangkok at Frankfurt Airport and walks to passport control.

She is 20 years old and very pretty.

She presents her passport, which contains a Schengen visa with the note "for tourism only, work not permitted."

She cannot give a reasonable explanation about the reason for her journey, the duration and the place of stay.

But she presents a formal obligation.

According to this obligation, a German citizen guarantees to pay all the costs in connection with her journey and her stay.

The police have identified this German citizen as the person who is to meet the Thai lady.

In the police databases, he is known as a pimp and trafficker in human beings.

The search of her baggage reveals mostly pieces of clothing and other items which suggest that she intends

eine Erwerbstätigkeit als Prostituierte schließen lassen.	*to work as a prostitute.*
AH: Guten Tag, Ihren Reisepass bitte!	Good morning, your passport please.
Alexandra Hartmann prüft die Echtheit und die Visumsdaten und stellt weitere Fragen:	*Alexandra Hartmann checks the authenticity of the passport and the details of the visa and asks more questions:*
AH: Zeigen Sie mir bitte Ihr Rückflugticket und Ihr Einladungsschreiben!	Please show me your return ticket and your invitation.
KM: Bitte sehr.	Here you are.
Die Frau legt die geforderten Unterlagen vor.	*The woman presents the required papers.*
Der Rückflug ist offen gebucht.	*The date of the return flight is open.*
Die Verpflichtungserklärung wurde von einem Klaus Mayer aus Frankfurt/Main, Moselstraße 436, unterschrieben.	*The formal obligation has been signed by a certain Klaus Mayer of Moselstrasse 436, Frankfurt/Main.*
AH: Warum möchten Sie nach Deutschland?	What's the reason for your journey to Germany?
KM: Ich möchte hier meinen Freund Klaus besuchen und durch das Land reisen.	I want to visit my friend Klaus and to travel through the country.
AH: In welche Stadt möchten Sie, und wie lange wollen Sie in Deutschland bleiben?	Which town do you want to go to, and how long do you intend to stay in Germany?
KM: Ich möchte zu Klaus. Wo er wohnt, weiß ich nicht. Er holt mich aber hier am Flughafen ab. Wie lange ich bleibe, weiß ich noch nicht; das hängt von Klaus ab.	I want to go to Klaus. I don't know where he lives, but he'll pick me up here at the airport. I don't know how long I'm going to stay here, that depends on Klaus.
AH: Kennen Sie auch den vollen Namen von Klaus?	Do you know the full name of Klaus?
KM: Den habe ich vergessen, aber der steht ja auf der Einladung. Ich habe, wie andere Mädchen auch, Klaus kennen gelernt, als er vor einem halben Jahr Urlaub in Thailand machte.	I've forgotten his full name, but the name is on the invitation. I got to know him during his holiday in Thailand half a year ago, like other girls.

AH: Wo genau haben Sie Klaus kennen gelernt?

Where exactly did you get to know Klaus?

KM: In einer Bar. Klaus hat mehrere Mädchen und mich angesprochen und versprochen, uns nach Deutschland einzuladen.

In a bar. Klaus approached several girls and me. He promised to invite us to Germany.

AH: Was haben Sie in der Bar gemacht?

What did you do in this bar?

KM: Ich habe dort gearbeitet.

I worked there.

AH: Was für eine Arbeit war das?

What sort of work was it?.

KM: Ähh, ... ich habe als Kellnerin gearbeitet.

Uh, ... I worked as a waitress.

AH: Haben dort alle Frauen als Kellnerinnen gearbeitet?

Did all women there work as waitresses?

KM: Ja.

Yes, they did

AH: Wie finanzieren sie Ihren Aufenthalt in Deutschland? Haben Sie Geld oder Reiseschecks dabei?

How will you pay for your stay in Germany? Do you have money or traveller cheques with you?

KM: Ich habe 150 Euro dabei. Klaus sagte, dass er sich um alles kümmern würde. Er würde auch alle Kosten übernehmen.

I have 150 euros with me. Klaus told me he would take care of everything. He would also pay all the costs.

AH: Wollte Ihnen der Klaus in Deutschland Arbeit besorgen?

Did Klaus want to find work for you in Germany?

KM: Klaus sagte, er könnte mir vielleicht in einer Bar einen Job beschaffen.

Klaus told me he could perhaps find a job for me in a bar.

AH: Hat der Klaus Ihnen auch gesagt, als was Sie in der Bar arbeiten sollen?

Did Klaus also tell you what kind of work you were supposed to do in the bar?

KM: Nein. Das weiß ich nicht.

No, I don't know that.

Die Frau wird zwecks weiterer Maßnahmen zur Dienststelle gebracht.

For further measures the woman is taken to the police station.

Der Abholer Klaus wird ausgerufen und gebeten, zum Informationsschalter zu kommen.

Klaus, the person to meet the woman, is requested, by loudspeaker, to come to the information desk.

Als er die am Schalter wartenden uniformierten Beamten sieht, flüchtet er.

When he arrives at the desk and notices the uniformed police officers waiting there, he runs away.

Er kann entkommen.

Eine sofortige Fahndung nach ihm wird eingeleitet.

Die Frau wird auf den Inhalt ihres Gepäcks angesprochen:

AH: Können Sie mir sagen, warum Sie diese Sachen bei sich haben?

KM: Klaus sagte, dass er mir in einer Bar Arbeit besorgen würde, bei der ich viel Geld verdienen könnte.

AH: Wenn Sie von „Arbeit" oder „Kellnern" sprechen, meinen Sie dann Sex mit Männern gegen Bezahlung?

KM: Ja, das verstehe ich darunter. Wie gesagt, das habe ich auch in Thailand in der Bar gemacht.

Die Befragung wird hier abgebrochen.

Gegen die Frau besteht nunmehr der begründete Verdacht der Visumserschleichung.

Strafprozessuale Maßnahmen werden eingeleitet.

Die Frau wird förmlich vernommen, dabei wird eine Dolmetscherin hinzugezogen.

Die Niederschriften werden auch bei den strafrechtlichen Maßnahmen gegen Klaus Mayer verwendet werden.

Das Visum wird annulliert.

Der Frau wird die Einreise verweigert; sie wird mit dem nächstmöglichen Flug nach Bangkok zurückgeschickt.

He manages to escape.

An immediate alert for him is started.

The woman is asked about the contents of her baggage:

Could you tell me why you have these things with you?

Klaus told me he would get me a job in a bar where I could make a lot of money.

When you talk about "work" or being a "waitress", do you mean sex with men for money?

Yes, that's what I am talking about. That's what I did in the bar in Thailand, too.

The questioning is stopped here.

There is now a reasonable suspicion that the woman obtained her visa under false pretences.

Criminal proceedings are instituted.

With the help of an interpreter, the woman is officially questioned.

The transcripts will also be used in the criminal proceedings against Klaus Mayer.

The visa is declared null and void.

The woman is refused entry into Germany. She will be sent back to Bangkok on the next possible flight.

Beachten Sie:

Einladungsschreiben	invitation, letter of invitation
Verpflichtungserklärung	formal obligation
Menschenhandel *(= mit Ausbeutung des Menschen, bes. in sexueller Hinsicht)*	trafficking, trafficking in human beings
Ausbeutung	exploitation
Menschenschmuggel *(= Schmuggeln von Menschen in ein anderes Land gegen Bezahlung)*	people smuggling, smuggling of human beings

Thema 24

Ausländer, Asylbewerber

Personen: PHM Hans Pauls (HP), POM Heinz Gellert (HG), Jashir Alwan (JA) und Nasir Hawah (NH) aus Sri Lanka

Hamburg, Seitenstraße zur Davidwache, Sonntag 17.30 Uhr

PHM Pauls und POM Gellert von der Davidwache sind auf Fußstreife und treffen auf zwei Männer, die versuchen, in einen Park auszuweichen, als sie die beiden Polizisten bemerken.

HP: Polizei. Personenkontrolle. Bitte Ihre Pässe!

JA: Warum werden wir kontrolliert? Was ist los? Wir haben nichts getan.

HG: Dies ist eine Polizeikontrolle, zeigen Sie uns jetzt bitte Ihre Ausweise! Warum wollten Sie uns aus dem Weg gehen?

Plötzlich dreht sich Jashir Alwan um und rennt weg.

HG: Halt! Stehen bleiben!

POM Gellert verfolgt den Mann.

Er holt ihn schnell ein und bringt ihn an die Stelle zurück, an der sein Kollege und Nasir Hawah noch warten.

HG: Warum sind Sie weggelaufen?

JA: Ich hatte Angst. Ich habe keinen Pass.

HG: Wie heißen Sie?

Aliens, asylum seekers

Characters: PHM Hans Pauls (HP), POM Heinz Gellert (HG), Jashir Alwan (JA) and Nasir Hawan (NH) from Sri Lanka

Hamburg, side street off Davidwache, Sunday, 5.30 p.m.

PHM Pauls and POM Gellert of the Davidwache are on foot patrol when they meet two men, who, after recognizing the police officers, try to evade them by walking into a park.

Police. This is a police check. Your passports, please.

Why are we being checked? What's the matter? We haven't done anything.

This is a routine police check. Show us your ID documents now, please. Why did you want to get away from us?

Suddenly Jashir Alwan turns around and runs away.

Stop! Stop!

POM Gellert pursues the man.

He quickly catches him and takes him back to where his colleague and Nasir Hawah are still waiting.

Why did you run away?

I was afraid. I have no passport.

What's your name?

JA: Ich heiße Jashir Alwan und komme aus Sri Lanka.	My name is Jashir Alwan and I am from Sri Lanka.
Er spricht den zweiten Ausländer an:	*Addressing the second foreigner:*
HG: Und wie heißen Sie?	And what's your name?
NH: Hier haben Sie meinen Pass. Ich bin Nasir Hawah und wohne hier in Hamburg.	Here's my passport. My name is Nasir Hawah, and I live here in Hamburg.
Während PHM Pauls die Kontrolle absichert, überprüft POM Gellert den Pass und vergleicht das Lichtbild mit der Person.	*While PHM Pauls is securing the check, POM Gellert checks the passport and compares the photograph with the person.*
Die Eintragungen scheinen in Ordnung zu sein.	*All entries seem to be in order.*
HG: Wo wohnen Sie denn hier in Hamburg?	Where in Hamburg do you live?
NH: Ich wohne am Hans-Albers-Platz 7, gar nicht weit von hier. Hier, ich gebe Ihnen noch meine Aufenthaltsgenehmigung.	I live at 7, Hans-Albers-Platz, not very far from here. Here's my residence permit, too.
HG: Arbeiten Sie?	Have you got a job?
NH: Ich arbeite auf der großen Werft am Hafen. Die Arbeitserlaubnis steckt hinten in der Aufenthaltsgenehmigung.	I work at the large shipbuilding yard in the port. The work permit is behind the residence permit.
PHM Gellert überprüft beide Dokumente und notiert sich die Personaldaten.	*PHM Gellert checks both documents and makes a note of the personal data.*
Danach fragt er noch nach dem Geburtsdatum von Jashir Alwan.	*Then he asks Jashir Alwan about his date of birth.*
Obwohl er weiß, dass die Personalien von Jashir Alwan noch nicht eindeutig feststehen, führt er für beide Männer eine Fahndungsüberprüfung durch, die negativ verläuft.	*Although he knows that Jashir Alwan's personal data have not yet been positively identified, he has both men checked in the wanted persons file. There is no entry to this effect in the file.*
PHM Pauls durchsucht Jashir Alwan nach irgendwelchen Personalpapieren, findet aber nichts.	*PHM Pauls searches Jashir Alwan for any identity documents, but he does not find anything.*

HP: Herr Alwan, Sie sind vorläufig festgenommen und kommen mit uns zur Wache, wo wir Ihre Personalien eindeutig feststellen werden. Sie, Herr Hawah, können gehen.

Mr Alwan, you are under temporary arrest and you'll have to come with us to the police station, where we will establish your identity. Mr Hawah, you may leave.

NH: Ich möchte gerne mitkommen, damit Jashir nicht allein ist. Vielleicht kann ich auch noch helfen, denn er versteht wenig Deutsch und spricht es nur sehr schlecht.

I'd like to come along so that Jashir isn't alone. Perhaps I can also help as Jashir doesn't understand German very well and he can hardly speak it.

Auf der Wache werden weitere Überprüfungen vorgenommen.

At the station, further checks are made.

HP: Woher kennen Sie beide sich?

How did you get to know each other?

NH: Sein Vater und mein Vater sind im gleichen Dorf in Sri Lanka aufgewachsen.

His father and my father grew up in the same village in Sri Lanka.

HP: Es tut mir leid, aber wir müssen die genauen Personalien von Jashir Alwan feststellen. Er steht im Verdacht, sich illegal in Deutschland aufzuhalten, und seinen Namen kennen wir nur aus seinem und Ihrem Munde.

I'm sorry, but we have to establish Jashir Alwan's correct personal data. He's suspected of being in Germany illegally, and we know his name only from him and from you.

Nach dem deutschen Ausländerrecht sind Sie verpflichtet, immer Ihren Pass mitzuführen. Herr Alwan, wenn er tatsächlich so heißen sollte, muss hier bleiben.

According to German aliens law, you are obliged to carry your passport with you all the time. Mr Alwan, if this is his real name, has to stay here.

JA: Ich weiß, dass ich mich nur in Hildesheim aufhalten darf.

I know I'm only allowed to stay in Hildesheim.

Jashir Alwan redet daraufhin sehr aufgeregt in seiner Muttersprache mit Nasir Hawah.

Jashir Ahwan then talks excitedly in his native language to Nasir Hawah.

Danach wendet sich Nasir Hawah an die Beamten:

Afterwards Nasir Hawah turns to the officers:

NH: Ich kann Ihnen helfen, die Angelegenheit aufzuklären. Jashir hat mir eben gesagt, dass er seinen Pass und die Aufenthaltsgenehmigung in meiner Wohnung liegen hat.

I can help you to clear up the matter. Jashir has just told me that he left his passport and residence permit in my flat.

JA: Ich darf eigentlich nicht hier in Hamburg sein. Meine Aufenthaltsgestattung beschränkt sich auf die Stadt Hildesheim, wo ich Asyl beantragt habe.

In Sri Lanka bin ich politisch verfolgt worden. Ich bin deshalb nach Deutschland geflüchtet. Heute habe ich Nasir besucht, und am Abend wollte ich mit dem Zug wieder zurück nach Hildesheim.

I know I'm not allowed to be here in Hamburg. My residence permit is only valid for the town of Hildesheim, where I applied for asylum.

In Sri Lanka I was persecuted for political reasons. Therefore I fled to Germany. Today I visited Nasir, and I had been planning to return to Hildesheim tonight by train.

HP: Herr Hawah, bitte holen Sie die Dokumente, dann wird vieles einfacher!

Mr Hawah, please go and get the documents to simplify things.

NH: Vielen Dank.

Thank you.

Nasir Hawah verlässt die Dienststelle und kommt nach 35 Minuten zurück.

Nasir Hawah leaves the police station and comes back 35 minutes later.

Er legt den Pass und die Aufenthaltsgestattung von Jashir Alwan vor.

He presents Jashir Ahwan's passport and temporary residence permit.

Damit besteht kein Verdacht des illegalen Aufenthaltes mehr.

Thus there is no longer any suspicion of illegal residence.

HP: Herr Alwan, seit wann sind Sie in Hamburg?

Mr Alwan, how long have you been staying in Hamburg?

JA: Ich bin heute morgen mit dem Zug gekommen. Nasir hat mich am Bahnhof abgeholt.

Wir waren zuerst bei ihm, und dann hat er mir die Stadt gezeigt. Als Sie uns kontrollierten, waren wir wieder auf dem Weg zu seiner Wohnung.

I came by train this morning. Nasir met me at the station.

First we stayed at his place, and then he showed me the city. When you checked us, we were going back to his flat.

HG: Wir müssen der Ausländerbehörde in Hildesheim eine Meldung über diesen Vorfall vorlegen. Herr Alwan, Sie haben gegen ausländerrechtliche Bestimmungen und gegen das Asylverfahrensgesetz verstoßen.

We must report this incident to the Hildesheim aliens department.
Mr Alwan, you've infringed the provisions of the aliens act and the asylum procedure act.

JA: Werde ich jetzt abgeschoben?	Will I be deported now?
HG: Darüber entscheidet die Ausländerbehörde. Dazu kann ich nichts sagen. Das Nichteinhalten einer räumlichen Beschränkung ist eine Ordnungswidrigkeit, also ein kleinerer Verstoß, und kann mit einem Bußgeld geahndet werden.	That's for the aliens department to decide. I can't tell you anything about that. Failing to meet the geographical restrictions is a public order offence, that's a minor offence, which can be punished by means of a fine.
Im Wiederholungsfall wird es für Sie schwieriger. Ich kann Ihnen nur dringend raten, sich an die Vorschriften zu halten. Sie beide können jetzt gehen.	Things will be more difficult for you if that happens again. I can only strongly advise you to comply with the regulations. Both of you may go now.

Weitere Ausdrücke

Abschiebehaft	detention pending deportation
Abschiebung	deportation
Arbeitsvertrag	contract of employment, work contract
Asylbewerber	asylum seeker
Asylverfahren	asylum proceedings
Aufenthaltserlaubnis = unbefristet	residence permit = unlimited
Aufenthaltsgenehmigung = befristet, mit räumlicher Beschränkung	residence permit = limited with geographical restrictions
Aufenthaltsgestattung	temporary residence permit
Ausländergesetz	aliens act
Aussetzung der Abschiebung	suspension of deportation
Ersatzpapier	substitute document
Erstverstoß	first offence
freiwillig das Land verlassen	leave the country voluntarily

Thema 25

Zollkontrolle

Personen: Zollinspektoren Michael Brandner (MB) und Gunther Kirmair (GK), weißrussische Staatsbürger Iwan Gromov (IG) und Elena Isupova (EI)

Auf der B 388 in der Nähe von Wegscheid in Bayern hält eine mobile Kontrollgruppe (MKG) des Zolls einen älteren Klein-Lkw mit weißrussischen Kennzeichen an, um das Fahrzeug und die Insassen zu kontrollieren, obwohl ein konkreter Verdacht nicht vorliegt.

Allerdings werden solche geschlossenen Klein-Lkw immer wieder zum Schmuggeln von Waren und Einschleusen von Personen nach Deutschland benutzt.

MB: Guten Tag. Zollkontrolle, Ihre Ausweise bitte!

IG: Hier bitte. Warum werden wir kontrolliert?

MB: Wir führen Stichproben durch, um nach Waren zu suchen, die Verboten und Beschränkungen unterliegen, z.B. Betäubungsmittel, Waffen, Arzneien, Zigaretten, Schwarzgeld usw..

IG: Ich verstehe.

MB: Führen Sie Bargeld, Wertpapiere, Schmuck, Edelmetalle im Wert von 15 000 Euro oder mehr mit sich?

Customs check

Characters: customs inspectors Michael Brandner (MB) and Gunther Kirmair (GK), White Russian (Belorussian) citizens Iwan Gromov (IG) and Elena Isupova (EI)

On the B 388 near Wegscheid, Bavaria, a mobile control group of the customs department stop a rather old small truck with Belorussian numberplates in order to check the vehicle and its passengers, although there is no concrete suspicion.

However, such covered (enclosed) small trucks are regularly used to smuggle goods and people into Germany.

Good morning, customs check. Could I see your documents, please?

Here you are. Why are we being checked?

We're conducting spot checks in order to look for goods which are subject to bans and restrictions, e.g. intoxicating drugs, weapons, pharmaceutical drugs, cigarettes, black money etc..

I see.

Do you have cash, securities, jewellery, precious metals worth 15,000 euros or more on you?

IG: Nein. Wir haben nichts Derartiges dabei. Sie werden bei uns nichts finden.

No, we're not carrying any such things. You won't find anything on us.

MB: Dennoch muss ich Sie bitten, auszusteigen und die Tür zum Laderaum zu öffnen.

Even so, I must ask you to get out of your vehicle and open the cargo door.

Der Klein-Lkw wird von den beiden Weißrussen als Wohnmobil genutzt.

The small truck is used as a motorhome by the White Russians.

Im Inneren liegen zwei Matratzen, Decken, Kleidungsstücke, Koffer, Schachteln und viele andere Dinge herum.

Inside, there are two mattresses, blankets, articles of clothing, suitcases, boxes and many other items.

An einer Wand ist ein selbst gebautes Regal befestigt.

On one wall, a self-made shelf is fastened.

Gunther Kirmair steigt hinein und öffnet einen Karton, in dem sich acht Stangen Zigaretten befinden.

Gunther Kirmair enters the vehicle and opens a cardboard box which contains eight cartons of cigarettes.

GK: Haben Sie noch mehr Zigaretten dabei?

Do you have any more cigarettes on you?

EI: Nein, das sind alle.

No, that's all.

Gunther Kirmair sucht weiter, findet aber im Laderaum nichts mehr.

Gunther Kirmair continues his search, but does not find anything else in the cargo hold.

Daraufhin nimmt er sich das Führerhaus vor.

Then he searches the cab.

In den Rückenlehnen der Sitze, die aufgeschnitten und mit Klebeband wieder verschlossen wurden, findet er jedoch weitere zwanzig Stangen.

He finds another twenty cartons in the backrests of the seats which have been slit open and closed again with adhesive tape.

GK: Und was ist das?

And what's this?

Die beiden zucken nur mit den Schultern.

The two only shrug their shoulders.

Daraufhin durchsuchen die beiden Beamten das Fahrzeug sehr genau.

Thereupon the officers search the vehicle very thoroughly.

Unter anderem schrauben sie die Türverkleidungen ab, öffnen den Verband- und Werkzeugkasten, überprüfen den Tank und öffnen die Motorhaube.

Among other things, they uncover the door panels, open the first-aid box and the toolbox, check the tank and open the bonnet.

Dann gehen sie wieder zum Laderaum; dort räumen sie alle Sachen zur Seite und untersuchen den Boden sehr genau nach eventuellen Hohlräumen, doch sie finden keine weiteren Zigaretten oder andere Waren.

GK: Sie wissen doch, dass Sie aus einem Drittland nur 200 Zigaretten in die Bundesrepublik mitbringen dürfen. Wohin wollen Sie und wie lange wollen Sie in Deutschland bleiben?

LH: Wir wollen Freunde von uns besuchen, die seit drei Jahren in Ingolstadt wohnen. Wir wollen zehn Tage bei ihnen bleiben.

MB: Und dafür brauchen Sie 5600 Zigaretten!

IG: Wir sind beide starke Raucher.

MB: Sie haben eine Freigrenze von 200 Zigaretten, also eine Stange pro Person. Wem gehören die Zigaretten?

IG und MI: Mir.

MB: Also jedem gehört die Hälfte. Das sind pro Person 2600 Zigaretten zuviel. Diese Zigaretten werden hiermit sichergestellt. Pro Zigarette müssen Sie eine Steuer von 15 Cent bezahlen, das sind für jeden von Ihnen 390 Euro.

Die Buß- und Strafsachenstelle des Hauptzollamtes in Landshut wird Ihnen einen entsprechenden Steuerbescheid ausstellen und zusätzlich ein Bußgeld festsetzen, weil Sie diese Zigaretten nicht angemeldet haben. Das Bußgeld kann maximal so hoch sein wie

Then they go back to the cargo hold, where they move everything out of the way in order to thoroughly examine the floor for possible cavities, but they do not find any more cigarettes or other goods.

As you will know, you're only allowed to import 200 cigarettes into the Federal Republic from a third country. Where in Germany are you planning to go and how long do you intend to stay?

We're going to see friends of ours who have been living in Ingolstadt for three years. We intend to stay ten days with them.

And for that period you need 5 600 cigarettes!

We're both heavy smokers.

Your allowance is 200 cigarettes, i.e. one carton each. Whose are all these cigarettes?

They're mine.

So each of you has half. That makes 2 600 cigarettes per head above the allowance. These cigarettes are herewith secured. You'll have to pay 15 cents duty per cigarette, that's 390 euros for each of you.

The penalty and penal department of the Landshut customs office will make out the appropriate fiscal assessment notice, because you failed to declare these cigarettes. The penalty can be as much as the amount of duty payable, i.e. another 390 euros for each of you.

die zu zahlende Steuer, bei Ihnen also noch einmal je 390 Euro.

El: Was, so viel Geld für ein paar Stangen Zigaretten? Das kann ich nicht glauben.

GK: Nun, das ist aber so. Der Steuerbescheid wird Ihnen an Ihre Adresse in Weißrussland zugestellt. Wenn Sie nicht zahlen, werden Ihre Zigaretten vernichtet und es wird eine Ausschreibung zur Grenzvollstreckung veranlasst.

El: Was heißt das?

GK: Das heißt, dass Sie erst dann wieder nach Deutschland einreisen dürfen, wenn Sie die Steuer und das Bußgeld bezahlt haben.

El: Aber jetzt dürfen wir weiterfahren?

MB: Ja. Aber einen Augenblick noch, bitte! Ich stelle jedem von Ihnen noch eine Quittung über die sichergestellten Zigaretten aus. Dennoch gute Reise in unserem schönen Bayernland!

What, so much money for a few cartons of cigarettes? I can't believe it.

Well, that's how it is. The fiscal assessment notice will be sent to your address in Belorussia. If you don't pay, your cigarettes will be destroyed and a public notice for execution on the border will be put up.

What does that mean?

That means that you'll only be allowed to enter Germany again after paying the duty and the penalty.

But now we're allowed to carry on?

Yes, you are, but just a moment, please. I'll make out a receipt for each of you for the secured cigarettes. Even so, have a nice time in beautiful Bavaria.

Anmerkungen:

1. *Bei bis zu 800 Zigaretten zuviel kann der Zollbeamte die 15 Cent Steuer pro Zigarette direkt einbehalten und nach eigenem Ermessen ein Bußgeld erheben, das höchstens so hoch wie die Steuernachzahlung sein darf.*
2. *Bei sehr hohen Summen können das Fahrzeug und andere Wertsachen beschlagnahmt werden.*

Notes:

1. *With up to 800 cigarettes over the limit, the customs officer can collect the 15 cents tax per cigarette on the spot, and can, at his own discretion, demand payment of a fine which can be, as a maximum, as high as the tax to be paid.*
2. *In case of very large sums the vehicle and other valuables can be confiscated.*

Thema 26

Schusswaffen, Einlasskontrolle

Personen: PK Baldur Bülow (BB), walisischer Fußballfan Kevin Evans (KE)

Im Berliner Olympiastadion findet ein Qualifikationsspiel zur Fußball-Europameisterschaft 2008 zwischen Deutschland und Wales statt.

Veranstalter, Polizei und Fanbetreuer haben im Vorfeld eindringlich darauf hingewiesen, dass Waffen, Schlagwerkzeuge und pyrotechnische Gegenstände nicht in den Stadionbereich mitgenommen werden dürfen.

Die Polizei führt an den Zugangstoren zusammen mit Ordnern des Veranstalters Einlasskontrollen durch.

Hierbei arbeiten jeweils ein Ordner und ein Polizeibeamter als Team zusammen.

Der Ordner tastet mit einem Handdetektor die Personen und ihre mitgeführten Gegenstände ab.

Schlägt das Gerät an, schreitet der Polizeibeamte ein.

An jedem Eingang steht eine Gruppe von Ordnern und Polizeibeamten.

Weitere Beamte stehen vor dem Stadion mit ihren Fahrzeugen bereit.

Sieben junge Waliser, einige davon angetrunken, kommen an ein Eingangstor.

Firearms, entry check

Characters: PK Baldur Bülow (BB), Welsh soccer fan Kevin Evans (KE)

A qualification match for the European soccer championship 2008 between the Welsh and German national teams takes place in the Olympic Stadium in Berlin.

In the run-up to the match, organizers, police and fan officials have warned spectators that firearms, bats and firecrackers are not allowed in the stadium.

Police, together with stewards of the organizers, conduct entry checks at the gates.

As a rule, a steward and a police officer form a team in such cases.

With a hand detector, the steward pats down persons and items carried.

As soon as the detector responds, the police officer will take action.

At each entry, there is a group of stewards and police officers.

More officers are on standby with their vehicles in front of the stadium.

Seven young Welshmen, some of them drunk, arrive at a gate.

Der Ordner fordert sie auf, einzeln vorzutreten.	*The steward asks them to step forward individually.*
Als er den fünften abtastet, ertönt das Signal des Detektors; daraufhin schaltet sich der Polizeibeamte ein:	*When the fifth person is patted down, the detector gives a signal, whereupon the police officer intervenes:*
BB: Guten Tag, ich muss Sie durchsuchen, bevor Sie das Stadion betreten dürfen.	Good afternoon. I have to search you before you're allowed into the stadium.
KE: Warum das?	Why's that?
BB: Sie haben es eben doch selbst mitbekommen. Der Detektor hat angeschlagen. Ich muss Sie deshalb nach Waffen und gefährlichen oder verbotenen Gegenständen durchsuchen.	You've just heard it yourself. The detector went off. I'm going to search you for weapons and dangerous or prohibited items.
KE: Wir sind friedliche Fans und wollen nur das Spiel anschauen.	We aren't looking for trouble. We just want to watch the match.
BB: Dann haben Sie ja nichts zu befürchten.	In that case you've got nothing to worry about.
KE: Also gut, bringen wir es hinter uns!	Okay, let's get it over with.
BB: Legen Sie bitte Ihre Hände in den Nacken und dabei die Handflächen übereinander! Stellen Sie Ihre Beine auseinander! Bitte verhalten Sie sich ruhig!	Please put your arms behind your neck, and put your palms one on top of the other. Spread your legs. Please remain calm.
KE: Ich will doch bloß ins Stadion. Jetzt werde ich wie ein Schwerverbrecher behandelt.	I only want to get into the stadium. Now I'm being treated like a dangerous criminal.
BB: Sie sind doch eingefleischter Fußballfan. Dann kennen Sie doch diese Prozedur von anderen Stadien her. Das geht überall so, auch bei Ihnen in Großbritannien. Also bitte keine Aufregung!	You're a real soccer fan, aren't you? Then you must know this procedure from other stadia. It's the same everywhere, including Great Britain. So please don't get all excited.
Beim Abtasten fühlt der Beamte einen harten Gegenstand in der linken Jackentasche.	*When frisking the fan, the officer feels a hard object in the left pocket of the jacket.*

BB: Was steckt in der Jackentasche?

What have you got in your jacket pocket?

KE: Das ist nur ein Feuerzeug.

It's only a lighter.

BB: Das fühlt sich aber nicht wie ein Feuerzeug an.

It doesn't feel like a lighter.

PK Bülow tastet das Objekt gründlich ab und zieht schließlich vorsichtig eine Pistole aus der Jackentasche.

PK Bülow feels the object thoroughly and finally, very carefully, pulls a pistol out of the jacket pocket.

Die Waffe ist gesichert. Ein volles Magazin ist eingeschoben.

The weapon is secured, and it is fully loaded.

Nach einem kurzen Blick zur Bereitschaftsgruppe kommen von dort sofort vier Beamte und schirmen den Fan von seinen Freunden ab.

He gives the standby group a brief look, whereupon four officers immediately rush to the scene and separate the fan from his friends.

BB: Nun, das ist wirklich kein Feuerzeug. Warum belügen Sie mich? Doch wohl nur aus dem einen Grund: Sie denken, ich übersehe die Schusswaffe. Ist es so?

Well, no way is that a lighter. Why are you lying? Probably for one reason only: You thought I wouldn't find the firearm. Didn't you?

KE: Was soll ich mit einer Schusswaffe? Das Ding hier ist eine Schreckschusspistole. Das sehen Sie doch!

What should I do with a firearm? This is a pistol for blank cartridges. You can see that for yourself.

BB: Sieht aber täuschend echt aus. Außerdem kann man auch mit einer Schreckschusswaffe bei einer Fußballveranstaltung innerhalb des Stadiongeländes genug Unfug treiben. Wozu brauchen Sie eigentlich die Pistole?

But it looks like the real thing. Besides, you can cause a lot of trouble inside the stadium, even with a pistol for blank cartridges What do you need the pistol for anyway?

KE: Damit will ich mich nur vor den deutschen Fans schützen. Man weiß ja nie, in welche Situationen man gerät. Ich habe gehört, dass es immer wieder Schlägereien gibt.

I just want to protect myself from the German fans. You never know what situation you can get into. I've heard that there are often fights.

BB: So, schützen wollen Sie sich? Fußballrandale haben wir gar nicht gern. Wer sich als Fußballfan

So, you want to protect yourself? We don't like rioting during soccer matches. The soccer fan who joins

	in eine Schlägerei einmischt oder eine anzettelt, weiß nie, wie seine Gegner auftreten.	or starts a fight never knows how his opponents will behave.
	Und da meinten Sie bestimmt, dass es nichts schaden kann, wenn Sie so eine unbedeutende Schreckschusspistole dabei haben und vielleicht, natürlich nur zu Ihrem Schutz, noch ein bisschen herumballern und dabei andere verletzten können.	And so you just thought that if you had such a small pistol for blanks with you, this wouldn't do any harm, even if you bang around and possibly injure other people, while you're only defending yourself, of course.
	Mann, Sie haben Nerven! Ist Ihnen nicht klar, was da alles wirklich passieren kann? Sind Sie so ein Egoist, dass Sie das nicht interessiert? Soll ich mal Ihre Freunde fragen, was die denken?	Man, you've got some nerve! Don't you know what could happen? Are you such an egoist that you just don't care? Should I ask your friends' opinion?
	Nach deutschen Recht ist es verboten, Waffen, insbesondere Schusswaffen, und verbotene Gegenstände bei einer öffentlichen Veranstaltung wie diesem Fußballspiel mitzuführen.	According to German law, it's illegal to carry weapons, especially firearms and prohibited items at public events such as this football match.
KE:	Aber ich dachte, in Deutschland dürfte man solche Schreckschusswaffen tragen.	But I thought in Germany you were allowed to carry these kinds of pistols for blanks.
BB:	Sie müssen mit mir zur Stadionwache kommen; dort werde ich Ihnen das näher erläutern.	You'll have to come with me to the police station in the stadium, where I'll explain everything in detail.
	Dort stellen wir auch Ihre Personalien fest und machen von Ihnen ein Foto. Dieses Foto kommt in unsere Fußballkartei. Wer als Fan mit einer Schreckschusswaffe zu einem Spiel kommt, macht das vielleicht wieder. Deshalb ist es uns nach dem Berliner Polizeigesetz erlaubt, von Ihnen ein Foto zu machen.	There we'll get your personal data and we'll also take your photograph. The photograph will be entered into our soccer file. A soccer fan who comes with a pistol for blank cartridges to a match might do so again. Therefore, according to Berlin police law, we're allowed to take your photograph.
	Kommen Sie jetzt bitte mit!	Please come with me.

In der Stadionwache überreicht der Fan seinen britischen Pass, nennt seine Anschrift, macht Angaben über seine Vereinszugehörigkeit und beantwortet Fragen über sein Verhalten bei anderen Spielen.

At the police station in the stadium, the fan hands over his British passport and provides information about his permanent address, membership in clubs and also answers questions about his behaviour at other matches.

Er lässt sich auch ohne Einwände fotografieren.

He also allows himself to be photographed without any objections.

BB: Herr Evans, bitte sagen Sie mir doch, wo Sie die Schreckschusswaffe gekauft haben! War das hier in Deutschland, oder haben Sie die Waffe schon aus England mitgebracht?

Mr Evans, please tell me where you bought this pistol for blank cartridges. Did you buy it here in Germany, or did you bring it with you from England?

KE: Ich habe sie hier in Berlin gekauft. Ich musste meinen Pass vorlegen, und der Verkäufer sagte, da ich über 18 Jahre alt bin, kann ich die Pistole auch bekommen. Hier, ich habe sogar noch die Rechnung einstecken.

I bought it here in Berlin. I had to show my passport, and the salesman told me that I could get the weapon as I'm over 18. Here, I still have the receipt.

BB: Herr Evans, nach dem deutschen Waffenrecht haben Sie eine Straftat begangen. Lassen Sie mich das Ihnen erklären:

Mr Evans, according to German firearms law you've committed an offence. Let me explain:

Auf dieser Schreckschusspistole ist das PTB-Zeichen in einem Kreis eingraviert. Damit handelt es sich um eine erlaubte Waffe, da sie den gesetzlichen bautechnischen Bestimmungen entspricht. Sie durften die Pistole erwerben, und Sie dürfen sie auch besitzen.

The PTB sign in a circle is engraved in this pistol for blank cartridges, so it is a lawful weapon as it meets the legal specifications. As you're 20 years old, you were allowed to buy this pistol, and you may also possess it.

KE: Na ja, dann ist ja alles in Ordnung.

Well, then everything is all right.

BB: Eben nicht. Die Pistole „besitzen" bedeutet, dass sie beim Transport eingepackt sein muss, am besten noch in der Originalschachtel. Sie haben die Pistole aber „geführt",

Unfortunately not. "Possessing" this pistol means that it must be wrapped up when transported; the best way to do so would be to keep it in its original box. But you "carried" the pistol

	und sie war für Sie zugriffs- und schussbereit.	on your person, and so you could easily have got and used it.
	Wenn Sie in Deutschland so eine Waffe führen, brauchen Sie dazu den Kleinen Waffenschein. Das ist eine Erlaubnisbescheinigung der Waffenbehörde, dass das Führen einer Schreckschusswaffe mit dem PTB-Zeichen im Kreis ohne Sachkunde-, Bedürfnis- und Haftpflichtversicherungsnachweis zulässig ist. Haben Sie eine solche Bescheinigung?	If you carry a weapon like this in Germany, you need the firearms permit "Kleiner Waffenschein". This is the permit from the firearms department stating that you're allowed to carry a weapon for blank cartridges with the PTB sign in a circle without having to furnish evidence of being trained to use it, requiring it for whatever reason and the appropriate certificate of insurance. Do you have such a permit?
KE:	Nein.	No, I don't.
BB:	Deshalb werde ich gegen Sie ein Strafverfahren einleiten. Sie haben in diesem Verfahren Rechte, die ich gleich noch aufzählen werde. Damit Sie die Bundesrepublik Deutschland verlassen dürfen, werde ich eine Sicherheitsleistung festsetzen.	So I'm going to start proceedings against you. You have certain rights in these proceedings which I'll inform you of in a minute. I'll fix bail so that you can leave the Federal Republic of Germany.
KE:	Was machen Sie mit der Pistole?	What are you going to do with the pistol?
BB:	Wir nehmen sie als Beweisgegenstand in das Verfahren auf. Ich gebe Ihnen darüber eine Bescheinigung.	We'll include the weapon in the proceedings as a piece of evidence. I'll give you a receipt for it.
KE:	Bekomme ich die Pistole wieder zurück?	Will I ever get my pistol back?
BB:	Darüber entscheidet die Staatsanwaltschaft oder das Gericht. Sollten Sie sie zurückerhalten, brauchen Sie für die Einfuhr ins Vereinigte Königreich einen Europäischen Feuerwaffenpass.	That is for the prosecutor's office or the court to decide. Should you get it back, you'll need a European Firearms Pass to import it into the United Kingdom.
KE:	Ist das der Kleine Waffenschein?	Is this the "Kleiner Waffenschein"?
BB:	Nein. Der Europäische Feuerwaffenpass ist eine Art Waffenbesitz-	No. The European Firearms Pass is a kind of permit to possess firearms,

karte; darin können bis zu zehn Waffen eingetragen werden. Mit diesem Pass dürfen Sie die eingetragenen Waffen in bestimmte europäischen Staaten mitnehmen.

in which up to ten weapons may be entered. With this pass, you're allowed to transport the weapons entered in the pass to certain other European countries.

„Mitnehmen" heißt für Deutschland: verpackt. Für das „Führen" brauchen Sie den Kleinen Waffenschein.

In Germany, "transporting" means that the weapon has to be packed. And you need the "Kleiner Waffenschein" to "carry" it.

KE: Wo bekomme ich den?

Where can I get that?

BB: Bei der Waffenbehörde.

At the firearms department.

Nachdem Kevin Evans die Sicherheitsleistung in bar bezahlt hat, sind die polizeilichen Maßnahmen abgeschlossen.

After Kevin Evans has paid the bail in cash, the police measures are completed.

KE: Darf ich jetzt das Spiel sehen?

May I watch the match now?

BB: Sie dürfen jetzt ins Stadion. Ich habe gesehen, dass Ihre Freunde draußen auf Sie warten.

You can go into the stadium now. I've noticed that your friends are waiting outside the police station.

Ich weise Sie darauf hin, dass Sie vom Ordnungsdienst Stadionverbot erhalten können, wenn Sie noch einmal auffallen. Dann müssten Sie das Stadion sofort verlassen.

I have to inform you that, should there be another incident, the security service will ban you from the stadium. If that happens, you'll have to leave the stadium immediately.

KE: Nein, nein. Ich werde mich anständig verhalten.

No, no. I'm going to behave myself.

Weitere Redewendungen

Die Waffe ist geladen.	The gun is loaded.
Die Waffe ist gesichert/entsichert.	The weapon is secured/not secured.
Lassen Sie die Waffe fallen!	Drop the gun (to the ground).

Weitere Ausdrücke

abgesägter Lauf	sawed-off barrel, sawn-off barrel
Abzug	trigger
Geschoss	projectile

Gewehr	rifle
Griffschale	grip
Griffstück	frame
Kimme und Korn	notch and head (sight)
Kugel	bullet
Maschinengewehr	machine gun
Maschinenpistole	submachine gun
Schlagbolzen	firing pin
Schnellfeuergewehr	rapid-fire weapon
Schrot	pellets, shot, buckshot
Sicherungsschieber	safety slide
Visier	sights

Beachten Sie:

sichern	to put the safety on
als Befehl:	"safety on"
entsichern	to take the safety off, to release the safety catch
als Befehl:	"safety off"

Thema 27

Handtaschenraub, Personenbeschreibung

Personen: PHK Bert Zasch (BZ), älteres schottisches Urlauberehepaar Duncan (DC) und Lillibeth Campbell (LC)

Die Campbells wollen das Heidelberger Schloss besichtigen; im Schlosspark gehen sie gerade an der alten Schlossmauer entlang, als ihnen an einer Stelle, die wenig einzusehen ist, ein junger Mann entgegenkommt.

Andere Personen sind nicht in der Nähe.

Auf gleicher Höhe angekommen, reißt der Mann am Schulteriemen der Handtasche von Lillibeth Campbell.

Es entsteht ein sehr kurzes, aber heftiges Gezerre, bis Frau Campbell wegen Schmerzen im Oberarm und unter lautem Schreien loslässt und der Täter damit die Tasche an sich bringen kann.

Zielsicher spurtet er zu einem Mauerdurchlass, dessen weiterer Weg hinunter zur Altstadt führt.

Hilflos bleibt das Ehepaar zurück.

Der Bezirksbeamte PHK Zasch hat die Schreie gehört. Kurze Zeit später ist er bei den Campbells.

BZ: Guten Tag, Polizei. Waren Sie das, die gerade geschrieen hat?

Handbag snatching, description of persons

Characters: PHK Bert Zasch (BZ), elderly Scottish holiday makers Duncan Campbell (DC) and his wife Lillibeth (LC)

Prior to a visit to Heidelberg castle, the Campbells are in the castle gardens and are just walking on a partly concealed path along the old castle wall when a young man comes from the opposite direction.

No other persons are in the vicinity.

On reaching them, the man tugs at the shoulder strap of Lillibeth Campbell's handbag.

Both the man and Mrs Campbell tug at the strap until, screaming loudly, she lets go of her handbag because of a severe pain in her upper arm so that the offender is able to get hold of the bag.

Knowing his way, he runs towards an opening in the wall from where the footpath winds down to the old city centre.

The couple remain behind, helpless.

Local community beat officer PHK Zasch has heard the screams. A moment later he is with the Campbells.

Good afternoon. Police. Was it you who was just screaming so loud?

LC: Ja, schnell, mir hat einer die Handtasche abgenommen! Da ist er langgelaufen! Das war ein junger Kerl!	Yes, quick, someone has taken my handbag. He ran along there. He was quite a young fellow.
BZ: Ganz kurz, bitte: Was hatte der junge Mann an?	Please, very briefly: What was the young man wearing?
LC: Der trug ein helles gestreiftes Hemd und kurze Hosen.	He wore a light striped shirt and shorts.
DC: Nein, das Hemd war kariert. Auf jeden Fall war er ganz schön schnell und sportlich.	No, the shirt was checked. In any case, he was rather quick and sporty.
BZ: Einen Augenblick, bitte!	One moment, please.
PHK Zasch meldet den Vorfall und seinen Standort an die Einsatzleitstelle.	*PHK Zasch reports the incident and his position to control.*
Wenige Minuten später treffen nacheinander an der Aussenmauer ein Kradfahrer und eine Funkstreife ein.	*A few minutes later, a police motorcyclist and a patrol car arrive, shortly after each other, at the outside wall.*
Die Kollegen kommen hinzu und informieren sich.	*The colleagues meet POK Zasch, who informs them.*
BZ: Wie sieht denn Ihre Tasche aus?	What does your handbag look like?
LC: Es ist eine dunkelbraune Umhängetasche mit einer Messingschnalle. Die Tasche ist schon sehr alt.	It is a dark grey shoulder bag with a brass buckle. The bag is very old.
DC: Und in der Tasche sind unsere Pässe, das Geld und die Kreditkarten.	Our passports, our money and our credit cards are in it.
Um den Täter so schnell wie möglich festzunehmen, laufen die Beamten der Funkstreife auf dem Fußweg zur Altstadt, während der Kradfahrer die schmalen Seitenstraßen abfährt.	*In order to arrest the offender as soon as possible, the crew of the patrol car run to the old city centre on the footpath, while the motorcycle officer rides along the narrow side streets.*
PHK Zasch spricht weiter mit den Campbells:	*PHK Zasch continues to talk to the Campbells:*
BZ: Beruhigen Sie sich bitte! Wir wollen uns hierher auf die Parkbank	Please calm down. Let's sit on this bench here. You are holding your

setzen. Sie halten sich den Arm. Tut er Ihnen weh? Brauchen Sie einen Krankenwagen?	arm. Does it hurt? Do you need an ambulance?
LC: Der Arm tut mir weh, aber das geht schon. Ich brauche keinen Krankenwagen. Wenn Sie nur den Kerl finden!	My arm hurts, but I'm all right. I don't need an ambulance. Let's hope you can find the man.
BZ: Dafür müssen Sie mir beide noch ein paar Dinge mehr sagen. Ich frage Sie jetzt nach dem Aussehen der Person und ihrer Kleidung, so bekomme ich einen Überblick.	To be able to do so, you'll have to tell me some more details. I'm going to ask you now about the appearance and the clothing of that person, so I can get a picture.
Also, es war ein junger Mann. Wie alt schätzen Sie ihn denn?	So, he was a young man. How old do you think he was?
DC: Der war noch nicht alt. Ich schätze so 17 Jahre.	He wasn't old. I think about 17.
BZ: Und er war sportlich?	And he was sporty?
DC: Ja, er war schlank und konnte gut spurten.	Yes, he was slim, and he was able to run fast.
LC: Ruckzuck war der weg!	He was away in no time.
BZ: Wie groß war er?	How tall was he?
DC: Er war bestimmt so groß wie Sie.	He was certainly as tall as you are.
BZ: Wie sahen die Haare aus? Waren sie kurz oder lang?	What did his hair look like? Was it long or short?
LC: Er hatte blonde kurze Haare. Aber nicht so kurz, sondern ein normaler Schnitt.	He had short blond hair. But not too short, just a normal haircut.
DC: Mir sind die Koteletten aufgefallen. Die waren sehr lang.	I noticed the sideburns. They were very long.
BZ: Hatte er einen Oberlippenbart oder ähnliches?	Did he have a moustache or something like that?
DC: Nein, nur diese breiten, langen Koteletten.	No, only broad, long sideburns.
LC: Wir haben ihn gar nicht beachtet, als er auf uns zukam. Und dann ging alles sehr schnell.	We didn't pay any attention to him when he came towards us. And then everything happened very fast.

Man weiß gar nicht, wohin man da schauen soll. Eigentlich haben wir den Mann nur noch von hinten gesehen.	You simply don't know where to look. In fact, we only saw the man from the back.
DC: Aber wir können dem Beamten schon noch helfen, denn ich weiß noch was über die Kleidung.	But we can help the officer a bit more, because I know something else about his clothes.
BZ: Nun, Sie haben beide vorhin in der ersten Aufregung von einem gestreiften oder karierten hellen Hemd gesprochen.	Well, a few minutes ago, when you were still very excited, you both talked about a light striped or checked shirt.
DC: Ich meine, dass es kariert war.	I think it was checked.
LC: Und ich meine, dass es gestreift war. Das Hemd hing über de Hose, so richtig lässig, wie junge Menschen heute im Sommer daherkommen.	And I think it was striped. The shirt was over his trousers, quite sloppy, the way young people nowadays dress in summer.
DC: Zu der Hose wollte ich noch etwas sagen. Es war so eine halblange Sommerhose mit seitlichen Taschen an den Hosenbeinen. Ich meine, man sagt dazu Cargo-Hose. Die Hose war khakifarben, auf jeden Fall hell.	I'd like to say something else about his shorts. It was a pair of knee-length summer shorts with pockets on both sides. I think they're called cargo pants. The colour was khaki, in any case, it was light.
BZ: Strümpfe und Schuhe?	What about socks and shoes?
Die Campbells blicken sich an und schütteln mit dem Kopf.	*The Campbells look at each other and shake their heads.*
DC: Wissen Sie, als der weglief, haben wir nur auf den Körper geschaut. Ach ja, der Mann trug eine Sonnenbrille. Und wenn ich mich genau erinnere, hatte er in beiden Ohren Ohrstecker.	You know, when he was running away, we only looked at his body. Oh yes, and he was wearing sunglasses. And if I remember correctly, he also had studs in both ears.
BZ: Ist Ihnen eine Tätowierung aufgefallen? Heute ist das bei den jungen Menschen sehr modern.	Did you notice any tattoos? They're very fashionable with young people nowadays.
DC und LC: Nein, an den Armen habe ich nichts gesehen.	No, I didn't notice anything on his arms.

BZ: Wieviel Geld hatten Sie denn dabei?	How much money did you have with you?
LC: Das meiste Geld hat mein Mann in seinem Geldbeutel. Was für ein Glück! In einem Innenfach der Tasche hatte ich etwa 70 Euro in Scheinen und vier Zehnpfundnoten.	My husband has most of it in his purse. So we're quite lucky. In an inside pocket of the bag, I had about 70 euros in banknotes and four ten-pound notes.
PHK Zasch macht sich die ganze Zeit Notizen und meldet seine Informationen weiter.	*PHK Zasch has been taking notes all the time and reports the latest results to control.*
Jetzt nimmt er die Personalien des Paares auf.	*Now he takes down the couple's personal data.*
BZ: Sind Sie noch länger in Heidelberg? Wo haben Sie Ihr Quartier?	Will you be staying in Heidelberg for some time? Where are you staying?
DC: Wir wohnen noch die nächsten 14 Tage in der Pension Neckarblick am Rande der Altstadt, dort unten bei der Brücke. Hier haben Sie die Visitenkarte des Hauses.	We'll be staying in the Neckarblick boarding house for the next fortnight, right beside the old city centre, down there by the bridge. Here's the card of the house.
BZ: Vielen Dank. Ich werde den Vorfall schriftlich abfassen und an die Kriminalpolizei weitergeben.	Thank you. I'm going to make a written report about the incident and forward it to the CID.
Hier ist meine Visitenkarte. Ich kenne die Pension Neckarblick. Sie gehört zu meinen Dienstbereich.	Here's my card. I know the Neckarblick boarding house. It's on my beat.
DC: Sie melden sich, wenn es etwas Neues gibt?	You'll contact us if you find out anything, won't you?
BZ: Ja, und falls wir noch Fragen haben oder die Kollegen von der Kriminalpolizei Ihnen Fotos aus unserer Aktenhaltung vorlegen möchten, kommen wir auf Sie zu.	Yes, and if we have any further questions or our CID colleagues want to show you photographs from our rogues' gallery, we'll contact you.
DC: Was muss ich wegen der Pässe und Kredtikarten veranlassen?	What do I have to do about the passports and credit cards?
BZ: Herr und Frau Campbell, bleiben wir noch einen kleinen Augenblick auf der Parkbank sitzen und ich erkläre Ihnen alles.	Mr and Mrs Campbell, let's stay here on this park bench for another moment and I'll explain everything.

Weitere Redewendungen

Er bekommt graue Haare.	His hair is turning grey.
Er geht mit gebeugter Haltung.	He walks with a stoop.
Sie hat runde Schultern.	She is round-shouldered.
Er hat viele Pickel im Gesicht.	His face is full of spots (pimples).
Sie benutzt Kosmetika.	She uses cosmetics.
Er hat sehr hohe Backenknochen.	He has extremely high cheekbones.
Seine Augenbrauen sind in der Mitte zusammengewachsen.	His eyebrows meet in the middle.
Er schielt leicht/stark auf dem linken Auge.	He has a slight/pronounced squint in his left eye.
Welche Art von Brille trägt er? Er trägt eine Lesebrille.	What type of spectacles does he wear? He wears reading glasses.
Er hat Schwierigkeiten, gewisse Wörter und Buchstaben auszusprechen.	He has difficulties pronouncing certain words or letters.
In welcher Kneipe hält sich Herr X gewöhnlich auf?	Which pub does Mr X usually go to?
Welche Zigaretten raucht er?	What brand of cigarettes does he smoke?
Immer wenn er spricht, fährt er sich mit dem Finger über die Nase.	Every time he talks he strokes his nose.
Er gebraucht oft den Ausdruck „...“.	He often uses the phrase “...”.
Er spricht oft von seinem Aufenthalt in Neuseeland.	He often speaks of his stay in New Zealand.
Er erwähnt oft seinen reichen Onkel.	He often mentions his rich uncle.

Weitere Ausdrücke

Spitzname	nickname
Alias, falscher Name	alias
Geburtsname	maiden name, name at birth
Geburtsdatum	date of birth (DOB)
Geburtsort	place of birth
Aussehen	appearance
Größe	height
Körperbau	build

gedrungen	stout, well built
korpulent	corpulent, heavy, thick-set
mager	thin
schlank	slim
aufrecht	erect, upright
Gesichtsfarbe	complexion
rötlich/rosig	ruddy
blass/bleich	pale
hell	fair
Gesicht	face
oval	oval
länglich	long
eckig	angular, square
runzlig	wrinkled
fett	fat
Haarfarbe	colour of hair
kahl/glatzköpfig	bald
gewellt	wavy
glatt	straight
lockig	curly
kraus	frizzy
gescheitelt	parted
ohne Scheitel	unparted
zurückgekämmt	brushed back
fettig	greasy
Perücke	wig
Toupee	toupee
gefärbt	dyed
Geheimratsecken	going bald at the temples
Koteletten	sideburns, side whiskers
Bart	beard
Bartform	shape of beard
Bartfarbe	colour of beard
Schnurrbart	moustache
dunkles Kinn	dark chin
Kopfform	shape of head
schmal	narrow

viereckig	square
Stirn	forehead
Augenbrauen	eyebrows
buschig	bushy
ausgezupft	plucked
gewölbt	arched
schielend	squinting, cross-eyed
rotgerändert	red-rimmed
lange Wimpern	long lashes
Glasauge	glass eye
Hakennase	hooked nose
unregelmäßig geformt	irregular
Stupsnase	turned-up nose
Knollennase	bulbous nose
breite Nasenlöcher	wide nostrils
enge/schmale Nasenlöcher	narrow nostrils
Oberlippe	upper lip
Unterlippe	lower lip
Hasenscharte	hare-lip
Zähne	teeth
verfärbt	discoloured
unregelmäßig	irregular
sich überschneidend	overlapping
Gebiss	denture, (set of) false teeth
Füllung	filling
Zahnlücke	gap
Krone	crown
Goldzahn	gold tooth
Kinn	chin
Grübchen	dimple
Doppelkinn	double chin
hervorstehend	protruding
eckige Kiefer	square jaws
Ohrläppchen	ear lobe
durchstochene Ohrläppchen	pierced (ear) lobes, pierced ears

Hände	hands
breit	broad
gut gepflegt	well kept
rauh/grob	rough
Fingernagel	fingernail
abgebissen	bitten
manikürt	manicured
lackiert	varnished, painted, polished
besondere Kennzeichen	distinctive marks, distinctive features
Narbe	scar
Muttermal	birthmark
Leberfleck	mole
Sommersprossen	freckles
Tätowierung	tattoo
Verunstaltung	deformity
Missbildung	deformity
Kleidungsstücke	clothes
Anzug	suit
Bluse	blouse
Büstenhalter	bra, brassiere
Gürtel	belt
Hemd	shirt
hohe Absätze	high heels
Höschen (Damen)	panties
Hose	trousers, (US: pants); (US: (Damen) slacks)
Jacke	jacket
Kleid	dress
Krawatte	tie, necktie
Mantel	coat, overcoat
Pullover	pullover, jumper
Regenmantel	raincoat, mackintosh
Rock	skirt
Sportschuhe	trainers, sneakers, tennis shoes
Stiefel	boot
Strickjacke	cardigan
Strumpf	stocking
Trainingsanzug	tracksuit, jogging suit

Unterhemd	vest, undershirt
Unterhose	underpants
Unterrock	slip, petticoat

Thema 28

Verhaftung eines Betrügers

Personen: KOK Klaus Schäfer (KS), KK Gregor Müller (GM), KHM Boris Feddersen (BF), Roger Lincoln (RL), Richterin Helga Ellert (HE), Gewahrsamsbeamter Thomas Welter (TW)

Ein Zivilfahrzeug der Kriminalwache Koblenz mit KOK Schäfer und KK Müller fährt im Rahmen einer Streife einen Parkplatz an der Bundesstraße 49 bei Koblenz-Pfaffendorf an.

Dort halten sich immer wieder Personen auf, die verdächtigt werden, Straftaten begangen zu haben oder abzusprechen, auch wurden schon die Beute aufgeteilt oder Tatfahrzeuge abgestellt.

Heute bemerken die Beamten einen Mann, der an seinem Pkw über eine Straßenkarte gebeugt steht.

Sie beschließen ihn zu kontrollieren.

Zunächst lässt KOK Schäfer über die Einsatzleitstelle beim Kraftfahrbundesamt in Flensburg den Halter feststellen.

Halter des Pkw ist die Firma EUROCAR, Alsterallee 100, 22397 Hamburg.

Gleichzeitig werden das Kennzeichen und der Pkw überprüft.

Arresting a swindler

Characters; KOK Klaus Schäfer (KS), KK Gregor Müller (GM), KHM Boris Feddersen (BF), Roger Lincoln (RL), judge Helga Ellert (HE), custody officer Thomas Welter (TW)

Detectives KOK Schäfer and KK Müller are driving their unmarked police car to a rest area on federal road 49 near Koblenz-Pfaffendorf while on patrol for the Koblenz CID department.

In the past, persons suspected of having committed offences have repeatedly been seen there, for example meeting in order to plan new offences or to share out their loot, and cars which had been used in offences were left there.

Today the officers see a man near his car bent over a road map.

They decide to check him.

First KOK Schäfer asks control to check the registered owner of the car with the Federal Vehicle Department in Flensburg.

The keeper of the car is the EUROCAR company, Alsterallee 100, 22397 Hamburg.

At the same time a check of the registration number and the car is made.

Dabei wird festgestellt, dass der Pkw seit zwei Monaten zur Fahndung ausgeschrieben ist.

The result is that the car has been on the missing/stolen vehicles register for two months.

Die Beamten informieren die Kriminalwache über den Sachverhalt und die nun folgende Kontrolle.

This information is radioed to the detectives' watch, and the watch are informed about the vehicle check which is about to be carried out.

Dies bedeutet Schutz für sie, da ihre Dienststelle nun weiß, wo sie sich befinden und unter welchen Umständen sie vorgehen.

This is a protective measure for the officers as their watch now know where they are and under what circumstances they are going to proceed.

Kontrolle des Fahrzeuges:

Checking the vehicle:

KOK Schäfer spricht den Mann an, der inzwischen wieder eingestiegen ist.

KOK Schäfer addresses the driver, who has got back into his car in the meantime.

Sein Kollege sorgt für die Eigensicherung.

His colleague provides cover.

KS: Guten Tag. Wir führen eine Personen- und Fahrzeugkontrolle durch. Steigen Sie bitte aus und zeigen Sie Führerschein und Zulassungsbescheinigung Teil 1 vor!

Good afternoon. We're conducting a person and vehicle check. Please get out of the car and show us your driving licence and vehicle registration certificate.

Der Fahrer greift zum Handschuhfach, und KK Müller fordert ihn auf, alles ganz langsam zu tun und keine ruckartigen und plötzlichen Bewegungen zu machen.

The driver reaches for the glove compartment and is asked by KK Müller to move slowly and not to make any jerky and sudden movements.

Der Mann entnimmt seinen englischen Führerschein sowie die Zulassungsbescheinigung Teil I und steigt aus.

The man takes out his British driving licence as well as the vehicle registration certificate and gets out of the car.

KK Müller beobachtet ihn weiterhin sehr aufmerksam.

All the time, he is closely watched by KK Müller.

RL: Bitte sehr!

Here you are.

KS: Bitte öffnen Sie den Kofferraum!

Would you please open the boot?

RL: Warum?

Why?

KS: Ich möchte sehen, was Sie im Kofferraum haben.

I'd like to see what you've got in the boot.

RL: Da ist nicht viel drin, bloß etwas Wäsche, aber bitte!	There isn't much, only some laundry, but here you are.
Roger Lincoln öffnet den Kofferraum; KK Schäfer erkennt unter einem Anorak den Lauf einer Pistole.	*Roger Lincoln opens the boot; KK Schäfer notices the barrel of a pistol under an anorak.*
Er sagt dies laut und warnt damit seinen Kollegen.	*He calls out loudly what he sees and thus warns his colleague.*
Der tritt sofort näher an den Fahrer heran und fordert ihn auf, keine Bewegung zu machen.	*The latter immediately approaches the driver and asks him not to make any movement.*
Die beiden Beamten sind äußerst konzentriert.	*The officers act with utmost concentration.*
KOK Schäfer hebt den Anorak an, fasst aber die Automatik-Pistole nicht an.	*KOK Schäfer lifts the windjacket, but does not touch the automatic pistol.*
KS: Wem gehört diese Waffe?	Who does this weapon belong to?
RL: Das ist eine Schreckschusspistole, ich habe sie zu meiner Sicherheit dabei.	This is a pistol for blank cartridges, which I'm carrying for my own safety.
KS: So? Wer bedroht Sie denn?	So? Who's threatening you?
RL: Im Moment niemand, aber man kann ja nie wissen ...	Nobody is threatening me right now, but you never know ...
KS: Drehen Sie sich mit dem Gesicht zum Pkw! Legen Sie die Hände aufs Dach und spreizen Sie die Beine!	Turn around with your face to the car. Put your hands on the roof and spread your legs.
Die Schreckschusspistole und die Munition werden sichergestellt.	*The pistol for blank cartridges and the ammunition are secured.*
KS: Sind Sie die Person, die im Führerschein bezeichnet ist?	Are you the person whose personal data are stated in the driving licence?
RL: Ja, das bin ich.	Yes, I am.
KS: Zur Überprüfung nennen Sie bitte Ihre Personalien!	I must check that. Please give me your personal data.
RL: Mein Name ist Roger Lincoln, geboren am 07.07.1962 in Birmingham. Ich wohne in Hamburg,	My name is Roger Lincoln. I was born in Birmingham on July 7th, 1962. I live in Hamburg, 120, Alster-

Alsterufer 120. Ich bin britischer Staatsbürger.

KS: Zeigen Sie mir bitte Ihren Pass!

RL: Der ist hier in meiner Aktentasche im Kofferraum.

KOK Schäfer findet den Reisepass an der bezeichneten Stelle. Die Daten stimmen mit den Angaben des Fahrers überein.

Er überprüft dann über Funk die Personalien.

KS: Herr Lincoln, Sie sind zur Festnahme ausgeschrieben. Sie werden mit einem Haftbefehl des Amtsgerichts Hamburg gesucht.

RL: Das habe ich befürchtet.

KS: Sie sind hiermit vorläufig festgenommen. Steigen Sie bitte hinten rechts in den Streifenwagen ein! Ich setze mich neben Sie.

Der Fahrer kommt der Aufforderung nach und wird ohne Probleme zur Dienststelle gebracht.

Zwischenzeitlich beauftragt die Leitstelle eine Abschleppfirma, den Pkw sicherzustellen.

Auf der Dienststelle wird Herr Lincoln nach vorheriger Belehrung als Beschuldigter im Ermittlungsverfahren zu dem Pkw sowie zu eventuellen weiteren Straftaten befragt:

KS: Stimmt es, dass Sie den Pkw bei der Firma EUROCAR in Hamburg angemietet und nach Ablauf der Mietfrist nicht zurückgegeben haben?

RL: Ja, ich habe den Wagen nicht mehr zurückgebracht, weil ich kein

ufer. I'm a British citizen.

Please show me your passport.

It's here in my briefcase in the boot.

KOK Schäfer finds the passport in the place indicated, and the data tally with the driver's statements.

He then checks the data by radio.

Mr Lincoln, there is a warrant out for your arrest, issued by the Hamburg Magistrates' Court.

I was afraid that this might be the case.

You are arrested pending further decisions. Please get into the back of the patrol car on the right. I'll sit next to you.

The driver obeys the order and is taken to the police station without any problems.

In the meantime, control asks a breakdown firm to secure the car.

At the police station, having been informed about his rights as the accused in the investigations, Mr Lincoln is questioned about the car and about possible other offences:

Is it true that you rented the car from the EUROCAR company in Hamburg, and that you didn't return it at the end of the rental period?

Yes. I didn't take the car back because I have no money. I know

Geld mehr habe. Es ist mir klar, dass ich mich strafbar gemacht habe.	I've committed an offence.
KS: Wovon leben Sie?	What do you do for a living?
RL: Ich lebe von Gelegenheitsarbeiten.	I earn my living by doing odd jobs.
KS: Was arbeiten Sie denn?	What work do you do?
RL: Was so kommt. Eine Zeit habe ich auf dem Bau gearbeitet. Das war aber zu schwer. Ich arbeite jetzt als Werber für Zeitschriften.	Whatever I can get. For some time I worked in the construction industry. But that was too hard. At the moment I'm trying to sell magazine subscriptions.
Festnahme des Beschuldigten:	*Arrest of the accused:*
RL: Was geschieht jetzt mit mir?	What's going to happen to me now?
GM: Herr Lincoln, ich habe eine Einlieferungsanzeige gefertigt. Zunächst bleiben Sie bei uns im Polizeigewahrsam. Morgen, wenn wir alle Unterlagen zusammengestellt haben, werden Sie der Haftrichterin vorgeführt.	Mr Lincoln, I've now made a record of your arrest. First, you'll have to stay in a detention cell at the police station. Tomorrow, after we've compiled all the documents, you'll appear before a magistrate.
Sie entscheidet darüber, ob Sie in die Justizvollzugsanstalt Koblenz verbracht werden. Folgen Sie uns bitte in die Arrestzelle!	She will decide if you are to be taken to Koblenz prison. Please follow us to the detention cell.
In einem Wachraum vor dem Zellenblock:	*In a watchroom in front of the row of cells:*
TW: Legen Sie bitte Ihre persönlichen Sachen wie Schmuck, Geldbörse, Uhr, Gürtel und Schnürsenkel in diese Kiste!	Please put all your personal belongings such as jewellery, purse, watch, belt and shoelaces into this box.
RL: Kann ich nicht meine Uhr behalten?	Can't I keep my watch?
TW: Nein, das geht wegen unserer Vorschriften nicht. Wir müssen Ihnen alle Wertgegenstände abnehmen und sicher aufbewahren.	No, you can't; that's against our rules. We have to take all your valuables and keep them safely.
RL: Aber mein Gürtel und meine Schnürsenkel sind doch nichts wert.	But my belt and shoelaces aren't of any value.

TW: Das stimmt zwar. Aber wir müssen verhindern, dass Festgenommene versuchen, sich selbst zu töten. Deshalb müssen Sie auch diese Dinge abgeben.

That's true. But we have to prevent persons in custody from committing suicide. So you have to hand in these things as well.

Der Gewahrsamsbeamte überprüft die Gegenstände und trägt sie in das Gewahrsamsbuch ein.

The custody officer checks the items and lists them in the custody book.

Bitte unterschreiben Sie hier und gehen Sie dann zur Zelle 1!

Please sign here and then go to cell number 1.

RL: Ich habe verstanden.

OK.

Kurze Zeit später holen KOK Schäfer und KK Müller Herrn Lincoln aus der Haftzelle und bringen ihn zur erkennungsdienstlichen Behandlung; er wird fotografiert und seine Fingerabdrücke werden genommen.

A short time later, KOK Schäfer and KK Müller take Mr Lincoln from the detention cell to be fingerprinted and photographed for identification procedures.

KS: Herr Lincoln, wir senden Ihre Fingerabdrücke an das Bundeskriminalamt, wo sie mit anderen verglichen werden. Wir können dann feststellen, ob Sie bereits unter anderen Namen festgenommen wurden und ob Sie wirklich Roger Lincoln sind.

Mr Lincoln, your fingerprints will be sent to the Federal Criminal Office, where they will be compared with others. This way we'll be able to find out if you've been arrested before under another name and if you really are Roger Lincoln.

RL: Wenn Sie sich die Mühe machen wollen, ich sage Ihnen aber, dass das überflüssig ist.

You can if you want to do all that, but I tell you that it isn't necessary.

GM: Herr Lincoln, ich habe jetzt diese Platte mit Farbe eingewalzt. Bitte halten Sie Ihre Hand ganz locker!

Mr Lincoln, I have rolled this plate with paint. Please relax your hand.

Ich drücke jetzt jeden Finger kurz auf die Farbe und rolle ihn dann auf diesem Formular ab ... Das klappte ja ganz gut.

I'll press each finger briefly onto the paint and then roll it on this form ... That worked quite well.

Bitte reinigen Sie jetzt Ihre Hände mit diesem Tuch! Und jetzt zu den Fotos. Bitte setzen Sie sich auf den Stuhl!

Please clean your hands now with this cloth. And now the mug shots. Please sit down on that chair.

RL: Ist es so recht?

Is it all right like this?

GM: Ja, es ist O.K. so. Und jetzt sehen Sie bitte genau in die Kamera! Danke. Ich drehe jetzt den Stuhl nach links. Bitte sehen Sie genau geradeaus!

Yes. And now please look straight into the camera. Thank you. Now I'll turn the chair to the left. Please look straight ahead.

Das war auch O.K.. Und jetzt kommt die andere Kopfseite dran. Ich drehe wieder den Stuhl, sehen Sie bitte wieder genau geradeaus! Danke, das war's.

That was OK as well. And now the other side of your head. I'll turn the chair once more. Please look straight ahead again. Thank you, that's it.

Anschließend wird Herr Lincoln wieder in die Zelle zurückgebracht.

Subsequently Mr Lincoln is taken back to his cell.

Am nächsten Morgen haben die Beamten das Ermittlungsverfahren abgeschlossen.

By the following morning, the officers have completed their investigations.

Sie haben den Haftbefehl und die Bestätigung des Polizeipräsidiums Hamburg, dass die Anschrift des Beschuldigten nicht mehr zutrifft.

They have the arrest warrant and confirmation from Hamburg police headquarters that the accused's address is no longer correct.

Sie haben die Unterlagen über das Fahrzeug, das bereits von Firma EUROCAR abgeholt worden ist.

They have all the papers of the vehicle, which has already been collected by the EUROCAR company.

Sie haben außerdem die Niederschrift der Vernehmung von Roger Lincoln vom Vortag.

They also have the transcript of the interrogation of Roger Lincoln of the day before.

Das Bundeskriminalamt hat aufgrund der Fingerabdrücke mitgeteilt, dass gegen ihn keine weiteren Unterlagen vorliegen.

On the basis of the fingerprints, the Federal Criminal Office has informed them that there is no other information on the accused.

Er wird der Haftrichterin vorgeführt, die schon zusammen mit dem Staatsanwalt wartet.

He is brought before the magistrate, who is already waiting together with the public prosecutor.

Der Staatsanwalt prüft, ob die Akte vollständig und schlüssig ist und beantragt dann, den Beschuldigten aufgrund der Feststellungen der Polizei und des vorliegenden Haftbefehls zu verhaften.

The public prosecutor takes the file, checks to see if it is complete and conclusive and then makes out an application to apprehend the accused because of the police investigations and the existing arrest warrant.

HE:	Herr Lincoln, Sie sind hier, weil die Staatsanwaltschaft Hamburg gegen Sie ein Ermittlungsverfahren wegen Unterschlagung eines Fahrzeuges führt und weil das Amtsgericht Hamburg deshalb einen Haftbefehl erlassen hat. Haben Sie das verstanden?	You are here because the public prosecutor in Hamburg is conducting investigative proceedings against you for taking a vehicle without the owner's consent and the Magistrates' Court in Hamburg has issued a warrant for your arrest. Do you understand that?
RL:	Ja, das verstehe ich. Es geht um das Auto, das ich gestern bei mir hatte.	Yes, I do. It's because of the car I had yesterday.
HE:	Ich lese Ihnen jetzt vor, was die Polizei in der Vernehmung niedergeschrieben hat. Ist das alles so richtig?	I will now read to you what the police wrote down when questioning you. Is everything correct?
RL:	Ja, das stimmt alles. Das habe ich gestern schon der Polizei gesagt.	Yes, everything is correct. I already told the police that yesterday.
HE:	Warum haben Sie das Auto nicht nach Ende der Mietzeit zurückgegeben?	Why didn't you take the car back at the end of the rental period?
RL:	Das wollte ich, aber ich hatte nicht genug Geld, um die Miete zu zahlen. Wenn ich eine besser bezahlte Arbeit hätte, dann hätte ich das Auto auch zurückgegeben.	I wanted to, but I didn't have enough money to pay the rental charges. If I had a better-paid job, I would have taken the car back and paid.
HE:	Wie lange hatten Sie das Auto, und wie lange war es gemietet?	How long did you have the car, and for what period had you rented it?
RL:	Der Mietvertrag ging über drei Tage. Ich hatte das Auto acht Wochen.	The rental contract was for three days. I had the car for eight weeks.
HE:	Haben Sie in Deutschland eine Wohnung oder eine feste Adresse?	Do you have a flat or a fixed address in Germany?
RL:	Nein. Aus meiner letzten Wohnung bin ich rausgeflogen, weil ich die Miete nicht bezahlen konnte.	No. I was thrown out of my last flat because I couldn't pay the rent.
HE:	Haben Sie jemanden, der Ihnen Geld leihen oder Ihnen Unterkunft geben kann?	Do you have anybody who can lend you money or give you accommodation?
RL:	Ja, vielleicht eine Freundin, aber	Yes, perhaps a girlfriend, but I also

der schulde ich auch schon fast 5000 Euro.

HE: Es ergeht folgender Beschluss:

Der Angeschuldigte Roger Lincoln ist aufgrund der polizeilichen Feststellungen und des Haftbefehls des Amtsgerichts Hamburg dringend verdächtig, ein Fahrzeug der Firma EUROCAR unterschlagen zu haben.

Der Angeschuldigte ist ohne festen Wohnsitz und ohne Bindungen im Bundesgebiet. Er hat sich bereits dem gegen ihn geführten Verfahren entzogen.

Es besteht daher Fluchtgefahr. Der Angeschuldigte wird verhaftet. Herr Lincoln, haben Sie das verstanden?

RL: Ja, ich habe das verstanden, ich muss jetzt ins Gefängnis.

HE: Ja, Sie werden in die Justizvollzugsanstalt Koblenz und von dort aus nach Hamburg verbracht. Bitte gehen Sie jetzt mit dem Justizbeamten!

owe her nearly 5,000 euros.

It is ordered and decreed as follows:

Based on the police inquiries and the arrest warrant of the Magistrates' Court in Hamburg, the accused Roger Lincoln is strongly suspected of having taken a vehicle without the consent of the owner, EUROCAR.

The accused has no fixed address and no relationships in Germany. He has already absconded from the proceedings brought against him.

Therefore there is the risk of escape. The accused is to be apprehended. Mr Lincoln, did you understand that?

Yes, I did. I will now be sent to prison.

Yes, you will be taken to Koblenz prison and later to Hamburg. Please go with the custody officer now.

Thema 29

Organisierte Kriminalität

Szene 1

Personen: KHK Dietmar Elsen (DE), Gastwirt Rinaldo Berlu (RB)

Rinaldo Berlu sucht eine Polizeiinspektion in Saarbrücken auf und wird dort an KHK Elsen verwiesen.

DE: Guten Tag, womit kann ich Ihnen helfen?

RB: Ich brauche dringend Polizeischutz.

DE: Langsam, langsam! Wer sind Sie, und weshalb benötigen Sie Polizeischutz?

RB: Mein Name ist Rinaldo Berlu, ich bin Italiener und besitze das Restaurant Vesuvio in der Bismarckstraße.

DE: Ja, dieses Lokal kenne ich. Ich habe dort schon einige Male gegessen. Sehr gutes Essen, doch auch ziemlich teuer.

RB: Wenn Sie mir helfen, können Sie in Zukunft essen, soviel Sie wollen, ohne dafür zu bezahlen.

DE: Wenn wir Ihnen helfen können, tun wir dies, weil das unsere Aufgabe ist, nicht weil wir etwas geschenkt haben möchten.

Sonst würden wir uns strafbar machen. Warum haben Sie uns aufgesucht?

Organized crime

Scene 1

Characters: KHK Dietmar Elsen (DE), restaurant owner Rinaldo Berlu (RB)

Rinaldo Berlu enters a police station in Saarbrücken and is referred to KHK Elsen.

Good morning, what can I do for you?

I urgently need police protection.

Just a minute. Keep calm. Who are you, and why do you need police protection?

My name is Rinaldo Berlu, I'm Italian and the owner of the Vesuvio restaurant in Bismarckstrasse.

Oh yes, I know this restaurant. I've eaten there several times. Very good food, but also rather expensive.

If you help me, you can eat as much as you can in future without having to pay for it.

If we can help you, we'll do so because that's our job, not because we want presents.

Otherwise we'd be committing a criminal offence. But why have you come to the police?

RB: Vor vierzehn Tagen besuchten zwei Männer mein Lokal. Sie aßen und tranken nur das Beste. Sie blieben, bis alle anderen Gäste gegangen waren.

A fortnight ago, two men came to my restaurant. They ate and drank only the best. They stayed until all the other guests had left.

Beim Überreichen der Rechnung sagte einer der Männer zu mir: „Die Gegend, in der sich das Lokal befindet, ist sehr gefährlich. Haben Sie schon einmal daran gedacht, für Schutz zu sorgen?"

When I gave them the bill, one of the men said: "The neighbourhood in which your restaurant is situated is very dangerous. Have you ever thought of seeking protection?"

Ich antwortete: „Ich bin nicht der Meinung, dass dies eine gefährliche Gegend ist. Ich werde mir keinen privaten Sicherheitsdienst zulegen. Ich kann mir selbst helfen."

I answered: "I don't think it's a dangerous area. I won't employ a private security service. I can look after myself."

Daraufhin der Mann wieder: „Ich weiß das besser. Ihrem Lokal kann sehr schnell etwas zustoßen. Dagegen ist man nie gefeit."

One of the men replied: "I know better. Something could happen to your restaurant at any time. You are never safe from that."

Dann standen sie auf und sagten: „Wir kommen bald wieder. Lassen Sie sich bis dahin die Sache noch einmal gründlich durch den Kopf gehen!"

Then they got up and said: "We'll be back soon. Think about it very carefully until then."

Als ich sie noch einmal bat, ihre Rechnung zu bezahlen, sagten sie, dass sie sich als künftige Geschäftspartner als eingeladen betrachteten. Dann gingen sie.

When I asked them again to pay the bill, they replied that, as future partners, they considered themselves guests of the house. Then they left.

DE: So wie Sie die Situation schildern, könnte es sich um den Beginn einer Schutzgelderpressung handeln. Kamen die Männer wie angekündigt wieder?

The way you describe the situation, it might be the beginning of a protection racket. Did the men come back as they had said?

RB: Ja, vorgestern. Ich sagte ihnen auch diesmal, dass ich keinen Schutz bräuchte. Sie antworteten: „Das wird Ihnen noch leid tun.

Yes, they did, the day before yesterday. Once again I told them that I didn't need any protection. They answered: "You'll come to regret that.

Wenn wir das nächste Mal wiederkommen, wird es sehr teuer werden."

Next time we come back it'll be very expensive."

DE: Haben Sie seitdem noch einmal etwas von ihnen gehört?

Have you heard from them since?

RB: Gehört nicht, aber jemand hat mir in der Zwischenzeit die Scheiben meines Wagens eingeschlagen und einen Brandsatz hineingeworfen. Mein Auto ist total ausgebrannt.

I haven't heard anything. But in the meantime someone has smashed in the windows of my car and thrown an incendiary device inside. My car was completely burned.

Und ich habe mehrere Anrufe erhalten. Man drohte, dass meiner Familie etwas zustoßen könnte.

And I've received several phone calls. They threatened that something might happen to my family.

DE: Auch diese Vorgehensweise ist typisch für Schutzgelderpressung. Erst macht man die zukünftigen Opfer mürbe und dann erpresst man sie.

This is a typical way of extorting protection money, too. First they wear the future victims down and then they blackmail them.

Wenn Sie einmal den Forderungen der Gangster nachgegeben haben, gibt es für Sie kein Zurück mehr. Warum sind Sie nicht sofort zu uns gekommen?

Once you give in to the gangsters' demands, there'll be no going back for you. Why didn't you come to us immediately?

RB: Die handeln doch nach dem Motto „Tote reden nicht".

As you probably know, their motto is: "Dead men tell no tales".

DE: Und warum kommen Sie dennoch zu uns?

Then why have you come to us?

RB: Die Polizei muss diesen Leuten doch einmal das Handwerk legen. Das kann so nicht weitergehen; sonst leben wir nur noch in Angst und Schrecken.

The police must stop these people's game once and for all. It can't go on like that; otherwise we'll only live in fear and terror.

DE: Eine richtige und auch eine sehr mutige Entscheidung.

That's the right decision and a very brave one.

RB: Wie helfen Sie mir denn jetzt?

How are you going to help me now?

DE: Ich mache Sie mit Kollegen einer Spezialdienststelle bekannt, die sich solchen Delikten gut auskennen.

I'll introduce you to some officers of a special department. These colleagues are used to dealing with such cases.

Sprechen Sie mit niemandem über diese Angelegenheit! Geben Sie das auch an die Familienangehörigen weiter, die bereits Kenntnis haben!

Don't talk to anyone about it. And tell the same to those members of your family who already know about it.

Bitte achten Sie beim nächsten Erscheinen der Männer auf das Kennzeichen des Pkw und auf Besonderheiten, wie zum Beispiel die Anrede der Männer untereinander!

If the men come again, please try to remember the licence number of their car, and watch for special features, for example the names which the men use when talking to each other.

RB: Vielen Dank. Ich bin sehr erleichtert. Auf Wiedersehen.

Thank you very much. I'm greatly relieved. Good-bye.

DE: Auf Wiedersehen.

Good-bye.

Weitere Ausdrücke

erpressen	blackmail
Erpressung	blackmail
Zeugenschutzprogramm	witness protection scheme
Geldwäsche	money laundering
Geld waschen	launder money
bestechen	bribe
Bestechungsgeld	bribe
Bestechung *(aktiv)*	bribery
Bestechung *(passiv)*	bribe-taking

Szene 2 – Tägliche Besprechung einiger Verbindungsbeamter aus EU-Mitgliedsstaaten bei EUROPOL

Personen: Besprechungsleiter Inspecteur Piet van Meeus (PM), Niederlande, EKHK Dieter Vollmann (DV), Deutschland, Commandant de Police Robert Bourgon (RB), Frankreich, Inspector José Sotelo Salvo (JS), Spanien, Detective Chief Inspector Andrew Gross (AG), England

PM: Guten Morgen allerseits. Danke, dass Sie alle gekommen sind. Kann ich die Besprechung mit täglichen Ereignissen beginnen?

Anschließend haben wir noch ein paar Punkte der Tagesordnung zu besprechen. OK, Fangen wir mit Dieter an!

DV: Lassen Sie mich kurz einen Sachverhalt vorstellen: Im Rahmen eines OK-Ermittlungsverfahrens bekamen wir Informationen, die die Unterstützung verschiedener Mitgliedsstaaten erforderlich machen.

In mehreren deutschen Großstädten wurden in den vergangenen Monaten vermehrt neue, hochwertige Kraftfahrzeuge der Marken Audi, Mercedes-Benz und BMW, hier insbesondere der Typ X 5, entwendet.

Dazu wurden die Originalschlüssel verwendet, die zuvor aus den Bürotresoren gestohlen wurden.

Aufgrund der bisherigen Ermittlungsergebnisse konnte der Tä-

Scene 2 – Daily meeting of the liaison officers of the EU-Member states at EUROPOL (European Police Office)

Characters: Chairman Inspecteur Piet van Meeus (PM), The Netherlands, EKHK Dieter Vollmann (DV), Germany, Commandant de Police Robert Bourgon (RB), France, Inspector José Sotelo Salvo (JS), Spain, Detective Chief Inspector Andrew Gross (AG), England

Good morning everybody. Thank you all for coming. Can I start the meeting with the situation report?

Afterwards, we'll discuss some items on the agenda. OK, I give the floor to Dieter.

Let me introduce the following case: During an OC investigation procedure, we got information that requires the support of several member states.

In the past few months, several high-value Audi, Mercedes-Benz and BMW motor cars, particularly type X 5, have been stolen in several big German cities.

The original keys were used for this purpose; they had been stolen from the office safes.

Based on the previous investigation results, the circle of the offenders

terkreis mittlerweile weitgehend identifiziert werden.	has largely been identified.
Leider ist es den Kollegen bisher nicht gelungen, die Täter festzunehmen. Wir gehen davon aus, dass die Fahrzeuge über Frankreich nach Spanien gebracht werden.	So far, unfortunately our colleagues haven't succeeded in arresting the offenders. We proceed on the assumption that the cars have been transported to Spain via France.
Robert, Ihr habt in der vergangenen Woche einen neuwertigen Mercedes 600 SL mit französischen Kennzeichen in Paris sichergestellt. Was ist aus dieser Sache geworden?	Robert, during the past week you've seized a Mercedes 600 SL, which was as good as new, with French numberplates in Paris. How has this case developed?
RB: Ja, das ist richtig. Der Wagen war bei Euch in Deutschland, ich glaube in Essen, bei einem Daimler-Chrysler-Händler entwendet worden.	Yes, that's right. The car was stolen in Germany, I believe from a Daimler-Chrysler dealer in Essen.
Es ist möglich, dass es sich um dieselbe Tätergruppe handelt. Der Pkw konnte nur sichergestellt werden, weil die Kollegen im Rahmen einer normalen Verkehrskontrolle die Fahrzeugidentifizierungsnummer überprüft haben.	It is possible that we're dealing with the same group of perpetrators we're talking about. It was only possible to secure the car because our colleagues checked the vehicle identification number during a traffic check.
Sie lag im Schengener Informations-System (SIS) ein. Die Kennzeichen waren echt. Das Fahrzeug wurde mit einer fingierten Rechnung nach Frankreich exportiert und dort original zugelassen. Der Halter hatte offensichtlich keine Ahnung.	It was saved in the Schengen Information System (SIS). The numberplates were authentic. The car had been exported to France with a faked invoice and got an original registration there. The keeper obviously had no idea.
DV: Das scheint die Masche zu sein. Leider werden bei Routinekontrollen viel zu selten auch die Fahrzeugidentifizierungsnummern überprüft.	This seems to be the trick. Unfortunately, the vehicle identification numbers are checked too seldom.

	Sie war entweder noch nicht verändert worden, oder die Täter sind in der Tat so dreist, dass sie sie im Originalzustand belassen.	It has either not been falsified yet or the perpetrators are as bold as brass to leave it in its original state.
	Ich hoffe, dass die Zulassungsstellen bald die Daten in den vorgelegten Dokumenten europaweit überprüfen dürfen.	I hope that the registration authorities will soon be allowed to make Europe-wide checks of the data in the documents submitted to them.
RB:	Ja, hoffentlich.	Yes, hopefully.
DV:	Konntet Ihr relevante Spuren sichern?	Have you been able to secure relevant evidence?
RB:	Leider nein. Das Fahrzeug war kurz zuvor gründlich gereinigt worden.	Unfortunately not. The car had been cleaned thoroughly a short time before it was checked.
DV:	Fragt sich nur, ob der Halter nicht Hinweise auf den Verkäufer geben kann.	The question is whether the keeper isn't able to provide information about the seller.
RB:	Ja, das denken wir auch. Mit Rücksicht auf das bei uns schon bekannte Verfahren haben unsere Kollegen in Paris sich aber zunächst zurückgehalten, da es sich wohl nicht um eine bilaterale Angelegenheit handelt.	Yes, we think so too. In view of the known procedure, our colleagues in Paris haven't taken any action for the present, because it doesn't seem to be a bilateral matter.
DV:	Ja, genau. José, Ihr habt doch vor zwei Wochen über unser Verbindungsbüro den Halter zu einem deutschen Überführungskennzeichens feststellen lassen. Liege ich da richtig?	Yes, exactly. José, you checked the keeper of a transfer numberplate two weeks ago via our liaison office. Am I right?
JS:	Das ist richtig. Es war an einem sechs Monate alten Mercedes SLK angebracht, den wir im Rahmen einer Durchsuchung bei einem bekannten Drogendealer gefunden haben.	That's correct. It was fitted to a six-month-old Mercedes SLK; we found it when searching a known drug trafficker's dwelling.
	Unser Dealer will mit dem Wagen nichts zu tun haben. Er hat mit Autos nichts am Hut, sagt er. Das	Our drug trafficker denies any link with the car. He's not into cars, he says. Incidentally, the car was stolen

Fahrzeug wurde übrigens in Oberhausen entwendet.	in Oberhausen.
DV: Wir werden sehen, ob er wirklich nur mit Drogen dealt. Der Ort des Diebstahls hört sich ja interessant an. Ich gehe davon aus, dass die Kollegen in Oberhausen Bescheid wissen.	We'll see if he's only trafficking in drugs. The place of theft sounds interesting. I assume that our colleagues in Oberhausen have been informed.
JS: Ja sicher. Die Antwort ging über Euch zu ihnen.	Yes, sure. The answer went to them via you.
DV: OK, ich hatte die Sache nur am Rande mitbekommen. Unsere Kollegen planen, die Täter beim nächsten Diebstahl zu observieren. Sie wollen mit einer Festnahme so lange wie möglich warten.	OK. I only noticed this matter only in passing. Our colleagues are planning to keep an eye on (US: surveil) the offenders during their next theft. They want to delay an arrest as long as possible.
Robert, wir sollten uns über das Vorgehen beim Verkäufer des Mercedes 500 unterhalten.	Robert, we should talk about the line of action concerning the seller of the Mercedes 500.
RB: Nun, das ist kein Problem.	Well, that's no problem.
DV: José, sitzt Euer Dealer noch in Haft?	José, is your dealer still in custody?
JS: Leider nein. Er kam gegen Zahlung einer Kaution frei. Zudem wurde eine Arresthypothek auf sein Haus festgesetzt. Der Richter meinte, das würde erst einmal reichen.	Unfortunately not. He's been released on bail. Additionally, his house has been mortgaged in connection with his arrest. The judge ruled this would be enough for the moment.
DV: Wir sind der Meinung, dass wir erst einmal die bekannten Informationen zusammentragen und analysieren sollten. Seid Ihr damit einverstanden?	We think we ought to gather and analyze the known information first. Do you agree?
RB und JS: Ja, gerne. Wir könnten dann anschließend gemeinsam vorgehen.	Yes, certainly. We could take joint action afterwards.
DV: Ich denke, wir sollten die beteiligten Ermittler schnellstmöglich nach Den Haag bitten, damit sie ihre Informationen austauschen können.	I think we should ask the investigators involved to come to The Hague as soon as possible so that they can exchange their intelligence.

JS:	Das ist eine gute Idee.	Good idea.
DV:	Gleichzeitig können wir die vorhandenen Daten analysieren und neue gleich mit aufnehmen. Wir sollten auch einen Staatsanwalt einschalten.	At the same time, we could analyze the available information and add anything new. We should also involve a prosecutor.
JS:	Ja, lass uns das über EUROJUST, die europäische Justizbehörde, machen!	Yes, let's do it via EUROJUST, the European Judicial Network.
RB:	Wir könnten später ein gemeinsames Ermittlungsteam mit Vertretern von EUROPOL bilden. Was meint ihr?	Later on, we could set up a joint investigation team with representatives of EUROPOL. What do you think?
DV:	Ja, das geht inzwischen. Das ist ein guter Vorschlag.	Yes, that's possible now. A good suggestion.
	Zunächst habe ich aber noch eine Bitte an Dich, Andrew. In derselben Sache haben die Kollegen einen silberfarbenen Rover mit britischen Kennzeichen festgestellt. Könntest Du bitte den Halter dazu feststellen lassen?	First I have a request to you, Andrew. In the same matter, our colleagues found a silver-coloured Rover with British numberplates. Could you check who the keeper is?
AG:	Keine Frage, dass mache ich gleich nach der Besprechung. Oder soll ich es jetzt machen?	Of course, I'll do so immediately after our meeting. Or shall I do it straight away?
DV:	Nein, das ist nicht so dringend. Wichtig ist, dass wir alles sorgfältig vorbereiten. Die Kollegen des Landeskriminalamtes in Nordrhein-Westfalen werten zur Zeit alle ähnlichen Fälle aus. Wir nehmen an, dass die Zahl der Fälle noch größer als bisher bekannt ist.	No, it isn't that urgent. It's important to prepare everything carefully. Our colleagues of the State Criminal Office in North Rhine-Westphalia are currently analyzing all similar cases. We assume that the number of cases is greater than has been known so far.
	Nun, das war's zunächst. Ich schlage vor, dass wir unsere Informationen mit den spanischen, französischen und gegebenenfalls englischen Kollegen austauschen.	Well, that's it for now. I propose that we exchange our intelligence with our Spanish, French and, if necessary, English colleagues.

Ich halte Euch auf dem Laufenden. Vielen Dank für Eure Aufmerksamkeit.

I'll keep you posted. Thank you for your attention.

PM: Danke für Deinen Beitrag, Dieter. Nun, ich denke, wir sollten zum nächsten Fall übergehen.

Thanks for your contribution, Dieter. Well, I think we should move on to the next case.

Thema 30

Deutsche Polizeibeamte im internationalen Einsatz

Einsatz im Kosovo

Personen: UNMIK CIVPOL (United Nations Mission in Kosovo Civil Police Officer) Feliks Aberle (FA) aus Kirgistan, CIVPOL Horst Strack (HS) aus Deutschland

Der deutsche Beamte Horst Strack hat seinen Missionseinsatz in Prizren begonnen und ist nun nach Dragas versetzt worden; er unterhält sich mit dem kirgisischen Personal- und Geschäftszimmerbeamten Feliks Aberle:

FA: Hallo, bist Du der neue Kollege aus Deutschland?

HS: Ja, ich bin gerade aus Prizren angekommen.

FA: Ich bin Feliks Aberle aus Kirgistan und fürs Personal und die Verwaltung der Station zuständig. Warst Du schon beim Wachleiter?

HS: Ja, er hat mich schon begrüßt und mir ein paar allgemeine Dinge über die Station und den Dienst erzählt. Jetzt soll ich mich bei Dir für alle weiteren Dinge melden.

FA: Das Erste und Wichtigste ist heute für Dich, eine Unterkunft zu finden. Ich rufe mal eben Ronald über Funk rein.

German police officers on international missions

Deployment in Kosovo

Characters: UNMIK CIVPOL Feliks Aberle (FA) from Kyrgyzstan, CIVPOL Horst Strack (HS) from Germany

German officer Horst Strack has just been deployed to Dragas Police Station and is now having his first conversation with the Station Chief of Admin/Personnel Feliks Aberle from Kyrgyzstan:

Hello, are you our new colleague from Germany?

Yes, I've just arrived from Prizren.

I'm Feliks Aberle from Kyrgyzstan. I'm responsible for Admin/Personnel of the Station. Have you seen the Station Commander already?

Yes, he's already welcomed me and told me some general things about the station and my duties. Now I'm to report to you for all further procedures.

The first and most important thing for you today is to find accommodation. I'll just call Ronald by radio.

Das ist der deutsche Schichtleiter der Anton Schicht. Der besorgt eine Dolmetscherin (LA = Language Assistant), und dann könnt Ihr auf Wohnungssuche gehen. Ich glaube, sie weiß von ein paar freien Unterkünften, die sie Dir zeigen kann.

He's the German Team Leader of the Alpha shift. He'll provide you with a Language Assistant, and then you can look for accommodation. I think she already has some vacant accommodation in mind that she can show you.

Bis dahin erkläre ich Dir ein paar andere wichtige Sachen, und wenn Du irgendwelche Fragen hast, will ich sie Dir gerne beantworten.

Until then I'll explain some other important things, and if you have any questions, I'll be glad to answer them.

Feliks Aberle telefoniert mit Operations (OPS) und teilt anschließend Horst Strack mit, dass die Dolmetscherin in einer halben Stunde kommt.

Feliks Aberle calls Operations (OPS) and then informs Horst Strack that the language assistant will arrive in half an hour.

HS: Vielen Dank für die Hilfe. Das ist sehr nett, und natürlich habe ich eine Reihe von Fragen.

Thanks a lot for your help. I really appreciate it, and as a matter of fact I have a lot of questions.

Als Erstes interessiert mich, was ich die erste Zeit machen werde. Im Regionalhauptquartier (RHQ) wurde uns gesagt, dass alle Missionsneulinge im ersten Monat Streifendienst machen müssen.

First, I'm interested in what I'm to do at the beginning. In Regional Headquarters (RHG) we were told that mission newcomers are assigned to patrol during the first month.

FA: Ja, wenn das Deine erste Mission ist, wirst Du den ersten Monat im Streifendienst verbringen. Andrej, der russische Leiter des Sachgebietes Einsatz, wird Dich einer Schicht zuteilen.

Yes, if this is your first mission, you'll work in patrol the first month. Andrej, the Russian Chief of Operations, will assign you to a shift.

Nach vier Wochen kannst Du Dich auf eine andere Stelle bewerben. Die Stellenausschreibungen hängen am Schwarzen Brett in der Eingangshalle.

After four weeks, you can apply for another post. The vacancies are posted on the information board in the hall.

Die ersten drei Tage hast Du Zeit, Dich einzuleben und den Verwaltungskram zu erledigen. Dann

For the first three days, you'll have time to settle in and deal with the administrative procedures. After that,

aber geht es richtig los mit der Arbeit.	however, work starts in earnest.
HS: Das hört sich ja ganz gut an, bis auf den Verwaltungskram. Was ist damit gemeint?	Sounds good, apart from the administrative procedures. What do they involve?
FA: Zuerst müssen wir eine Personalakte für Dich anlegen. Hier hast Du schon mal das Personalblatt zum Ausfüllen.	First, we have to open a personnel file for you. Here's your personnel sheet to fill in.
HS: Schon wieder? Das hab ich doch schon bei UN-Admin in Pristina, im PTC (Police Training Center) und im RHQ ausgefüllt.	Again? I already filled it in at UN-Admin in Pristina, and at PTC and RHQ.
FA: Leider ja. Später kommst Du dann auch noch auf die Evakuierungsliste.	Unfortunately yes. Later we'll also add you to the evacuation list.
HS: Evakuierungsliste? Was ist das denn?	Evacuation list? What's that?
FA: Sollte die Sicherheitslage sich hier so stark verschlechtern, dass die UN ihr Personal abziehen muss, gehen wir nach einem Evakuierungsplan vor. Ein Teil davon ist die Evakuierungsliste.	If the security situation deteriorates so much that the UN decides to withdraw its personnel, we'll proceed according to an evacuation plan, and part of it is the evacuation list.
HS: Aha. In Prizren wurde uns auch gesagt, dass wir Funkgeräte bekommen.	I see. In Prizren we were also told that we would receive hand-held radios.
FA: Ja, aber das erledigen wir morgen, weil Du dafür wieder nach Prizren zur IT-Abteilung (Information Technology Division) musst. Unser Schirrmeister (MTO = Motor Transport Officer) nimmt Dich morgen mit runter.	Yes, but we're doing that tomorrow because you'll have to go back to the Prizren IT section for that. Our MTO will take you down with him tomorrow.
Du unterschreibst dort eine Übergabe, auf die Dein UN-Ausweis kopiert wird. Eine Kopie davon kriegst Du, die Du behalten musst, weil Du sie am Ende der Mission	There you'll sign a handover on which your ID card will be copied. One copy is issued to you, and you should keep it because it's important for your checkout at end of mission

fürs Auschecken brauchst. Hast Du schon Pläne für Deinen ersten freien Tag?

(EOM). Have you already got plans for your first CTO (compensatory time off)?

HS: Muss ich das jetzt schon entscheiden?

Do I have to decide now?

FA: Nein, aber laut PPM-Vorschrift (Policy and Procedure Manual) dürfen nur 20 % der Internationalen gleichzeitig dienstfrei oder Urlaub haben, und wer zuerst kommt mahlt zuerst. Also entscheide Dich so bald wie möglich!

No, but according to PPM, we're only allowed to have 20% of the internationals on CTO or on leave, and first come, first served. So make your choice as soon as possible.

Da kommt ja Ronald mit der Dolmetscherin Merlinda. Viel Glück bei der Unterkunftssuche!

Here comes Ronald with the LA Merlinda. Good luck in finding accommodation.

Thema 31

Telefonat mit Europol

Personen: Europol-Mitarbeiterin Marie Alexandre (MA) aus Frankreich, Finanzermittler Ludger Baumann (LB) aus Köln

Ludger Baumann soll inkriminiertes Vermögen eines Verdächtigen in mehreren europäischen Ländern aufspüren und ruft die Fachdienststelle für Finanzkriminalität bei Europol an:

MA: Europol Financial Crime, Marie Alexandre am Apparat.

LB: Oh, hallo, mein Name ist Ludger Baumann von der Polizei in Köln. Ich wollte eigentlich Leo Henken erreichen.

MA: Der ist momentan in einer Besprechung. Anrufe für ihn werden zu mir umgeleitet. Kann ich Ihnen helfen?

LB: Ja, das wäre prima. Es ist nämlich etwas eilig, und ich kann beim Bundeskriminalamt keinen meiner Ansprechpartner erreichen.

MA: Ich nehme an, es hat mit Finanzkriminalität zu tun.

LB: Richtig. Es geht um Gewinnabschöpfung im Ausland, und auf einer Tagung neulich habe ich Namen und Telefonnummer Ihres Kollegen Leo Henken erhalten.

MA: Dann sind Sie bei mir an der richtigen Adresse. Eine meiner

Phone call to Europol

Characters: Europol (European Police Office) official Marie Alexandre (MA) from France, financial investigator Ludger Baumann (LB) from Cologne

Ludger Baumann is to trace a suspect's criminal assets in several European countries and calls the expert unit for financial crime at Europol:

Europol Financial Crime, Marie Alexandre speaking.

Oh, hello, my name is Ludger Baumann of the Cologne police. Actually, I intended to speak to Leo Henken.

He's in a meeting at the moment and had his phone switched through to mine. Can I help you?

Yes, that would be great. In fact, it's a bit urgent, and I can't reach any of my contacts at the Federal Criminal Police Office.

I assume it concerns financial crime.

Right. It's about siphoning off profits abroad and at a recent conference I got the name and phone number of your colleague Leo Henken.

Well, in that case you're calling the right person. Siphoning off profits is

Aufgaben ist die Bekämpfung von Gewinnabschöpfung.

part of my remit.

Kennen Sie denn schon die Straftaten, aus der das illegale Vermögen stammt?

Do you already know the crimes from which the illegal assets originate?

LB: Ja, Hintergrund ist Rauschgifthandel. Unsere Zielperson hat über mehrere Jahre hinweg den Heroinschmuggel von einem Lager in Bukarest per Lkw in die Niederlande und von dort in kleineren Mengen nach Deutschland organisiert. Alles in allem mindestens 220 kg.

Yes, the background is drug trafficking. Our target organized the trafficking of heroin via truck from a depot in Bucharest to the Netherlands, and from there, in smaller quantities, to Germany. All in all, it was at least 220 kg.

MA: Das klingt nach organisierter Kriminalität, sogar in zweien unserer Zuständigkeitsbereiche, nämlich Rauschgiftschmuggel und Geldwäsche.

Sounds pretty much like organized crime, involving even two of our areas of responsibility, namely drug trafficking and possibly money laundering.

Außerdem sind offenbar mehrere Mitgliedsstaaten der EU und Rumänien als Drittstaat, mit dem wir ein Abkommen haben, betroffen. In dem Fall können Sie Europol direkt um Unterstützung bitten.

What's more, there seem to be several EU member states involved, and Romania as a third state, with which we have an agreement. In this case, you can ask Europol for direct support.

LB: Das klingt gut, leider bin ich aber noch nicht so weit. Mein Problem ist, dass ich erst noch das Vermögen der Zielperson aufspüren muss.

Sounds good but, unfortunately, I'm not so far yet. My problem is that, first of all, I still have to trace the a ssets of our target.

Wir wissen, dass Gelder bar mittels Kurier in die Niederlande verbracht und auf Konten verschiedener Personen eingezahlt und irgendwohin überwiesen wurden.

We know that monies were taken to the Netherlands in cash, where they were paid into the accounts of several persons, then to be transferred to somewhere else.

Gelegentlich gab es aber auch Bar-Überweisungen von Deutschland nach Rumänien. Insgesamt sprechen wir hier von mehreren Millionen Euro.

Occasionally, there were also cash transfers from Germany to Romania. All in all, we're talking about several million euros.

MA: Sofern Sie nähere Angaben zu beteiligten Personen, Banken oder sogar Konten machen können, denke ich, dass wir Ihnen helfen können.	I think we'll be able to help you, if you can provide us with more details concerning the persons, banks and even the accounts involved.
LB: Klasse, soll ich Ihnen gleich mal die Daten durchgeben?	Great, shall I give you the data right now?
MA: Halt, halt! Ganz so einfach geht es nicht. Wir müssen uns schon an verschiedene Regeln halten, vor allem an die Europol-Konvention.	Just a minute, it's not that easy. We have to stick to certain rules, above all to the Europol Convention.
Außerdem ist es für Sie sicher wichtig, dass Sie alle Ergebnisse später offiziell für Ihr Ermittlungsverfahren nutzen können, nicht wahr?	What's more, it's certainly important that you can officially use all results in your preliminary proceedings later on, isn't it?
LB: Natürlich. Also schicke ich Ihnen am besten erst mal ein Fax mit Sachverhalt und allen Daten.	Of course. So, I'll just send you a fax with a description of the case and all the data.
MA: Nein. Jede offizielle Kommunikation mit uns muss über die Europol Nationale Stelle laufen, in Ihrem Fall das BKA.	No. Every official communication with us must be channelled via the Europol National Unit (ENU). In your case, that's the Federal Criminal Office.
So ist gewährleistet, dass auch alle nationalen Datensysteme gecheckt werden und die Zentrale über Ihren Fall und die Anfrage Bescheid weiß.	This ensures that all national data systems are checked, too, and that the central authority knows about your case and the inquiry.
LB: Sicher, aber wie gesagt, kann ich niemanden aus der Fachdienststelle erreichen. Ich müsste also meine Anfrage an das BKA richten und den Kollegen dort den genauen Sachverhalt mitteilen.	Sure, but as I mentioned, I cannot reach anybody from the unit concerned. I'd have to send my inquiry to the Federal Criminal Office and give my colleagues all the facts.
Und, ehrlich gesagt, so genau kenne ich mich mit dem BKA nicht aus. Ich bin auch kein Bundes-, sondern Landesbeamter.	Frankly, I'm not that well informed concerning the Federal Criminal Office. What's more, I'm not a federal officer, I'm a state officer.

MA:	Ich verstehe. Das deutsche Polizeisystem weicht bekanntlich stark von den übrigen Systemen in Europa ab. Aber gut, vielleicht kann uns der Deutsche Desk weiterhelfen und da ausnahmsweise einspringen.	I see. The German police system is known to be very different from all the others in Europe. However, maybe the German Desk will be able to help us and make an exception.
LB:	Deutscher Desk? Das sagt mir nichts.	German Desk? That doesn't ring a bell.
MA:	Das ist nur unser interner Name für das deutsche Verbindungsbüro hier bei Europol.	That's only our internal name for the German Liaison Bureau here at Europol.
LB:	Aber ich dachte, ich hätte erst das BKA zu informieren, bevor ich mit Europol zusammenarbeite?	But I thought I had to inform Federal Criminal Office first before I could cooperate with Europol?
MA:	Das ist auch richtig. Allerdings gehören die Verbindungsbüros formell gar nicht zu Europol. Analog zu den bilateralen Verbindungsbeamten hat jedes Mitgliedsland mindestens einen Beamten zum Verbindungsbüro abgeordnet.	That's correct. However, the liaison bureaus are formally not part of Europol. As with bilateral liaison officers, every member state has seconded at least one officer to Europol.
	Im Falle Deutschlands sind es Kollegen des BKA, der Länder, der Bundespolizei und des Zolls. Deren Büro hier ist offiziell Teil des BKA oder besser der deutschen Europol Nationalen Stelle.	In the case of Germany, that includes colleagues from Federal Criminal Office, the German federal states, the federal police and customs. Their office here is formally part of the Federal Criminal Office, or more specifically of the German Europol National Unit.
LB:	Junge, das klingt aber ziemlich kompliziert!	Goodness, that sounds pretty complicated!
MA:	Vielleicht auf den ersten Blick, und besonders für einen Externen. Aber es funktioniert ganz prima.	Maybe at first sight, and especially for an outsider. But it works quite well.
	In Ihrem Fall könnten wir zum Beispiel ganz schnell eine Besprechung mit den Kollegen aus Deutschland und den Niederlanden organisieren und außerdem	For example, in your case we could quickly arrange a meeting with colleagues from Germany and the Netherlands and also the Romanian liaison officer.

gleich noch den rumänischen Verbindungsbeamten hinzuziehen.	
Wenn noch weitere Staaten betroffen sind, können deren Verbindungsbeamte natürlich auch eingeladen werden.	If other countries are also involved, their liaison officers can be invited as well, of course.
LB: Hm, na gut. Aber irgendwie verstehe ich dabei Ihre Rolle oder besser Europols Rolle nicht, wenn die Büros gar nicht zu Europol gehören.	Hm, all right. But somehow I don't understand your role, or rather Europol's role, if the bureaus aren't part of Europol.
MA: Zunächst einmal können wir Fachwissen zu den Kriminalitätsbereichen zur Verfügung stellen, in denen wir tätig sind.	MA: First of all, we provide expertise in those areas of crime in which we operate.
Die meisten Verbindungsbeamten kennen sich beispielsweise überhaupt nicht mit Gewinnabschöpfung aus und wissen auch gar nicht immer, an wen entsprechende Anfragen in den Heimatländern zu richten sind, wenn es schnell gehen soll.	For example, most of the LOs have no knowledge about asset seizure and don't always know where to send corresponding inquiries in their home countries if it has to be done quickly.
Wir haben entsprechende Kontakte und können noch weitere Unterstützungsmaßnahmen anbieten, was ich aber jetzt nicht so schnell erklären kann.	We have specific contacts and can provide additional support services, which is too complicated to explain right now.
Außerdem haben wir bei Europol noch sogenannte Analyse-Arbeitsdateien, AWFs, die aufschlussreiche Informationen enthalten können.	Furthermore, Europol has so-called Analysis Work Files, the AWFs, which can contain vital intelligence.
LB: Ich erinnere mich. Von den Arbeitsdateien habe ich auch schon gehört. Das sind Projektdatenbanken, in denen fallbezogene Informationen gespeichert und analysiert werden, richtig?	I remember. I've already heard of these work files. They are project databases, in which case-related intelligence is saved for further analysis, right?

MA: Absolut. In Ihrem Fall könnten die AWFs für Rauschgift und Geldwäsche von Interesse sein.	Absolutely. In your case, the AWFs for drugs and money laundering could be of interest.
LB: OK, das heißt, Sie speichern meine Anfrage automatisch in Ihren Arbeitsdateien. Da weiß ich jetzt allerdings nicht, ob ich das einfach so alleine entscheiden kann, das Absenden der Anfrage meine ich.	OK, that means you save my inquiry automatically in your work files. Now, I actually don't really know if I can decide on my own whether to forward my inquiry or not.
MA: Nein, nein, machen Sie sich keine Sorgen! Wir unterliegen hier sehr strengen Datenschutzregeln.	No, no, don't worry. We have to follow rather strict data protection regulations.
Wenn Sie eine Speicherung in den AWF nicht ausdrücklich wünschen, dürfen wir das gar nicht. Trotzdem wäre es gut, wenn Sie diese Möglichkeit mit Ihren Kollegen berücksichtigen würden.	Unless you specifically ask for your data to be saved, we're not allowed to do so. Nevertheless, it would be useful if you and your colleagues would consider this possibility.
Nur wenn wir regelmäßige Zulieferungen erhalten, haben wir die Möglichkeit, Zusammenhänge zu erkennen und damit Ermittlungen in den Mitgliedsstaaten zu unterstützen.	Only by receiving contributions on a regular basis will we have the chance to identify links and patterns and so support investigations in member states.
LB: Ist schon klar. Es könnte allerdings möglich sein, dass einige vertrauliche Inhalte einer Zulieferung durch uns entgegenstehen.	That's clear. However, it could be that some confidential aspects might make it impossible for us to supply data.
MA: Wenn das der Fall sein sollte, können wir uns später noch über unsere Handling Codes unterhalten, mit denen Sie Ihre Informationen adäquat schützen können.	If that were the case, we could talk about our handling codes at a later date. With these, you can protect your intelligence adequately.
LB: Hervorragend. Ich halte also zunächst Rücksprache mit den anderen Kollegen hier, und Sie informieren den Deutschen Desk?	Great. That means I'll talk to the other colleagues around here first and you'll inform the German Desk?
MA: Genau. Am besten geben Sie mir nun noch einmal Ihren Namen,	Exactly. Maybe it's best if you give me your name, town, unit and, most

Stadt, Dienststelle und vor allem Ihre Telefonnummern, nicht nur den Festanschluss, sondern auch die von Ihrem Handy!

importantly, your phone numbers once again – not just your landline, but your mobile number, too.

LB: In Ordnung. Mein Familienname schreibt sich ...

All right. My surname is spelled …

Thema 32

Schiffskontrolle

Personen: Bootsführer des Polizeibootes WSP 80 POK Klaus Maier (KM), PK Siegfried Beck (SB), PK Sebastian Müller (SM), PK Andreas Greif (AG), Schiffsführer des Tankmotorschiffs Schelde Willem van Hoogdalem (WH)

Während einer Bootsstreife auf dem Rheinstrom fällt der Besatzung der WSP 80 das Binnenschiff Schelde auf, welches sich auf Bergfahrt – mit Fahrtziel Karlsruhe – befindet.

Die Schelde ist ein Binnenschiff zur Beförderung chemischer Güter, mit der amtlichen Schiffsnummer 2312345 und dem Heimathafen Rotterdam.

SB: Ich würde gerne die Besatzung des TMS Schelde kontrollieren. Kannst du bitte mit dem Fernglas die Schiffsnummer ablesen?

KM: Ja, Moment. 2312345.

SB: Ich funke jetzt die Dienststelle an, damit die Kollegen dort in der Schiffskontrolldatei nachschauen, wann das TMS Schelde zuletzt kontrolliert wurde und ob es irgendwelche Beanstandungen gab.

„Rheinsilber 100 von 100/1 kommen!“

„Rheinsilber 100 hört.“

„Ich habe eine Schiffsnummer, schreibbereit?“

„Kommen Sie!“

Checking a barge

Characters: Captain of police boat WSP 80 POK Klaus Maier (KM), PK Siegfried Beck (SB), PK Sebastian Müller (SM), PK Andreas Greif (AG), captain of motor tanker Schelde Willem van Hoogdalem (WH)

During a patrol on the River Rhine, the crew of police boat WSP 80 notice the barge Schelde, which is going upstream – towards its destination Karlsruhe.

The Schelde is a barge for transporting chemical substances, with the official ship number 2312345, home port Rotterdam.

I'd like to check the crew of TMS Schelde. Can you please read the ship number with the help of your binoculars?

Yes, just a moment. 2312345.

I'm radioing control so that our colleagues there can check with the database of ship checks to see when TMS Schelde was checked last, and if there were any complaints.

"Rheinsilber 100 from 100/1."

"This is Rheinsilber 100."

"I've got the number of a ship, are you prepared to take notes?"

"Yes."

„2312345."	"2312345"
„Verstanden."	"Roger."
Einen kurzen Moment später:	*A short moment later:*
„Das TMS Schelde?"	"The TMS Schelde?"
„Ja, richtig"	"Yes, correct."
„Zuletzt kontrolliert vor 10 Monaten. Keine Beanstandungen."	"Last checked ten months ago. Everything OK."
„Verstanden."	"Roger."
SB: Ich gehe jetzt an Bord, um die Besatzung zu kontrollieren. Wer kommt mit?	I'm now going on board to check the crew. Who's coming with me?
KM: Ich gehe mit.	I'll come with you.
Die Beamten ziehen vor dem Übersteigen ihre Rettungswesten an.	*Before getting onto the motor tanker, the officers put on their life vests.*
Währenddessen spricht der am Ruder sitzende Beamte Greif das TMS Schelde über den Schiffs-Schiffs-Funkkanal an:	*Meanwhile, officer Greif at the rudder talks to the TMS Schelde via the ship-to-ship radio system:*
AG: „Das Tankmotorschiff Schelde für die WSP 80."	"Motor tanker Schelde for WSP 80."
„Ja, die Schelde hört."	"Yes, the Schelde is listening."
„Guten Tag, wir möchten mit zwei Beamten zur Kontrolle bei Ihnen an Bord kommen. Sie können normal weiterfahren, brauchen die Fahrt nicht zu verlangsamen. Wir werden die Kollegen an Ihrer Backbordseite übersetzen."	"Good afternoon, we'd like to come on board with two officers to conduct a check. You can carry on at normal speed, you don't have to slow down. Our colleagues will enter from the port side."
„Schelde hat verstanden."	"Schelde, Roger."
POK Greif steuert das Polizeiboot im längsseits zum Tankmotorschiff.	*POK Greif steers the police boat alongside the motor tanker.*
Die Beamten Beck und Müller gehen über die ausfahrbare Übersteigeinrichtung an Bord des TMS und begeben sich ins Steuerhaus.	*Officers Beck and Müller enter the motor tanker by using an extending transfer device and proceed to the wheelhouse*
SB: Guten Tag. Mein Name ist Beck. Ich bin von der Wasserschutzpo-	Good afternoon. My name is Beck, I'm from the river police in Ludwig-

lizei in Ludwigshafen. Das hier ist mein Kollege Müller.

WH: Guten Tag. Van Hoogdalem. Ich bin der Schiffsführer hier.

SB: Schiffmann, wir führen bei Ihnen eine Besatzungskontrolle durch. Zunächst einmal möchte ich gerne wissen, in welcher Betriebsform Sie im Moment in Fahrt sind. Ich nehme an, Sie fahren rund um die Uhr (Betriebsform B)?

WH: Ja, das ist richtig. Wir fahren immer in B.

SB: Bitte zeigen Sie mir Ihr Bordbuch!

WH: Das ist unten in der Wohnung.

SM: Das ist nicht in Ordnung. Gemäß der Rheinschifffahrtsuntersuchungsordnung muss das Bordbuch im Steuerhaus aufbewahrt werden. Bitte lassen Sie das Bordbuch bringen!

Van Hoogdalem weist einen Matrosen über die Bordsprechanlage an, das Bordbuch zu holen.

SB: Wie lange ist die Schelde?

WH: 135 Meter.

SB: Dann müssen Sie fünf Mann Besatzung an Bord haben, und zwar zwei Schiffsführer, einen Steuermann und zwei Matrosen. Ist dieses Schiff mit einem Bugstrahlruder ausgerüstet?

WH: Selbstverständlich, das Schiff ist erst zwei Jahre alt.

POK Beck schlägt nun im Bordbuch nach.

shafen. This is my colleague Müller.

Good afternoon. My name is van Hoogdalem. I'm the captain here.

Captain, we're going to conduct a crew check. First I'd like to know in which operational status you're travelling right now. I suppose you're sailing round the clock (operational status B)?

Yes, that's correct. We always sail in operational status B.

Please show me your logbook.

That's downstairs in the living quarters.

That's not correct. According to the on-board check regulations on the River Rhine, the logbook has to be kept in the wheelhouse. Please have the logbook brought.

Van Hoogdalem instructs a bargeman, through the on-board loudspeaker system, to bring the logbook.

What's the length of the Schelde?

135 metres.

Then you'd have to have a crew of five men on board, two captains, one helmsman and two bargemen. Does this vessel have bow thrusters?

Of course, this barge is only two years old.

POK Beck now examines the logbook.

SB: Sie haben in Rotterdam geladen und sind auf der Fahrt nach Karlsruhe?

You picked up your load in Rotterdam and are now on your way to Karlsruhe?

WH: Das stimmt so.

That's right.

SM: Wie ich sehe, sind die Aufzeichnungen im Bordbuch sehr akkurat geführt.

As I see, the entries in the logbook have been made very exactly.

WH: So mache ich das immer. Bei mir herrscht Ordnung.

I always do it like that. I make sure that everything is in order.

SB: Das Bordbuch ist in Ordnung. Ich brauche nun von Ihnen und dem zweiten Schiffsführer das Rheinpatent. Ihr zweiter Schiffsführer ist in der Ruhezeit?

The logbook is in order. Now I need your and the second captain's Rhine River licence. Your second captain is having a break right now?

WH: Ja, er schläft. Hier ist aber sein Rheinpatent.

Yes, he's asleep. But here's his Rhine River licence.

POK Beck und PK Müller überprüfen die beiden Rheinpatente.

POK Beck and PK Müller now check both Rhine River licences.

SB: Der zweite Schiffsführer besitzt das Rheinpatent von Rotterdam bis Mannheim, wie ich sehe. Sie haben das Große Rheinpatent, also bis Basel. Dann nehme ich an, dass Sie sich gerade abgelöst haben.

The second captain has got the Rhine River licence from Rotterdam to Mannheim, as I can see. You've got the comprehensive Rhine River licence, that means to Basle. So I suppose that you've just changed shifts?

WH: Ja, mein anderer Schiffsführer darf ja nur bis Mannheim fahren. Da er jetzt eh in die Ruhephase musste, haben wir gewechselt. Vorgeschrieben sind ja in der B-Fahrt innerhalb von 48 Stunden 24 Stunden Ruhezeit, davon 2 mal 6 Stunden ununterbrochen. Das ist aber auch so im Bordbuch vermerkt.

Yes, my other captain is only allowed to go to Mannheim. And as he has to have his break, we changed. In B status, it is mandatory to have a rest period of 24 hours every 48 hours, and two rest periods must be of 6 hours each without any interruption. But this has all been entered in the logbook.

SB: Ja, das habe ich gesehen. Ihre Patente sind in Ordnung.

Yes, I saw that. Your licences are in order.

SM: Ich hätte nun gern die Schifferdienstbücher des Steuermanns

Now we need the personal logbooks of the helmsman and the two und der beiden Matrosen. Dort müssen ja ebenfalls die jeweiligen Fahrten eingetragen sein.

bargees. The respective trips have to be entered there as well.

WH: Die liegen dort in der braunen Mappe.

They are in that brown folder there.

POK Beck und PK Müller überprüfen nun die drei Schifferdienstbücher.

POK Beck and PK Müller now check the three personal logbooks.

SB: Im Schifferdienstbuch Ihres Steuermannes fehlt der Kontrollvermerk. Weiterhin sind seit drei Monaten keine Fahrten mehr eingetragen.

Normalerweise muss das Buch einmal im Jahr vom zuständigen Wasser- und Schifffahrtsamt abgestempelt werden.

The personal logbook of your helmsman does not contain the check note. Furthermore, the trips of the last three months haven't been entered.

Normally the book has to be stamped once a year by the respective inland waterways authority.

WH: Gut, aber mein Steuermann möchte gar kein Patent erwerben, das ist ihm zu teuer. Also braucht er ja seine Fahrten nicht mehr abstempeln zu lassen, oder?

Well, but my helmsman doesn't want to get a licence, that's too expensive. So he doesn't need to have his trips stamped, does he?

SB: Ja, er braucht das Schifferdienstbuch nicht mehr abstempeln zu lassen, aber die Fahrten müssen nach wie vor geführt werden.

True, he doesn't need to have his personal logbook stamped, but all his trips still have to be entered.

WH: Dann muss ich ihm das so weitergeben. Er ist ja schließlich dafür verantwortlich.

Then I'll have to inform him accordingly. It's his responsibility, isn't it?

KM: Sie wissen doch, dass der Schiffsführer für das ordnungsgemäße Führen der Schifferdienstbücher verantwortlich ist. Demzufolge liegt der Fehler bei Ihnen.

You certainly know that the captain is responsible for making sure that the entries in the personal logbooks are correct. So it's your fault.

SB: Die beiden anderen Schifferdienstbücher sind in Ordnung. Wo sind die anderen Besatzungsmitglieder?

The other two personal logbooks are in order. Where are the other members of the crew?

WH: Wie ich schon sagte schläft der zweite Schiffsführer gerade. Auch

As I've already told you, the second captain is asleep. So is the helms-

der Steuermann schläft. Einen unserer Matrosen haben Sie ja vorhin gesehen, der andere ist auf dem Vorschiff und führt eine kleine Reparatur durch.

man. And you saw one of the bargemen a short while ago, the other one is on the forecastle, doing some repair work.

SB: In Ordnung, damit wären wir mit unserer Kontrolle fertig.

OK, our ship check is over.

Weil das Bordbuch nicht im Steuerhaus aufbewahrt wurde und Eintragungen im Schifferdienstbuch des Steuermanns fehlen, verwarne ich Sie mit einem Verwarnungsgeld von 20 Euro. Wenn Sie damit einverstanden sind und gleich bezahlen, ist die Angelegenheit erledigt. Wenn nicht, muss ich eine Ordnungswidrigkeitenanzeige fertigen, zu der Sie selbstverständlich Angaben machen können.

As for the logbook not being in the control room, and the missing entries in the personal logbook of your helmsman I herewith impose a warning fine of 20 euros. If you agree and pay right now, the matter is settled. If you don't, I'll have to charge you with a minor offence, and, of course, you can make a statement.

WH: Nein, ich bezahle, das andere dauert mir zu lange, und schließlich haben Sie ja Recht.

No, I'll pay, the other procedure is too long, and, after all, you're right.

Van Hoogdalem bezahlt die 20 Euro und erhält dafür eine Quittung.

Van Hoogdalem pays the 20 euros and gets his receipt.

SB: Ich wünsche noch eine gute Fahrt!

Have a nice trip.

KM: Ich schließe mich dem an.

The same from me.

WH: Auf Wiedersehen.

Good-bye.

POK Beck und PK Müller kehren auf das WSP 80 zurück. Anschließend legt das Boot ab und dreht zu Tal.

POK Beck and PK Müller are taken on board again by police boat WSP 80. Then the WSP 80 casts off and turns downstream.